MÉMOIRES SECRETS
DE J. M. AUGEARD

L'auteur et l'éditeur déclarent réserver leurs droits de reproduction et de traduction à l'étranger.

Ce volume a été déposé au ministère de l'intérieur (direction de la librairie) en septembre 1866.

Paris. — Typographie de Henri Plon, imprimeur de l'Empereur, 8, rue Garancière.

MÉMOIRES SECRETS

DE

J. M. AUGEARD

SECRÉTAIRE DES COMMANDEMENTS

DE LA REINE MARIE-ANTOINETTE

(1760 A 1800)

DOCUMENTS INÉDITS

SUR LES ÉVÉNEMENTS ACCOMPLIS EN FRANCE PENDANT
LES DERNIÈRES ANNÉES DU RÈGNE DE LOUIS XV, LE RÈGNE DE LOUIS XVI
ET LA RÉVOLUTION JUSQU'AU 18 BRUMAIRE

PRÉCÉDÉS D'UNE INTRODUCTION

PAR

M. ÉVARISTE BAVOUX

PARIS

HENRI PLON, IMPRIMEUR-ÉDITEUR

RUE GARANCIÈRE, 10.

1866

INTRODUCTION.

Le hasard a mis entre mes mains et me permet de publier des Mémoires, à mon gré, fort intéressants.

Des Mémoires ne sont pas l'histoire, mais ils sont souvent pour elle une source précieuse ; ils sont souvent pour elle une collection d'éléments, de renseignements utiles, quand ils émanent de personnages bien informés, consciencieux, éclairés, clairvoyants, j'ajouterai honnêtes, même quand il s'agit d'événements ou d'époques qui ne le sont guère, et sur lesquels la moralité de l'écrivain ajoute à la véracité du récit.

Le manuscrit que nous livrons aujourd'hui à la publicité est écrit en double exemplaire de la main même de l'auteur, M. Augeard, secrétaire des commandements de la Reine Marie-Antoinette, initié par ses relations de famille et par sa position personnelle aux secrets de la cour, vers la fin du règne de Louis XV, pendant tout le règne de Louis XVI et pendant la Révolution, qu'il fuyait sur la terre étrangère, occupant son expatriation en Allemagne, en Hollande, en Belgique, à des conférences avec des membres ou des amis de la famille royale de France.

Rentré au 18 brumaire, il mourut à Paris en 1805, ayant écrit des Mémoires qu'il laissa, dans une cassette, à un ami, l'abbé Poultier, avec recommandation de ne pas les publier avant que la paix eût succédé aux orages révolutionnaires et la liberté d'appréciation aux ménagements et aux convenances envers les personnes vivantes.

L'abbé Poultier, pieux dépositaire de ces confidences, les transmit en 1830 à un de mes amis, qui, en 1866, crut sa conscience dégagée des scrupules et du secret dont il avait été le gardien fidèle, et me confia le soin de donner le jour à ces révélations politiques.

L'heure lui a paru venue de rompre un silence désormais inutile et nuisible à la vérité historique, qui, elle aussi, après avoir respecté les égards dus aux familles contemporaines, a ses droits et ses devoirs devant la postérité. Un siècle s'est écoulé depuis l'origine des événements racontés par Augeard. Peu de noms survivent aux faits qui les concernaient dans cet écrit.

C'est donc en toute liberté qu'ils peuvent être aujourd'hui racontés par un témoin oculaire.

INTRODUCTION.

Petit-neveu du chevalier d'Augeard, lieutenant-colonel du régiment de Navarre, connu par un duel qui avait fait quelque bruit, et du président de Lamoignon, Augeard était particulièrement dans les bonnes grâces du duc d'Orléans. Fermier général, il refusa avec insistance le poste de contrôleur général que lui offrait M. de Maurepas, en le partageant en deux parties, et préféra celui de secrétaire des commandements de la Reine, qu'il occupa seize ans. La Reine, sachant qu'il avait décliné le ministère des finances pour des fonctions plus intimes près d'elle, lui en adressa ses remercîments, et le paya en confiance, de son désintéressement.

Augeard pensait vraisemblablement par cette option échapper aux tourmentes de la pleine mer, sans se douter que les flots déchaînés viendraient bientôt battre le palais des rois et le submerger.

Immensément éloigné de ces sinistres prévisions, incompétent même à comprendre la grandeur d'âme d'un Turgot, d'un La Fayette, dont les royalistes méconnaissaient, ces Mémoires en portent témoignage, et la loyauté et la haute vertu, Augeard était cependant de ceux qui reconnaissaient les vices financiers et politiques de cet ancien régime. Nous trouvons dans ses Mémoires cette phrase, qui pourrait leur servir d'épigraphe : « Je ne balancerai pas à mettre » dans le plus grand jour toutes les folies, toutes les

» inepties, toutes les turpitudes, toutes les dilapida-
» tions des ministres de Louis XV et de Louis XVI,
» comme étant les seuls auteurs du déluge de maux
» qui a englouti la France. »

La France heureusement n'a pas été engloutie. Mais elle ne s'est en effet sauvée de la dépravation morale, du désordre financier où l'avaient plongée le gouvernement de Louis XV et celui de Louis XVI, que par une révolution convulsive et violente en ses excès, quoique généreuse et grande dans son mouvement d'émancipation politique et sociale.

M. Augeard reconnaît et condamne les turpitudes de ces époques honteuses dans notre histoire. Ses Mémoires commencent alors que les finances ramenaient l'antagonisme entre la magistrature et le gouvernement. La guerre de sept ans avait nécessité de grandes dépenses. Les remontrances du Parlement, dont Augeard était partisan enthousiaste, rencontraient dans l'opinion publique une bruyante popularité. C'étaient l'abbé Terray, le chancelier Maupeou, adversaires du Parlement, contre le duc d'Aiguillon et Choiseul, qui en étaient les défenseurs. D'un texte formulant une exception, d'une clause des cahiers des états, en 1576, autorisant, en leur absence, le Parlement à rejeter les édits en cas d'urgente nécessité, était sortie une interprétation qui transformait les édits en impôts et tous les projets d'impôts et emprunts en projets d'urgence. Telle est, en résumé, l'explication des prétentions parlementaires, appuyées alors par l'opinion publique, qui, en l'absence des états généraux et en présence des abus croissants, cherchait un appui et un frein contre les abus du pouvoir.

D'un autre côté, les adversaires du Parlement dans ses envahissements du pouvoir législatif, disaient au Roi qu'accéder aux prétentions du Parlement de Paris, simple cour de justice locale comme tous les autres Parlements du royaume, de Pau, de Bourgogne, de Bretagne, etc., n'ayant pas plus d'étendue de juridiction que les autres cours de justice, c'était *mettre sa couronne au greffe*. Malesherbes expliquait l'irrégularité de la marche du Parlement de Paris, animé, disait-il, « d'un esprit de corps qui perdra » cette cour de justice, et nous tous, et même la » royauté ». Lutte violente qui amena à plusieurs reprises la dissolution et l'exil du Parlement et de ses partisans, la retraite de Choiseul à Chanteloup, de Lamoignon dans le Forez, où il trouvait le secours chaleureux d'Augeard.

L'immoralité, personnifiée dans madame du Barry, ne rencontrait pas en lui un adversaire moins résolu. Madame de Pompadour était morte à quarante-deux ans le 15 avril 1764, ayant fait tout le mal qu'elle pouvait faire. On n'avait plus rien à craindre d'elle,

INTRODUCTION.

et l'on pouvait, qui l'aurait cru? tomber plus bas [1]. Le trop fameux valet de chambre Lebel, dit Henri Martin, le pourvoyeur du Parc-aux-Cerfs, vers l'automne de 1768, se hasarde à amener au Roi sexagénaire, blasé, une fille entretenue par un chevalier d'industrie, du Barry, dont les grâces de mauvais lieu servaient à l'achalandage d'un tripot. Jeanne Vaubernier inspire une telle ivresse au Roi débauché, qu'il ne peut plus la quitter, l'introduit auprès de ses filles, et plus tard auprès de la jeune épouse de son petit-fils. Se croyant libre sans limites par la mort de la Reine Marie Leczinska, survenue le 24 juin 1768, Louis s'était abandonné sans réserve à cette nouvelle dépravation, qui, du fond des repaires les plus honteux de la débauche parisienne, jetait ces hôtes obscènes dans les salons de Louis XIV. « *La France!* disait cette créature au Roi, qu'elle avait affublé grossièrement des noms de laquais de comédie, *la France!* ton Parlement te fera aussi couper la tête comme les Communes à Charles Ier, » dont le portrait par Van Dyck avait été placé par elle dans l'appartement de Louis XV [2].

[1] Comme un siècle et demi avant cette époque, en 1617, pour prix de son métier de *bravo*, Vitry, capitaine des gardes sous Louis XIII, hérita du bâton de maréchal qui des mains de Concini, maréchal d'Ancre, tomba dans les siennes. Dignité qui de Concini avait pu s'abaisser encore!

[2] Henri Martin reproduit textuellement ou analysé dans des notes servant au passage actuel sur Louis XV.

INTRODUCTION. 7

Le Dauphin, Louis de France, venait de succomber, âgé de trente-six ans, à une maladie de poitrine accidentelle et volontairement négligée. La peur de la mort, à ce lugubre spectacle, saisit Louis XV voyant mourir son fils. Il ferme le *Parc-aux-Cerfs*, se rapproche de sa famille. Rapprochement éphémère, que la du Barry devait bientôt traverser de son impur contact!

En 1770, le nouveau Dauphin, petit-fils de Louis XV, qui bientôt devait devenir Louis XVI, épousait Marie-Antoinette le 18 mai [1].

L'orage grondait alors; la cour elle-même manifestait quelque hostilité au Roi, devant lequel apparaissait le duc de Chartres, arrière-petit-fils du Régent, se signalant sur la scène politique où il devait bientôt figurer sous le nom de *Philippe-Égalité*.

Le *pacte de famine*, spectre sanglant évoqué tant de fois comme le démon des vengeances révolutionnaires, se dressait, terrible accusateur, contre le Roi lui-même, soupçonné *d'accaparer les grains*. La société Malisset, formée sous les auspices du contrôleur général et avec l'assentiment et le concours du

---

[1] Dauphin devenant Roi rappelle cet autre Dauphin âgé de quatre ans et demi qui le 21 avril 1643, baptisé, répond au Roi lui demandant comment il s'appelle : « Louis XIV! — Pas encore, » lui dit son père doucement. Cependant le moment en approchait, car Louis XIII, languissant alors, mourait le 14 mai suivant, et laissait le sceptre en effet à cet enfant qui déjà s'appelait Louis XIV!

Roi pour préparer, comme plus tard l'échelle mobile, un certain niveau dans le prix des grains par certaines réserves dans les années d'abondance, fut accusée de spéculations odieuses sur la faim du peuple. Les passions déchaînées firent le reste. Le Roi était perdu. Plongé dans la débauche, sans intermittence, depuis la mort, au mois de mars 1767, de la veuve de son fils, de la Dauphine Marie-Thérèse de Saxe, personne aimable et sensée qui avait exercé quelque heureux ascendant sur lui, Louis XV affichait cyniquement l'omnipotence de la du Barry, à laquelle chacun rendait hommage, le duc d'Aiguillon l'exploitant, dit Augeard, contre Choiseul; Maupeou étalant sa simarre à la toilette de la maîtresse du Roi, laquelle poussa la démence, affirme-t-on, jusqu'à rêver la couronne de France, après l'annulation de son propre mariage pour *inceste* avec le frère de son mari. La du Barry s'appelait *Légion*, par allusion à cette volée de *harpies* qui l'entouraient comme des oiseaux de proie.

Courtisane avilie à laquelle on vit un jour, au sortir de sa couche, le nonce du Pape et le grand aumônier, le cardinal de la Roche-Aymon, présenter humblement ses mules.

C'est au milieu de ces scandales qu'une enfant à peine nubile, fille d'un meunier des environs de Trianon, avait été livrée au Roi par les proxénètes royaux. Atteinte de la petite vérole, elle la transmit au Roi, dont le sang vicié par un mal honteux aggrava la situation. L'émotion publique, très-différente cette fois de celle qui s'était produite lors du fameux voyage à Metz en 1744, s'intéressait peu au rétablissement du *Bien-Aimé*. Le 10 mai il expirait, et ses restes gangrenés furent transportés sans pompe et au milieu des sarcasmes de la foule à Saint-Denis. Il avait vécu soixante-quatre ans et en avait régné cinquante-neuf.

Règne corrompu contre la corruption duquel des inscriptions clandestinement apposées, comme à Rome [1] autrefois à d'autres fins, témoignaient du sentiment public : la statue équestre du Roi, œuvre de Bouchardon, était inaugurée sur la place depuis si tragiquement fameuse par une autre victime que celle prédite par la du Barry, alors place Louis XV ; et sur le pied de l'effigie étaient écrits en cachette quelques vers ironiques, comme un reflet de la réprobation générale.

Le Parlement, de son côté, flétrissait dans un langage inconnu jusque-là à une oreille royale « l'infraction manifeste des paroles les plus solennelles données par le Roi.... La vérification des lois au Parlement est un de ces engagements qui ne peuvent

---

[1] Voir *le Pays*, journal de l'Empire, *Siècle d'Auguste*, 26 février 1866. Voir aussi Henri Martin, règne de Louis XV.

être violés sans violer *celui par lequel les rois eux-mêmes sont.* »

La cour des aides, à l'appui du tableau sinistre de la misère des campagnes sous un régime arbitraire, suppliait le Roi « *d'écouter ses peuples eux-mêmes par la voix de leurs députés, dans une convocation des états généraux du royaume* ».

Tels étaient les sombres auspices sous lesquels s'ouvrait le nouveau règne d'un prince de vingt ans, formé par une éducation sévère, loin des mœurs de l'ancienne cour, heureux au milieu de ses livres, instruit, exercé comme l'*Émile* de Rousseau à un travail manuel, celui de la serrurerie.

Le père de Louis XVI avait laissé trois fils et deux filles; trois fils réservés à de graves destinées : le trône, l'échafaud, l'exil. Trois frères rois comme autrefois les trois fils rois de Henri II, sous les noms de François II, Charles IX et Henri III, comme ici Louis XVI, Louis XVIII et Charles X. Triples et sextuples rapprochements historiques, dont nous devons nous borner à signaler le lugubre aperçu.

Du Barry avait fait mettre un portrait de Charles Ier sous les yeux de Louis XV, qui n'y songeait guère. Louis XVI, par un poignant contraste, était perpétuellement obsédé de ce fatal souvenir, poursuivi de cette image qui le troublait dans sa vie, le faisant indécis quand il voulait être résolu, résolu quand il aurait dû réfléchir.

Marie-Antoinette ne tenait pas plus de sa mère, Marie-Thérèse, qu'elle ne ressemblait à son époux. Mal élevée, ignorante, étourdie, elle aurait pu trouver la popularité dans la franchise même de certains défauts qui auraient pu plaire, le mépris par exemple de l'étiquette, si dès son arrivée en France, sous le patronage de Choiseul, elle n'avait rencontré des hostilités systématiques à l'Autriche et à l'Autrichienne.

M. Augeard donne les détails les plus curieux sur la vie intérieure de la Reine. « Leurs Majestés, dit-il, à leur avénement, chassèrent de la cour tout ce qu'il y avoit de plus hideux, tous les du Barry et les tenants et aboutissants. Mais bientôt le vice se présenta sous des couleurs plus séduisantes. La Reine trouva à sa cour des jeunes personnes aimables et analogues à son âge. Elles lui présentèrent l'étiquette qui avoit toujours régné à Versailles comme gênante et pénible... On lui insinua qu'il étoit de la bonté de son âme de tempérer un peu la majesté du trône..... pour jouir de la douceur et de l'aménité d'une vie particulière et privée.... » De là des intrigues, des coteries dont les effets ont été incalculables et désastreux, témoin l'affaire du Collier, et tant d'autres incidents fâcheux.

Plus tard, dans des jours néfastes pour elle, Augeard, visitant en Allemagne le frère de Marie-Antoinette, l'Empereur Léopold, et sa sœur, la Reine de Naples, recevait de cette princesse des confidences intimes sur la Reine de France. « Je vois que ma sœur est très-malheureuse, disait la Reine de Naples. Je voudrois bien venir à son secours. Je consentirois bien volontiers que l'on vendît mes domaines et mes bijoux.... Je voudrois que mon frère l'Empereur m'e permît d'aller à Paris. J'irois déguisée en marchande; je trouverois bien moyen de percer jusqu'au boudoir de ma sœur; je lui dirois : Eh bien, ma malheureuse amie, me reconnois-tu? Quand tu étois sur ton trône brillant, parce que c'étoit le plus beau de l'Europe, tu ne nous regardois pas, tu ne répondois pas même à mes lettres. Mais tu es dans le malheur, cela me suffit pour venir à ton secours. Écoute-moi... De la femme la plus infortunée je te veux faire la plus grande reine de l'univers... et, Monsieur Augeard, je lui donnerois du courage.

— Madame, vous ne lui en donneriez pas. Elle en a autant que la Reine de Naples; mais il lui faudroit une tête et un esprit de suite comme à Votre Majesté. »

Révélations de famille dont ces Mémoires sont indiscrètement prodigues au profit de l'histoire.

Choiseul, franchement hostile à madame du Barry, à propos de laquelle, loyal envers son Roi comme

Rosny envers Henri IV, il avait dit à Louis XV : « Vous voulez donc succéder à toute la France? » aurait pu être plus utile que personne à Louis XVI. Mais le Roi, par un sentiment étroit de piété filiale, n'ayant pas oublié ce mot de Choiseul au Dauphin : « Je puis être un jour forcé d'être votre sujet, mais votre serviteur, jamais », avait à son tour juré de ne l'avoir à aucun prix pour ministre.

L'esquisse des physionomies politiques des différents personnages de ce temps est tracée par M. Augeard avec indépendance et sincérité. Elle n'est pas assurément exempte de partialité, de préventions aussi regrettables qu'expliquées par le point de vue du peintre. Assiégé dans le cabinet royal par les passions de la cour, il était évidemment impuissant à juger en toute liberté d'esprit les faits et les hommes de la Révolution, qui mugissait à quelques pas de ce rivage menacé.

Mais en tenant compte des difficultés de cette situation, on doit reconnaître sa loyauté d'appréciation et l'honneur de son âme.

Il disait volontiers avec M. de Maurepas, son ami : « Sans Parlement, pas de monarchie. » Mais il n'allait ni jusqu'à l'assemblée des notables, ni jusqu'à celle des états généraux. Cette atmosphère était trop forte pour lui; sa poitrine, acclimatée à la température tiède de Saint-Cloud et de Trianon, n'était pas assez forte pour respirer le grand air des sites élevés et des régions supérieures, pour aspirer à pleins poumons la liberté naissante. Le libéralisme si généreux, si chevaleresque de La Fayette, les réformes financières de Necker, les réformes économiques de Turgot, dépassaient étrangement les limites de son horizon politique et échappaient à sa vue. Le Parlement de Paris lui-même, demandant les états généraux, n'était-il pas plutôt animé de la pensée d'intimider la cour que de la conviction politique dont les Parlements, destitués par cette grande révolution de leur rôle politique, étaient peut-être médiocrement pénétrés? Observation générale et triste, inscrite dans l'histoire de tous les peuples et de tous les âges : esprit de corps et d'égoïsme qui pousse presque toutes les assemblées, presque tous les pouvoirs, à étendre leurs attributions et leurs droits! Tantôt sous le masque du patriotisme, tantôt sous le prétexte de l'intérêt, du salut public, tous, préoccupés d'eux-mêmes, de leur amour-propre, de leur importance, de leur dignité, se donnent à eux-mêmes le change sur les vrais motifs de leur tendance. Funeste entraînement auquel peut seule mettre un frein la sage et prudente pondération des pouvoirs, problème si difficile à déterminer et à résoudre!

Il est vrai que les désordres du dernier règne appelaient une énergique répression. La moralité outragée sollicitait une réparation éclatante, et la conséquence logique, forcée, des dilapidations, des intrigues, du cynisme de la cour, c'était l'appel à un contrôle, à un châtiment quelconque. Le Parlement, irrégulièrement saisi, avait été accepté par l'opinion publique comme un juge suffisant. Mais le flot montait, et le malheureux Roi Louis XVI, bien innocent des scandales passés, se trouva aux prises avec une réaction violente qui allait bien plus loin que le blâme et le châtiment des fautes commises, mais à la vengeance des maux accomplis et à la régénération politique et sociale de la nation elle-même.

Malheureusement Louis XVI était obstinément plus antiparlementaire que son grand-père lui-même. Augeard nous raconte les menées intérieures et cachées qui aboutirent au renvoi de Turgot, à la nomination d'Amelot, véritable commis du comte de Maurepas. « Le contrôle général des finances étoit devenu, de l'aveu même de M. Augeard, un mauvais lieu et le rassemblement des *coquins* et des cat... de Paris; et si la Providence, qui veilloit encore sur le sort de la France, ne l'en eût débarrassée, les états généraux seroient arrivés douze ans plus tôt; c'eût été un très-grand bonheur, parce que, composés suivant l'ancienne constitution du royaume, il ne pouvoit y avoir de révolution. »

A ce point de vue, Augeard, combattant l'engouement de M. de Maurepas pour Necker, le traitait de jongleur genevois, et voyait en lui un aventurier dont il redoutait beaucoup les aventures comme celles de M. de Calonne, qu'il qualifiait des épithètes les plus dures, l'appelant *un drôle, un fou, un misérable, un polisson.* On voit qu'il ne lui épargne pas les gros mots. Calonne était naturellement sur la liste des hommes que M. de Maurepas recommandait au Roi de ne jamais employer en compagnie de Lamoignon, Necker, etc.

Une histoire curieuse à laquelle Calonne prit une assez mauvaise part fut l'acquisition de Saint-Cloud par la Reine, qui eut cette fantaisie, et Augeard donne à ce sujet des détails assez piquants.

C'est au surplus ici, comme en maint autre passage, un inépuisable sujet d'étude que ce rapprochement des divulgations intimes avec les événements et les personnages de cette époque; et c'est un intérêt étrange, saisissant, de surprendre dans ces coulisses de la scène politique le secret de ces péripéties dont le dénoûment a été si dramatique et si tragique.

Ces Mémoires d'Augeard, dont toutes les Biographies [1] signalent l'existence à la curiosité publique

[1] AUGEARD (N.), fermier général, secrétaire des commandements de la Reine, partagea dès les premiers jours de la Révolution la haine dont la Reine était l'objet; on l'accusa d'avoir formé le projet d'enlever le Roi et sa famille et de les conduire à Metz. Le Châtelet fut chargé de l'instruction de cette affaire. Ce tribunal n'ayant trouvé

après un siècle d'une captivité pieuse, voient enfin le jour et révèlent au monde politique les mystères de ce château jusque-là impénétrable aux regards profanes. Fêtons leur bienvenue et faisons bon accueil à leur loyal écrivain. Il a satisfait aux devoirs d'une conscience honnête en déposant sur ces feuillets sa pensée la plus vraie et en imitant le procédé du bar-

aucune charge contre l'accusé, le renvoya absous; mais le Roi et sa famille ayant tenté trois mois après de se rendre à Montmédy, Augeard, qui pouvait craindre des attaques plus graves à la suite d'un projet qui avait eu un commencement d'exécution, n'eut pas plutôt appris l'arrestation de la famille royale à Varennes, qu'il s'enfuit à Bruxelles. C'est là qu'il vit les Princes français et qu'il composa le manifeste qu'ils publièrent alors contre la Constitution. Mais bientôt les guerres de plume ayant fait place à des guerres sanglantes, tous ceux qui s'occupaient des premières durent rentrer dans l'obscurité; ou, s'ils voulurent prolonger leur existence politique, elle fut étouffée par l'importance des mouvements militaires qui retentissaient alors dans toute l'Europe.

M. Augeard se lassa enfin de fonctions sans but: il rentra en France, il y resta parce qu'il s'y vit tranquille et heureux; il vécut six ans sous le gouvernement consulaire et impérial, et mourut le 30 mars 1803.

Il a laissé des Mémoires sur les intrigues de la cour de 1771 à 1775, où l'on trouve les renseignements les plus importants sur les événements de la même époque. (*Biographie des Contemporains,* par Rabbe et Sainte-Preuve, 1834.)

AUGEARD, secrétaire des commandements de la Reine Marie-Antoinette, fut impliqué dans les deux projets de départ de la famille royale pour Metz et Montmédy. Acquitté sur la première accusation, il échappa à la seconde en se retirant à Bruxelles, où il publia par l'ordre des Princes le *manifeste* par lequel ils protestaient contre la Constitution.

Rentré en France en 1799, il est mort à Paris en 1803. Il a laissé hier de la fable qui creuse un trou dans la terre pour y enfouir son secret. Si des roseaux, y venant à croître cent ans après, divulguent au monde que Midas, le roi Midas, a des oreilles d'âne, sa conscience n'en doit être en aucune façon troublée. Il a tout à la fois soulagé sa conviction et acquitté les convenances contemporaines.

Ne vous attache-t-il pas à son récit quand il vous

des Mémoires intéressants sur les événements de France de 1771 à 1775. (*Biographie universelle* de Weiss, 1841.)

AUGEARD (Jacques-Matthieu), financier français, né en 1731 à Bordeaux, mort à Paris en 1805. Il était fermier général et secrétaire des commandements de Marie-Antoinette.

Accusé d'avoir voulu faire évader Louis XVI, il fut traduit devant le Châtelet, et acquitté le 8 mars 1790.

Après l'arrestation du Roi à Varennes, il se retira à Bruxelles, prit part à plusieurs querelles politiques et ne rentra en France qu'après le 18 brumaire. (Rabbe, *Biographie des contemporains.* — *Biographie moderne.* — *Le Moniteur*, année 1805, p. 812. — *Catalogue of printed books in the British Museum.* — *Nouvelle Biographie universelle* de Firmin Didot, 1852.)

AUGEARD (Jacques-Matthieu), fermier général et secrétaire des commandements de la Reine Marie-Antoinette, était né en 1731, de l'une des premières familles du Parlement de Bordeaux. Il vint de bonne heure à Paris, et, aussi distingué par son esprit que par ses avantages extérieurs, il y obtint de brillants succès. Une fausse démarche qu'il fit contribua beaucoup, avant la Révolution, à répandre dans le public l'opinion que Marie-Antoinette disposait de tous les emplois de finances. Il avait, sans y être autorisé, demandé au Comité des fermiers généraux de le prévenir des vacances de tous les emplois lucratifs, les assurant qu'ils agiraient d'une manière très-conforme aux désirs de la Reine. Les membres du comité accédèrent à la demande d'Augeard, mais non sans murmurer. Lorsque la Reine en eut con-

INTRODUCTION.

montre la Reine l'entraînant de chambre en chambre dans son palais pour lui parler confidentiellement, n'en trouvant qu'une d'où elle fait retirer ses enfants, et recevant de son interlocuteur cette réflexion terrible :

« Madame, vous êtes donc prisonnière ici?

— Non assurément, je suis libre.

— Hélas! si vous aviez encore vos gardes à votre

naissance, elle désapprouva hautement son secrétaire des commandements et s'abstint d'appuyer toute espèce de demande.

Augeard se montra lui-même très-affligé des résultats qu'avait eus son imprudence, et lorsque la Révolution éclata, il sembla vouloir racheter ses torts par un dévouement sans bornes à la famille royale.

Dès le commencement de 1790 il fut accusé d'être l'auteur d'un projet tendant à faire évader le Roi et à le faire conduire à Metz. Arrêté en conséquence, il composa un mémoire justificatif, et Blonde, ancien avocat au Parlement, écrivit à ce sujet deux lettres à M. Agier, président du comité des recherches de la ville de Paris. Ces lettres furent imprimées en décembre 1789 et janvier 1790.

Traduit devant le Châtelet de Paris, Augeard fut renvoyé absous le 8 mars 1790.

Après le malheureux résultat de l'évasion tentée par Louis XVI et son arrestation à Varennes, Augeard se retira à Bruxelles, d'où il répandit le manifeste des princes français contre la constitution de 1791. Il revint ensuite à Paris et prit part à beaucoup d'intrigues politiques. Il sortit encore de France en 1792, et par là évita pendant la Terreur une mort à laquelle il n'eût pu se soustraire.

Il ne rentra qu'après le 18 brumaire et mourut à Paris en 1805.

C'était un des hommes les plus instruits sur les premiers événements de la Révolution.

On croit qu'il a laissé des Mémoires qui ne peuvent qu'être intéressants, mais ils sont restés inédits. (M. P.) — *Biographie universelle* (Michaud), nouvelle édition, 1854.

porte, fuiriez-vous ainsi de salon en salon pour une confidence? »

Et puis cette demeure du Roi pouvait-elle être celle de son choix? Était-il maître d'habiter à son gré Versailles ou les Tuileries?

Toutes les Biographies parlent des Mémoires supposés d'Augeard. Celle de Michaud dit : « On croit qu'il a laissé des Mémoires qui ne peuvent qu'être intéressants; mais ils sont restés inédits. » Les voici aujourd'hui édités. Nous avons fait connaître leur histoire. Nous les publions intacts, après avoir soigneusement confronté les deux exemplaires, vérifié les dates et contrôlé les détails.

M. Augeard raconte qu'étant un jour chez M. de Machault, l'ancien ministre, il le trouva dans la douleur la plus profonde. « Il me dit : Monsieur Augeard, je suis bien vieux; mais je verrai le tombeau de la monarchie avant de descendre dans le mien. Et comme je m'étudiois à le consoler en lui disant qu'il voyoit trop noir..., il me demanda si par hasard j'avois sur les circonstances du moment mis par écrit quelques observations. Sur ce que je lui répondis que cela étoit fait, il me pria de les lui communiquer... Puis le lendemain, après en avoir pris connoissance, il me dit : Si vous ne montrez pas à la Reine ce que vous venez de me donner à lire, vous êtes criminel vis-à-vis d'elle et vis-à-vis de l'État. »

Augeard entretint en effet la Reine de ces graves conjonctures, de la convocation des états généraux, des orages amoncelés à l'horizon.

« Comment, lui dit Marie-Antoinette, M. Necker nous ferait jouer notre royaume à quitte ou double!

— Madame, je vous estimerois bien heureuse qu'il en fût ainsi, au moins Vos Majestés auroient une chance pour Elles, tandis que je ne leur en connois aucune.

— Miséricorde, que me dites-vous donc là?

— Hélas! une triste vérité! »

Et elle se mit à pleurer et à essuyer ses yeux avec son mouchoir...

A la réunion des états généraux, une des questions les plus brûlantes et les plus impopulaires, celle des lettres de cachet, fut solennellement abordée et résolue par le Roi. Mais les événements marchaient à pas de géant. Les journées des 5 et 6 octobre avaient laissé dans l'âme de Marie-Antoinette une indicible terreur.

« Que faire? disait-elle à Augeard.

— Fuir, Madame, fuir auprès de l'Empereur votre frère, lui raconter vos angoisses, l'intéresser à votre destinée, surtout emmenant avec vous, enlevant à la Révolution, Madame Royale, le Dauphin et vous, triple gage sans lequel elle est impuissante vis-à-vis du Roi lui-même, dont les jours sont ainsi sauvés par l'inutilité du meurtre. Les meurtriers en France ont la logique du crime, et savent très-bien que le Roi ne meurt pas tout seul et revivroit le lendemain de sa mort dans son fils sauvé par sa mère. »

Ce projet d'évasion, mûrement conçu par M. Augeard, n'aboutit pas. Fut-ce la crainte du divorce ou un autre motif qui en détourna la Reine? Augeard fut lui-même arrêté, jeté en prison, puis rendu à la liberté, dont il usa pour aller à Coblentz, à Francfort, non pas en émigration, dit-il, mais en fuite, visitant l'Empereur Léopold, la Reine de Naples, le duc Albert, l'Électeur de Trèves, l'Électeur de Cologne et tous les princes d'Allemagne, assez mal instruits du sens et des événements de la Révolution.

C'est là qu'il fut informé de la fuite de Varennes, où il se portait au-devant de la famille royale quand il apprit en route son arrestation.

Au surplus, s'il répudiait la dénomination d'émigré, il en répudiait aussi les habitudes : « Le séjour de Coblentz, disait-il, me parut celui de Versailles, d'une manière encore plus hideuse. C'étoit un cloaque d'intrigues, de cabales, de bêtises, de déprédations et de singeries de l'ancienne cour. »

Le 31 janvier 1793, il était enfermé chez le comte de Staremberg, ministre de l'Empereur, avec ceux de Russie, de Londres et plusieurs autres, lorsque M. le baron de Laissaun, ministre de l'Électeur de

Cologne, entra pour leur apprendre que *Monsieur*, par suite de la mort du Roi Louis XVI, s'était déclaré régent, et son frère lieutenant général du royaume.

La réunion conseilla à M. Augeard de faire un mémoire pour les droits de la Reine, puisque tous les pouvoirs des ministres étaient éteints par la mort du Roi, et qu'il n'y avait que ceux de M. Augeard qui subsistaient avec la Reine. Puis la Reine elle-même monta bientôt sur ce même échafaud.

De quelque stoïcisme que soit douée une âme humaine, on ne peut attendre d'elle le courage surhumain d'accepter avec impassibilité de semblables catastrophes frappant des têtes augustes et chères. Aussi Augeard est-il excusable de parler avec horreur d'une révolution coupable, sous ses yeux, de tels forfaits. Cette tête si belle tombe sous le fer du bourreau; ces yeux qu'hier encore il voyait baignés de larmes, se ferment sous la hache révolutionnaire. Il est donc autorisé à répéter sans cesse : l'*infernale révolution*, sans voir autre chose que les horreurs commises en son nom. Aussi continua-t-il à la maudire et à la combattre de tous ses efforts, de tous ses conseils sur la terre étrangère. Plusieurs fois il fut pris de cette maladie céleste ou terrestre qu'on attribue aux Suisses et aux Lapons [1], mais qui atteint

---

[1] Discours de MM. Prévost-Paradol et Guizot à l'Académie française le 8 mars 1866.

tous les cœurs de tous les pays, même après quelques mois d'un simple voyage, à plus forte raison après quelques années d'un douloureux exil. Fièvre subite qui, disait un voyageur philosophe, M. Ampère, le poussait au retour sans lui laisser le temps de retourner la tête, et avait entraîné M. Augeard, après le 18 fructidor, à des démarches que ses amis, dans son intérêt, avaient détournées et ajournées. « Mais après le 18 brumaire, dit-il, l'archiduc Charles me conseilla lui-même de penser à mon retour. Il n'avoit jamais été de cet avis avant cette époque. Il me parla du Premier Consul avec le plus grand éloge possible, au point qu'il me dit qu'il auroit infiniment de peine si on lui ordonnoit de combattre contre lui...

» Le général Dessoles, à la considération de tous les ministres de Ratisbonne, se chargea de ma rentrée en France, et très-peu de temps après j'obtins ma radiation...

» Je n'étois réellement pas émigré. Je n'étois sorti de France que pour sauver mes jours, muni d'un passe-port du Roi, dont j'étois porteur, et si j'étois rentré du temps de cet exécrable Robespierre, j'aurois infailliblement été massacré chez la Reine... J'en ai été quitte pour la perte de mes biens, qui tous avoient été vendus, de mes rentes et de mes bois.

» Je n'ai pas été trois semaines rendu dans ma patrie... sans être bien convaincu que je n'avois rien de mieux à faire que de ne me mêler absolument d'autre chose que de ma tranquillité, en faisant journellement des vœux pour le bonheur de la France et sa prospérité. »

Tels sont en résumé ces *Mémoires,* intéressants par l'intimité même à laquelle ils empruntent leurs détails les plus secrets, et par la sincérité des convictions qui les animent. Cette sincérité va parfois jusqu'à la naïveté. Ainsi nous donnent-ils la clef de ces intrigues tramées dans les boudoirs et les salons de l'ancienne monarchie, et plus tard dans les cercles d'émigrés, dans les conciliabules étrangers, pour combattre la Révolution et la République. De là ces fureurs frénétiques de la Convention pour repousser la coalition étrangère.

Fidèle au drapeau de ses Rois, à la foi de ses pères, M. Augeard, condamnant les abus dont il était le témoin affligé sans en être le complice, assista, l'âme navrée, à la chute de la monarchie, qu'il aurait voulu défendre de ses propres faiblesses. Il s'éloigna, pendant quelques années, du gouffre où il eût été infailliblement englouti, pour rentrer, après la tempête, sous un toit paisible et protégé par le Consulat, puis bientôt par l'Empire.

Évariste BAVOUX.

MÉMOIRES SECRETS

DE J. M. AUGEARD

SECRÉTAIRE DES COMMANDEMENTS DE LA REINE MARIE-ANTOINETTE

1760 A 1800.

Je me suis attaché depuis plus de trente ans à tenir et conserver des notes sur les événements des affaires générales, dans lesquelles les personnes les plus puissantes du royaume m'avoient employé. Je n'ai jamais eu en cela d'autres vues que de me rendre utile et d'arrêter le mal, puisque de tous mes soins, de toutes mes peines, et même des risques que j'ai courus, je n'ai jamais retiré aucun lucre, aucune place quelconque. Ma répugnance à écrire ces Mémoires a eu principalement pour motif la peine de mettre au jour les turpitudes et les malhonnêtetés de nombre de personnages les plus considérables en rang et en richesse ; ce qui prouve combien notre pauvre humanité est foible et malheureuse.

Ma famille m'avoit destiné à la finance. J'aurois pu courir une carrière plus brillante par le hasard de ma naissance, et les grandes maisons auxquelles j'ai l'honneur d'appartenir. Mon peu de fortune, occasionné en grande partie à raison du duel de mon grand-oncle le chevalier d'Augeard, lieutenant-colonel du régiment de Navarre, et la séparation de mes père et mère, ne me laissoient pas une perspective plus sûre pour la réparer qu'une place de fermier général occupée par le mari de la sœur de ma mère, et dont il me promettoit l'expectative. J'embrassai ce parti avec peine. Je parcourus à cet effet les provinces pendant plusieurs années, pour y prendre les connoissances relatives à la carrière qui m'étoit offerte. Je retournai à Paris en 1763. J'y trouvai le mari de ma tante, veuf; il avoit perdu son gendre, qui étoit ministre d'État, garde des sceaux de France, homme un peu dur, mais ayant du mérite et de la capacité. Mon oncle s'étoit laissé envelopper de plusieurs fripons, et notamment d'un certain abbé Debrosse, qui depuis a été condamné aux galères. Cet abbé l'avoit circonvenu pour avoir sa place de fermier général en faveur d'un de ses parents, et pour mieux réussir, m'avoit noirci auprès de lui de manière qu'il ne vouloit ni me voir ni entendre aucune espèce de justification. Je me retournai du côté de M. le duc d'Orléans, qui étoit depuis longues années protecteur de ma famille; mon père étoit entré dans cette maison depuis 1720, en qualité d'intendant de M. le Régent, et depuis y étoit toujours resté attaché.

Après avoir employé huit à dix années de ma vie à l'étude des finances, quoique jeune, je ne l'étois pas assez pour embrasser un autre état. Je fis part à M. le duc d'Orléans de ma malheureuse position, et surtout de l'injustice des procédés de mon oncle à mon égard, ainsi qu'à M. le comte de Clermont, prince du sang; ces deux princes obtinrent du Roi, en ma faveur, l'agrément d'une place de fermier général sans avoir recours à la famille de ma mère.

Cependant je m'étois lié avec le président de Lamoignon, qui avoit épousé ma petite-nièce; il avoit été le premier à sentir la dureté et l'injustice des traitements de mon oncle vis-à-vis de moi; aussi, par le canal de sa sœur, amie de madame de Montesson, il s'employa auprès de M. le duc d'Orléans pour augmenter encore l'intérêt de ce prince à ma fortune, disant et répétant souvent le bien qu'il pouvoit savoir, tant de mon personnel que de mes connoissances. Je lui ai cette obligation, mais c'est le seul service qu'il m'a rendu.

Il est peu d'hommes qui eussent les dehors plus honnêtes : il affichoit la plus grande austérité dans les mœurs et les principes; sa manière de vivre dans son intérieur me paroissoit exemplaire; il avoit toutes les apparences d'un mari accompli, d'un père tendre et du gendre le plus attentif pour sa belle-mère. Comme magistrat, son service étoit assidu au palais, et ses propos ne respiroient que justice et la plus grande honnêteté; et comment aurois-je pu à cet égard soupçonner en lui la moindre dissimulation? Il avoit épousé le plus riche parti de Paris. Je m'attachai véritablement à lui, au point que je lui vouai toute mon existence. Je fus pendant dix ans de ma vie aussi aveugle sur son compte que Seïd le fut de Mahomet. Pour excuser mon aveu, je dirai que ses amis les plus intimes ont été séduits quatorze ans de plus que je ne l'ai été; mes yeux étoient déjà dessillés à la fin de 1774. Il étoit impossible d'avoir l'extérieur plus vertueux, plus réfléchi et plus sage; il avoit cependant une morgue insoutenable; il méprisoit tous ses confrères, les gens de robe, au point qu'il disoit ne pas exister une famille meilleure que la sienne, qui n'étoit cependant dans le Parlement que de 1557, et avant cette époque il étoit secrétaire du duc de Nevers.

Il existoit, en 1767, une haine irréconciliable entre le duc de Choiseul et le duc d'Aiguillon. Ce dernier, pour culbuter son ennemi, imagina de donner au Roi pour maîtresse une catin du plus bas étage et tirée de la crapule, que lui procura à cet effet un nommé du Barry, qui se faisoit appeler comte, quoique son grand-père étoit fermier de la terre de Levignac, près de l'Isle en Jourdain; cette fille publique eut l'art de plaire à Sa Majesté à un tel point, que ce prince, oubliant tout ce qu'il devoit à la dignité de son rang suprême, eut la foiblesse de la faire présenter à sa cour, ce qui excita une rumeur épouvantable. M. de Maupeou, chancelier de France, se jeta en travers de l'intrigue du duc d'Aiguillon et des du Barry; il étoit tombé par là dans le plus grand avilissement, de sorte que la partie de la magistrature la plus saine ne vouloit plus négocier avec lui. Il avoit pour ennemis personnels, dans le grand banc du Parlement de Paris, les présidents de Lamoignon, de Gourgues et de Saint-Fargeau. Pour se venger des humiliations qu'il en recevoit, il résolut la destruction des Parlements, et lia à cet effet sa partie avec le duc d'Aiguillon, de manière à entraîner en même temps la disgrâce et la perte du duc de Choiseul. On suscita en même temps un procès considérable au duc d'Aiguillon, dans lequel son honneur étoit infiniment compromis au sujet de sa gestion de Bretagne. Le chancelier saisit cette occasion avec avidité pour porter cette affaire à la cour des pairs, plutôt dans la vue d'exciter et d'entretenir une très-grande querelle entre le Roi et le Parlement que de venir au secours de son prétendu ami le duc d'Aiguillon.

Le chancelier se fit remettre pendant l'instruction

du procès un extrait du rapport que M. de Bretignières, conseiller de grand'chambre, en devoit faire au Parlement. Il y trouva les observations de MM. de Murard, de Gars et de Mont-Godefroy, dans lesquelles il crut apercevoir que l'avis de ces magistrats étoit de décharger M. d'Aiguillon. Ce n'étoit pas là le compte du chancelier, son but n'étoit pas que M. d'Aiguillon obtînt un arrêt légal; il aimoit mieux faire finir cette affaire par une voie arbitraire pour l'entacher, de manière qu'il ne pût par la suite arriver au ministère. En effet, la présence de ce courtisan à Versailles devoit porter plus d'ombrage à son ambition que celle du duc de Choiseul, dont le crédit étoit entièrement sur le déclin; sa disgrâce même étoit jurée par la nouvelle maîtresse, et elle ne pouvoit tarder longtemps à être effectuée.

Le chancelier fit entendre au duc d'Aiguillon que si on laissoit aller le cours des lois, il étoit infailliblement perdu; que les informations le chargeoient à boulet rouge; que toute cette affaire étoit l'effet d'une intrigue du duc de Choiseul qui vouloit le perdre, et qu'il falloit absolument la finir par un coup d'autorité. Il ajouta au Roi que son administration y étoit infiniment compromise; il engagea à cet effet le Roi à tenir un lit de justice pour anéantir la procédure, ce qui fut fait avec tout l'appareil du despotisme royal. Le Parlement fit non-seulement les protestations d'usage, mais rendit ce fameux arrêt qui a fait tant de bruit et qui entachoit le duc d'Aiguillon; mais ce que le public ne sait pas, c'est que le chancelier fit passer à un de ses affidés, les chambres et pairs assemblés, le précis de cet arrêt en forme d'arrêté, ce qui étoit un tour bien plus perfide, car un arrêt laissoit à M. le duc d'Aiguillon une porte, puisqu'il pouvoit, s'il avoit été bien conseillé, y revenir par opposition. Le chancelier saisit cette occasion pour échauffer le Roi contre le Parlement; il fit envisager à Sa Majesté cet arrêt comme un acte de rébellion qui mettoit sa couronne au greffe, et lui représenta qu'il n'avoit pas d'autre ressource pour la conquérir que la destruction de ce corps, qui seroit substitué par un autre plus obséquieux et voué à ses volontés. L'abbé Terray appuya fort ce projet, qu'il regardoit même comme indispensable par la détresse où se trouvoient les finances, puisque le déficit alors étoit de quatre-vingts millions annuels.

Ces deux ministres lui persuadèrent qu'il étoit intéressant pour son bonheur et celui des peuples de chercher une querelle quelconque au Parlement, à l'effet d'avoir un prétexte de le détruire et d'y substituer des gens sans aucune fortune quelconque, à qui on donneroit, pour chacun, cinq mille livres, à condition toutefois d'enregistrer ce dont on auroit besoin en emprunt, impôt, suppression et banqueroute. Ce projet parut sublime aux gens de la cour et du conseil, et il fut adopté.

Le président de Lamoignon eut l'éveil de ce projet; il crut qu'il falloit prévenir le chancelier en dénonçant au Parlement sa conduite dans l'affaire du duc d'Aiguillon; il fit à cet effet un mémoire assez bien fait qu'il me confia pour remettre à M. de Gards, magistrat très-ferme et très-instruit, qui étoit alors à sa terre de Frémonville près Mantes. Les faits étoient si clairs, qu'il se chargea de la dénonciation. Ce projet auroit eu lieu infailliblement, si le chancelier, qui s'en douta, n'avoit prévenu l'attaque en adressant dès le lendemain de la Saint-Martin le fameux édit du mois de décembre 1770; il avoit modestement intitulé son édit, Règlement de discipline; et dans des termes amphibologiques, tous pesés avec le plus grand soin, il avoit su fort adroitement y renfermer un article qui pouvoit paroître contredire un peu les premières constitutions de l'État, sans cependant lui porter des coups directs, et le préambule contenoit les inculpations les plus graves contre la magistrature. Cet édit traitoit encore d'associations criminelles, de complots formés contre l'autorité du Roi, union qui paroissoit visiblement entre les Parlements du royaume, et il les réduisoit entièrement à être une simple cour de justice. Tous ces objets demandoient des explications claires; mais dans la crainte que les choses se raccommodassent en s'éclaircissant, il avoit fait promettre au Roi de n'en donner aucune; il avoit si bien tourné son esprit qu'il faisoit lui-même l'application de son édit à la résistance qu'il venoit d'éprouver de la cour des pairs dans l'affaire de M. d'Aiguillon; il avoit encore eu soin de lui faire lire un mémoire bien circonstancié de toutes les fausses démarches où les Parlements s'étoient laissé entraîner jadis dans des temps de trouble et de fermentation. De plus, l'abbé Terray avoit grande attention de représenter au Roi que la détresse de ses finances exigeoit un nouvel ordre de choses; que sa situation étoit telle qu'elle offroit un déficit de la dépense à la recette de quatre-vingts millions annuels; qu'il étoit dans les impossibles de compter que le Parlement se prêtât à l'enregistrement de nouveaux impôts ou de nouvelles banqueroutes; qu'il falloit lui chercher une querelle quelconque, lui trouver des torts pour avoir un prétexte de le supprimer et lui substituer d'autres membres moins récalcitrants aux volontés ministérielles; que n'étant qu'une cour de justice gagée et provisionnée par Sa Majesté, elle ne tenoit ses pouvoirs que de son autorité seule; que par conséquent son existence dépendoit de sa volonté absolue; que cette opération une fois faite, il n'essuieroit de son règne aucune contradiction; qu'il falloit fixer les membres du Parlement à soixante-quinze, et surtout avoir la plus grande attention de ne choisir que des gens absolument indigents, couchés journellement près la nécessité, et dont les gages, fixés à cinq mille livres, seroient le taux le plus strict pour ne pas mourir de faim. Ces considérations déterminèrent le Roi à faire usage de cet édit; pour lors il ne restoit point de milieu au Parlement, il falloit qu'il vérifiât lui-même son déshonneur et l'érigeât en loi; dans ce cas, il tomboit dans la plus vile abjection; s'il refusoit l'enregistrement de l'édit, les ministres faisoient regarder son refus comme une désobéissance formelle aux volontés du souverain, comme voulant méconnoître son pouvoir législatif, et comme un acte de rébellion qui méritoit le plus grand châtiment.

Le Roi tint son lit de justice le 5 décembre 1770. Le Parlement fit non-seulement les protestations d'usage, mais arrêta de nouvelles remontrances, chambres assemblées, jusqu'à la réponse définitive du Roi. Le chancelier, le duc d'Aiguillon, l'abbé Terray, saisirent cette occasion pour faire envisager au Roi la résistance du Parlement comme l'effet d'une suggestion du duc de Choiseul; ce ministre fut disgracié la veille de Noël et exilé à sa terre de Chanteloup, mais sa disgrâce n'opéra aucun changement sur les délibérations du Parlement : il fut lui-même exilé un mois après.

On n'entrera dans aucun détail de tous les actes de despotisme employés alors par le ministère. Je ne retracerai point les scènes scandaleuses et tyranniques des nuits des 19 et 20 janvier, dans lesquelles on réveilla cent soixante magistrats pour leur demander dans leur lit et dans leur premier sommeil, et par l'organe d'un mousquetaire, leur avis et leurs opinions, qu'ils ne doivent, aux termes de leurs serments, ne jamais donner que sur les fleurs de lis. Leur conduite parut sublime, et cependant elle n'étoit point irréprochable. J'ignorois alors les vrais principes constitutionnels de la monarchie, et on auroit eu bien de la peine à compter dans le Parlement six membres moins ignorants que moi.

Le courage de M. de Lamoignon, que j'aimois véritablement, me l'attacha encore plus. Sa lettre d'exil le reléguoit dans un des plus horribles endroits des montagnes du Forez; je lui offris non-seulement ma bourse, qu'il accepta, mais en même temps tous les services qui dépendroient de moi, et je lui vouai absolument toutes mes facultés physiques et morales.

Pour avoir une correspondance suivie avec lui, que la circonstance des affaires rendoit absolument nécessaire, j'établis à huit lieues de son exil un employé des fermes qui, trois fois par semaine, portoit à un endroit désigné mes lettres. Elles étoient toujours renfermées dans le paquet de l'Hôtel des fermes pour ôter à la poste toute espèce de soupçon ; elles étoient d'ailleurs écrites d'un chiffre convenu, de peur qu'étant égarées elles pussent être déchiffrées.

Le duc d'Orléans s'adressa en même temps à moi. Il me dit qu'il ne vouloit négocier, dans l'intervalle de cette malheureuse affaire avec les gens de robe, qu'avec MM. de Malesherbes et de Lamoignon, et me donna à ce moyen des facilités de nous voir tous les jours au petit hôtel de Châtillon, sans que le chancelier, qui avoit des espions partout, pût en avoir le moindre soupçon. Ce prince étoit maîtrisé absolument par madame de Montesson, qui l'étoit elle-même par la présidente de Gourgues, sœur de M. de Lamoignon.

Je voyois M. de Malesherbes, ou chez lui ou chez moi, au moins trois fois par semaine. Un jour qu'il étoit enfermé dans mon cabinet, pénétré d'attendrissement de tout ce que je faisois pour son cousin, il me dit :

« Vous êtes trop bon ami, trop loyal, pour que je ne m'ouvre pas entièrement à vous. Vous êtes donc enchanté de la conduite du Parlement ?

— Je la trouve sublime et remplie de courage.

— Cela est vrai, mais elle n'est pas irréprochable.

— Que peut-on lui reprocher ?

— Écoutez-moi... Si cette cour de justice avoit eu une marche plus franche, ce ne seroit point elle qui seroit exilée, mais le chancelier; elle a un esprit de corps qui la perdra, et nous tous, et même la royauté. »

Ce discours dans la bouche de M. de Malesherbes me parut étrange.

Il me dit :

« Vous êtes un très-bon citoyen, un très-bon François, mais sur le droit public, vous êtes dans la plus grande ignorance, et vous la partagez avec vingt-quatre millions d'habitants. Au surplus, c'est une grande question de savoir s'il est intéressant pour la puissance royale et le bonheur des peuples de trop les éclairer sur cette matière; ce qu'il y a de certain, c'est que le chancelier fait la plus grande faute possible en administration et en politique vis-à-vis du Roi et de ses successeurs; il élève et suscite un problème dont la solution peut un jour changer la constitution du royaume et même la dynastie. Écoutez cette grande vérité que le chancelier me force aujourd'hui de mettre au jour.

» Le Parlement de Paris n'a pas plus de droit en matière d'impôt et d'emprunt que les Parlements de Pau, de Bourgogne, Bretagne, Languedoc, etc..... Tout le royaume est un pays d'états, à la différence seulement qu'il y existe des provinces dont les représentants s'assemblent périodiquement et les autres à la volonté du Roi, qui seul a le droit immémorial de les convoquer et de les dissoudre ; mais il n'est nul prince ni seigneur sur terre qui ait le droit et le pouvoir de faire aucune levée d'argent sur ses sujets sans leur consentement. Le Parlement de Paris n'est que la cour de justice du Roi, provisionnée et gagée par lui ; elle n'a d'autre pouvoir que celui qui lui est attribué et circonscrit dans un ressort quelconque par le souverain ; et si par gloriole, ou par d'autres motifs encore plus coupables, elle n'avoit pas voulu tenir à ce prétendu droit d'enregistrement en matière d'impôt, elle n'auroit pas été pendant ce règne exilée quatre fois ; elle finira par être anéantie. Le Parlement a toujours été mené par dix ou douze intrigants, plus habiles que les autres, qui s'embarrassoient fort peu de ce qui arriveroit au corps et à l'État, pourvu que leur ambition désordonnée et leur avidité en fait d'argent fussent rassasiées. »

J'ai demandé à M. de Malesherbes qui avoit pu engager le Parlement de Paris à s'immiscer et à se croire compétent en matière d'impôt. Il répondit qu'ils étoient partis d'une clause des cahiers des états de 1576, qui, en leur absence, les autorise à se regarder comme des états au petit pied et en raccourci, de restreindre, modifier, et même de rejeter les édits en cas d'urgente nécessité ; qu'ils avoient par un tour de force ou chicane interprété le mot d'édits en impôts ; et que pour ne pas laisser échapper cette proie de leurs mains, ils assimiloient tous les cas de l'emprunt et de l'impôt à celui de l'urgente nécessité.

« Mais, Monsieur, lui ajoutai-je, que vouliez-vous donc que le Parlement fît lors de l'envoi de l'édit de décembre 1770 ?

— Il falloit, me répondit-il, que le Parlement, chambres assemblées, discutât et mît dans le plus grand jour le piége caché adroitement dans les termes amphibologiques de cet édit, et ne point faire des remontrances au Roi, mais lui adresser une lettre cachetée et remise en main propre de Sa Majesté par le premier président, pour être bien sûr qu'elle lui seroit parvenue? Cette lettre, conçue dans les termes les plus respectueux, auroit remercié Sa Majesté de sa bonté d'avoir bien voulu remettre le Parlement à son ancienne institution, c'est-à-dire à une simple cour de justice, dépositaire des lois de son royaume, et chargée de leur maintien et de l'exécution des lois; que, désormais, en matière d'emprunt et d'impôts, il devoit s'adresser à ses sujets, suivant les moyens les plus sûrs que lui dicteroit sa sagesse. Qu'à l'égard des inculpations graves contenues dans le préambule de son édit, que le Parlement se donneroit bien de garde d'y répondre et de s'en disculper, attendu qu'il n'étoit pas dans les possibles, sans outrager la bonté du cœur de Sa Majesté, de supposer qu'il y eût la moindre part; que les malheurs qui résulteroient nécessairement de cet édit par la faute seule de son chancelier devoient être un jour si incommensurables, qu'il seroit peu convenable à son Parlement de s'occuper dans ce moment de la situation pénible où il se trouvoit, et de ce qui pouvoit lui être personnel. »

Si le Parlement eût pris cette attitude, il auroit reconquis la haute considération dont il jouissoit au commencement de ce règne.

« Voyez, me dit-il, le peu d'intérêt que les peuples prenoient à leur exil; la Franche-Comté reproche à son Parlement la perte de ses états, ainsi que la Normandie, et même la province d'Auvergne, qui depuis 1651 n'a point été assemblée, parce que celui de Paris lui a enlevé ses droits en enregistrant les impôts sans leur consentement légal. Vous êtes trop loyal et trop bon François, m'ajouta-t-il, pour que j'aye quelque chose de caché pour vous. Je vais vous lire les remontrances de la cour des aides que j'ai faites, et qui paroîtront sous quatre semaines. Je suis certain d'être au moins exilé, mais rien ne pourra jamais m'empêcher de faire parvenir la vérité au trône. »

Je fus émerveillé, enchanté de cet ouvrage, qui devroit être dans les bibliothèques publiques et dans celle de tout François qui sait lire. Je le priai et le suppliai de m'en confier la minute, pour en donner lecture au duc d'Orléans, lui affirmant sur ma parole d'honneur de ne les communiquer à qui que ce soit dans la nature. Je les lui remis dans la journée même avec la plus grande fidélité, lui demandant en grâce de m'indiquer les auteurs qui pourroient m'instruire de ces vérités importantes ; ce qu'il fit ; j'en tirai bon usage. Je m'enfermois régulièrement toutes les semaines deux jours dans la bibliothèque de Bâville, où je lisois et copiois même tout ce qui avoit trait à cette matière. Un mois après, ses belles remontrances furent présentées au Roi ; elles ne firent d'autre effet que la suppression de la cour des aides et l'exil de ce respectable magistrat à sa terre.

Les avocats avoient fermé leur cabinet ; ils n'avoient voulu prendre aucun rôle dans cette pantomime que le chancelier fit représenter au palais pendant deux ou trois mois par les conseillers d'État et maîtres des requêtes, pour se donner le temps de mettre au complet de soixante-quinze sa nouvelle troupe de Parlement, ce qui n'étoit pas facile : la difficulté n'étoit pas de trouver cinquante vauriens ou meurt-de-faim, mais vingt-cinq honnêtes gens et un peu bien nés qui voulussent faire corps et siéger avec eux ; mais à force de lettres de cachet, de prisons et d'exil, le chancelier y parvint.

Un de ces avocats, Élie de Beaumont, étoit venu chez moi pour y traiter une affaire particulière à ses intérêts. La conversation tomba ensuite sur l'affaire du jour. Je le trouvai parlementaire outré, mais tout aussi ignorant sur le droit public de la France que je l'étois avant la lecture des remontrances de la cour des aides. Je lui demandai d'avoir chez lui une conférence avec un ou deux avocats célèbres; il choisit Target, son ami, et M. Blonde[1]. Je me fis accompagner d'un M. André, très-honnête homme, qui demeuroit chez M. d'Aguesseau, doyen du conseil, et chargé spécialement du soin de sa bibliothèque. Ces messieurs n'étoient pas sur cette matière plus docteurs les uns que les autres; ils regardoient tous, par suite d'une vieille habitude, le Parlement comme un corps national représentant les états généraux; ils n'en savoient pas davantage après quatre heures de verbiages et de grandes phrases. J'obtins que la conférence seroit remise à quinzaine, en leur indiquant la bibliothèque de M. d'Aguesseau et les auteurs où ils pourroient faire leurs recherches. Parurent dans cet intervalle les belles remontrances de la cour des aides. Je trouvai ces docteurs bien changés. Dès notre seconde entrevue, je les engageai tous à développer la matière pour instruire le public sur un objet aussi important. M. Blonde fit *le Parlement de Paris justifié par l'impératrice de Russie;* Élie de Beaumont fit la *Lettre sur le crédit,* et Target la

[1] M. Blonde fut plus tard l'avocat personnel de M. Augeard, accusé d'un projet d'évasion du Roi à Metz, avant la fuite de Varennes.

Lettre d'un homme à un autre homme. Ces trois ouvrages firent peu de sensation dans les gens du monde et surtout à la cour; ils étoient trop bien réfléchis pour faire effet sur des têtes aussi frivoles, aussi égoïstes et occupées de leurs plaisirs. Je pris pour lors le parti de m'occuper d'un plus analogue à leur esprit, c'est-à-dire qui pût leur apprendre les droits des François en plaisantant et en amalgamant à de grandes vérités le sarcasme et des anecdotes piquantes. Cet ouvrage eut pour titre : *Correspondance entre M. de Maupeou et M. de Sorhouet,* espèce de compère qui étoit son affidé, et qui, ayant l'air de louer son patron, relevoit toutes ses turpitudes. Pour ne pas fixer trop l'attention des beaux-esprits de Versailles, je divisai l'ouvrage par feuilles qui contenoient au plus cent pages; aussi fit-il dans le public toute la sensation que j'avois pu désirer, et mit la rage dans le cœur du chancelier.

Les protestations des princes du sang parurent à peu près dans le même moment. Quoique très-bien faites, il auroit été à désirer qu'elles eussent senti un peu moins l'étude de procureur.

Le duc d'Orléans trouvoit le trop grand éloignement du président de Lamoignon préjudiciable à ce qu'on pouvoit faire de bien. On s'employa auprès de M. de Sauvigny, qui avoit accepté la première présidence plus par bêtise que par méchanceté, et on obtint par son crédit le rappel de ce magistrat à sa terre de Bâville, distante de Paris et de Malesherbes d'environ dix lieues.

Je m'y rendis dès le lendemain de son arrivée; je le trouvai entièrement abattu, sans aucun courage, fatigué et excédé. Il me dit qu'il regardoit cette affaire-là comme finie; que le Roi, par le conseil de son chancelier, ayant trouvé que son état étoit destructible, il ne vouloit plus y rentrer; qu'il seroit fou de penser à une restauration quelconque tant que le ministère seroit lié aussi étroitement. Je lui fis observer que, quant à la coalition du ministère, il seroit très-facile de la dissoudre en donnant au duc d'Aiguillon la preuve de la perfidie et de la scélératesse du chancelier vis-à-vis de lui; qu'il ne falloit pour cela que l'explication du dédale de toutes les iniquités et intrigues du chancelier dans cette affaire, ou par écrit ou verbalement. Je lui représentai en même temps qu'il seroit effroyable au chef du Parlement d'abandonner lâchement la partie, quand les princes du sang s'étoient unis par rapport à eux sur la brèche et étoient exilés de la cour. Il me dit :

« Vous avez raison, mais je suis dans l'impossibilité de vivre longtemps dans un exil. A Paris, ma belle-mère faisoit toute la dépense pour moi, ma femme et mes enfants. Je n'ai point de moyens de vivre ailleurs; je dois cent cinquante mille livres en dettes criardes. Le chancelier va me faire aboyer par tous mes créanciers, me fera saisir, et je n'ai pas la moindre ressource. »

Je lui répondis :

« Tranquillisez-vous. Dites à vos créanciers de venir me trouver ; ils aimeront mieux avoir à faire à moi qu'à vous, j'arrangerai cette affaire-là avec eux. Quant aux dépenses de votre maison, je puis sans me gêner vous donner quarante mille livres par an sur mes économies, et avec le peu que vous avez et les ressources que vous devez retirer de votre terre, surtout y demeurant, vous devez vivre honorablement ; tout ce que je vous demande, c'est de ne jamais montrer de foiblesse ; le chancelier finira par être renvoyé, et tous ces animaux de ministres seront obligés d'avoir un jour recours à vous. Vous serez l'homme des princes, il est impossible que vous n'arriviez pas de bonne heure à la première dignité de la magistrature. Il faut seulement afficher un grand désintéressement et une grande fermeté dans le caractère. »

J'ai rempli mes engagements vis-à-vis M. de Lamoignon avec tant d'exactitude qu'il me devoit à la rentrée du Parlement deux cent quarante-sept mille livres *sur un simple billet*. C'est de tous les services que je lui ai rendus le plus foible. Il ne m'en a jamais rendu aucun, mais même m'a desservi toujours le plus qu'il a pu dans ses sociétés et les miennes. Je n'en ai jamais pu trop deviner la raison; je crois cependant qu'il conçut un peu de jalousie vis-à-vis de moi de la grande sensation que fit la correspondance, tandis qu'un ouvrage dont il étoit l'auteur, intitulé *Struensée*, n'en fit aucune; peut-être aussi l'ingratitude entroit-elle beaucoup dans l'acabit de son caractère que je ne commençai à connoître parfaitement qu'en 1774. Ce n'est pas cependant que plusieurs actions de sa vie privée n'eussent dû plus tôt me dessiller les yeux, et particulièrement tout ce que sa sœur, madame de Gourgues, m'en disoit journellement, me faisant observer que cet homme pour qui je me sacrifiois, que je supposois vertueux et honnête, avoit été déshérité par sa mère; que la porte de sa tante, madame Destourmelles, et de son oncle, M. le président Molé, étoit pour lui hermétiquement fermée. Je m'abstiendrai d'aucun détail des torts énormes qu'il a eus vis-à-vis de ses parents, vis-à-vis de sa belle-mère, vis-à-vis de moi-même, tels vis-à-vis de sa sœur, qu'elle ne vouloit plus retourner à Bâville, et qu'elle a eu longtemps le dessein de le déshériter; c'est même avec beaucoup de peine que je l'ai fait changer d'avis. Un jour qu'elle exhaloit vis-à-vis de moi, et avec raison, toute sa mauvaise humeur contre son frère, me faisant part de ses idées d'exhérédation, je lui dis :

« Ah! Madame, gardez-vous bien de donner suite

à une pensée aussi violente! M. de Lamoignon, dans ce moment, jouit d'une si haute considération, que si malheureusement vous veniez à mourir et qu'un pareil testament devînt public, votre corps pourroit être insulté par le peuple. »

Peu de jours après la conférence que j'eus avec lui à Bâville, le hasard me servit parfaitement bien; et en réfléchissant sur le cours de ma vie, je dirai qu'il m'a toujours mieux servi que les hommes. Je rencontrai chez M. Langlois, intendant des finances, un sieur de Commarieu, de la ville de Bordeaux, qui étoit et qu'on appeloit l'âme damnée du duc d'Aiguillon. M. Langlois me dit :

« Je vous présente l'ami et le confident le plus intime de M. d'Aiguillon, qui connoit d'une manière positive la confiance que M. le duc d'Orléans vous témoigne; il n'ignore pas que vous le voyez tous les jours; vous pouvez lui rendre le plus grand de tous les services, celui qui lui tient le plus à cœur : c'est de le rapprocher de ce prince, qui ne doit pas douter que M. d'Aiguillon ne fasse tout au monde pour le faire revenir à la cour. »

Je lui dis que le désir de M. d'Aiguillon me paroissoit très difficile à remplir.

« M. le duc d'Orléans est ami du duc de Choiseul et trop lié avec lui pour qu'il soit curieux de faire une nouvelle coalition. De plus, M. d'Aiguillon se croit l'ami de M. de Maupeou, et c'est cependant son plus cruel ennemi. C'est une très-grande vérité, l'aveuglement de M. d'Aiguillon à l'égard du chancelier est tel, que je crois presque impossible de jamais la lui démontrer. »

Commarieu me parut moins surpris de ce que je venois de dire que je ne me l'étois imaginé. Il me dit :

« Vous connoissez peu M. d'Aiguillon ; c'est un homme de beaucoup d'esprit, qui revient facilement de la prévention, et pour peu qu'on lui fasse apercevoir la vérité, il se fait un plaisir d'aller au-devant. Avez-vous quelques données sur la prétendue perfidie du chancelier vis-à-vis de lui?

— Pas une, mais cent, mais mille!

— Écoutez-moi. Si M. de Maupeou avoit voulu réellement du bien à M. d'Aiguillon, auroit-il porté une affaire d'administration qui regardoit la province de Bretagne à la cour des pairs?

» Le chancelier s'étoit fait remettre copie des informations, elles ne contenoient que des inculpations si vagues qu'on ne pouvoit jamais former un corps de délit suffisant pour perdre l'accusé.

» Pourquoi donc ne pas laisser aller le cours des lois? M. de Maupeou avoit donné le rapport de cette affaire à MM. de Gards et de Brélignières, non pas qu'il les jugeât capables de servir ses vues, mais parce que, dans l'opinion qu'il étoit coupable, leur intégrité sembloit lui répondre d'une victime qu'il craignoit de voir lui échapper.

» Pourquoi faire donc tenir le lit de justice du 27 juin 1770, si le chancelier n'avoit pas craint qu'il fût innocenté par un jugement légal?

» Pourquoi, si le chancelier n'avoit pas voulu fomenter des troubles et entacher l'honneur de votre ami, n'auroit-il pas retiré dans le lit de justice les minutes du greffe?

» Le chancelier savoit très-parfaitement que MM. Freteau, Dupré de Saint-Maur et Barillon avoient demandé la lecture des informations dans l'assemblée tenue le jeudi 28 juin qui avoit été remise au lundi suivant.

» Pourquoi, dans l'intervalle du jeudi au lundi, ne les a-t-il pas fait enlever?

» Pourquoi toutes ces allées nocturnes? Pourquoi un fiacre mène-t-il de nuit le chancelier de France chez le procureur général? Pourquoi ne faites-vous enlever les minutes du greffe par le Roi que le 3 septembre?

» A tous ces pourquoi, s'il étoit nécessaire, je donnerois à M. d'Aiguillon la preuve que l'arrêté fameux qui le prive des fonctions de sa pairie a été rédigé dans le cabinet de M. de Maupeou, et qu'il est arrivé à ses agents dans le temps de l'assemblée des chambres. C'est par l'avis des sages de la compagnie que l'on a donné à cet arrêté la forme d'un arrêt, afin que M. d'Aiguillon pût y former opposition. »

Il seroit impossible au peintre le plus habile de rendre la stupeur et l'étonnement de ce Commarieu. Il me pria à mains jointes, au nom de Dieu, de voir son patron, ce que je refusai, en lui permettant de lui rendre, s'il le jugeoit à propos, le sujet de notre conversation. Huitaine après, autre rendez-vous le plus pressant de la part de M. Langlois, où se trouva encore Commarieu; après six heures d'instances, je consentis à voir M. d'Aiguillon. Je fixai le jour à celui du mariage de M. de Provence, qui étoit le 17 mai 1771. J'eus l'air d'aller à Versailles comme les bayleux de Paris, et pendant qu'eux et la cour étoient aux appartements, je m'enfermai dans celui de M. d'Aiguillon depuis cinq heures jusqu'à neuf heures du soir. Je n'ai jamais vu de ma vie un homme plus furieux; il seroit impossible de trouver dans Richelet des imprécations, des injures, des outrages et des qualifications plus fortes que celles dont il se servit contre le chancelier; il se jeta de rage trois ou quatre fois sur une ottomane qui étoit vis-à-vis de la cheminée, se leva brusquement, me pria, les larmes aux yeux, de faire part au duc d'Orléans de l'excès de son malheur et de son repentir, lui offrant toute son existence physique et morale, me suppliant de lui jurer le dévouement le plus fidèle, et de l'assurer que jour et nuit il ne seroit occupé qu'aux moyens de le faire revenir à la cour. Je ne lui cachai point que ce prince étoit horriblement prévenu contre sa personne, mais que le peu de moyens que la nature m'avoit donnés, je les emploierois à dire la vérité à ce prince et à lui rendre service.

Je fus sur-le-champ au Palais-Royal. A peine eus-je prononcé le nom d'Aiguillon que le duc d'Orléans s'emporta comme une soupe au lait :

« Comment est-il possible qu'on puisse ajouter foi à un pareil coquin? C'est un fripon qui n'a d'autre mérite que l'intrigue, et qui ne veut que vous tromper.

— Monseigneur, je serois bien fâché d'être caution de sa probité, mais je vous supplie de faire attention à votre position : vous êtes exilé, et un prince du sang qui n'est plus à la cour n'a nul crédit pour sa personne et pour ce qui tient à sa maison. Je ne vous dis pas d'aller au-devant de M. d'Aiguillon, ni de lui donner croyance; il se jette à votre tête, votre intérêt n'est pas de le repousser. Écoutez-le; je n'ai jamais tenu à mon opinion, j'abandonnerai celle-ci très-volontiers. Vous avez confiance dans Belle-Isle, secrétaire de vos commandements; consultez-le, et je suis persuadé qu'il sera de mon avis. »

Il étoit à sa terre; le prince lui envoya un courrier pour revenir à Paris. Sa manière de voir fut absolument la mienne c'est-à-dire qu'il falloit laisser venir et écouter le duc d'Aiguillon, sans cependant lui donner aucune confiance. Quand je revis ce dernier, je ne lui dissimulai pas la répugnance que le duc d'Orléans avoit mise à écouter ses propositions. Je lui ajoutai au surplus que la confiance de ce prince en lui dépendoit absolument de la manière dont il le serviroit; il me parut avoir encore un plus grand désir de se rendre utile; il me parla même du chancelier avec plus d'horreur. Il fut nommé quatre ou cinq jours après, c'est-à-dire le 6 juin, ministre des affaires étrangères. Je le laissai, ces premiers moments, s'occuper à recevoir les compliments de sa nouvelle dignité. Je le vis ensuite à son hôtel à Paris, et toujours dans les mêmes dispositions, et voici mot à mot ses paroles :

« Dites bien, je vous prie, à M. le duc d'Orléans que je ne changerai jamais, que je lui demande un mois pour prendre pied et m'asseoir dans ma place; qu'il aille à Villers-Cotterets, qu'il ne pense qu'à s'amuser, qu'il y voye ses amis et qu'il me laisse faire. »

Je revis ce ministre la veille du voyage de Compiègne, et il me réitéra que l'affaire du prince seroit terminée pendant le voyage. M. le duc d'Orléans étoit parti pour Villers-Cotterets. L'abbé Terray m'envoya chercher le 10 juin, me remit un exemplaire de la déclaration qui venoit d'être enregistrée, par laquelle il enlevoit, entre autres choses, à tous les engagistes leur engagement *sans remboursement*. C'étoit une des cent et une friponneries que ce ministre faisoit à l'aide de sa nouvelle troupe de Parlement; aussi tous les imbéciles, intrigants de la cour et de la ville, le regardoient comme un prodige de génie en administration. Il me donna ordre de mettre le plus tôt possible à exécution cette déclaration dans mon département, dont l'Orléanois faisoit partie. Je lui fis observer que sa besogne enlevoit au duc d'Orléans environ six cent mille livres de rente. Il me dit:

« La meilleure manière de faire lever les protestations de ces messieurs-là, c'est de leur couper les vivres. Il convient bien à des princes du sang de se mettre en état de révolte vis-à-vis de celui qui les fait vivre! »

A peine rentré chez moi, j'envoyai à ce prince un courrier pour lui dire de revenir sur-le-champ à Paris. Il y arriva le lendemain matin; et à ce sujet-là je ne puis m'empêcher de lui rendre justice, c'est que dans toutes les affaires que j'ai eu à traiter avec lui, il y a toujours mis un esprit de suite, une exactitude et une loyauté au-dessus de toute expression. Jamais il ne m'a compromis ni désavoué dans la moindre chose de tout ce qu'il m'avoit dit, et cela est très-rare dans les personnes constituées en très-grande supériorité sur les particuliers. En fait de probité, il étoit impossible de trouver un homme plus parfait. Je lui portai l'antienne de M. l'abbé, qui le déconcerta un peu. Il me dit:

« Il faut donc que je renvoie les trois quarts de ma maison ? »

Son chancelier et Belle-Isle n'étoient point à Paris; le premier étoit à son abbaye en Franche-Comté, le second à sa terre. Je lui conseillai d'employer d'abord auprès de l'abbé, s'il étoit possible, des moyens dilatoires, c'est-à-dire de tâcher de gagner trois ou quatre mois, en prétextant que son conseil étant dispersé dans toutes les parties de ses terres, il lui étoit impossible de s'occuper, lui seul, d'un objet aussi important, et qu'il y auroit de la part du ministère, non-seulement de l'impudeur, mais même de la cruauté de ne lui pas donner un terme nécessaire pour défendre ses droits. Ce prince envoya sur-le-champ un courrier à Belle-Isle en lui recommandant de descendre chez moi. Il fut encore en cela entièrement de mon avis. L'abbé Terray, malgré toute sa mauvaise volonté, ne put s'empêcher de lui donner un délai jusqu'au 1er octobre. C'étoit gagner beaucoup, puisque d'après les promesses de M. d'Aiguillon il étoit à présumer que l'exil de ce prince à la cour cesseroit d'avoir lieu.

Le voyage de Compiègne fini, je fus voir M. d'Aiguillon chez lui, à Paris (septembre 1771). Il commença à me faire comme à l'ordinaire de grandes protestations de zèle et de dévouement, et au duc d'Orléans. Je crus cependant m'apercevoir qu'il n'y mettait pas la même franchise et la même vivacité. Il me dit :

« Vous pouvez rendre au Roi le service le plus essentiel sur la chose qui lui tient le plus à cœur. Je sais que vous avez tout crédit, la plus grande influence sur le duc d'Orléans ; vous êtes maître de l'amener au point de lever ses protestations et de planter là le prince de Condé. Vous n'avez pas d'idée combien le Roi tient à cela! Quant à vous, si vous y réussissez, il n'y a pas de fortune où vous ne puissiez prétendre. Je connois vos cousins de Bordeaux, puisque leurs terres tiennent aux miennes. Vous êtes fait pour courir une carrière plus brillante. Si vous voulez entrer dans celle de l'administration, vous irez à tout ce qu'il y a de plus grand. Si vous en préférez une plus sûre, plus libre et plus tranquille, vous serez, si vous voulez, garde du trésor royal et banquier de la cour. »

Je lui dis :

« Monsieur le duc, je vous demande bien excuse, je ne vous comprends pas tout à fait ; je crains de vous avoir mal entendu. »

Il me répéta mot pour mot ce qu'il m'avoit dit. Voici ma réponse :

« Monsieur le duc, vous ne pouvez pas dire que c'est moi qui ai été au-devant de vous, c'est bien vous certainement qui avez fait les premiers pas. Il m'étoit impossible, d'après mes petites connoissances et la position où vous étiez, de supposer que vous pouviez arriver au ministère. Ainsi, vous ne pouvez croire que dans mes démarches j'aie pu et dû avoir pour moi aucune vue de fortune. Je n'ai jamais pensé qu'à la vôtre et à votre gloire. Je vais vous donner la plus grande preuve que votre élévation dans le ministère n'a rien changé à ma façon de voir et de penser; je ne vous reverrai de mes jours. »

Mon homme resta stupéfait comme un fondeur de cloches, il voulut raccommoder un peu la chose. Je lui dis :

« Eh bien, je vous pardonne, parce que vous avez cru qu'un ministre et un duc et pair pouvoit parler ainsi à un fermier général, et proposer à son bienfaiteur de se déshonorer. Je vous donne huit jours pour faire vos réflexions; le neuvième, je dirai à M. le duc d'Orléans tout platement vos propositions : mais comme je ne vous reverrai de mes jours, je veux bien vous prévenir de tout ce qui arrivera. Le chancelier saura ma négociation manquée avec vous, parce que tout se sait, il cherchera à se retourner par l'abbé de Breteuil, il s'y cassera le nez, il ne pourra jamais rien gagner sur ce prince, parce qu'il est conduit, comme vous savez, par madame de Montesson et madame de Gourgues, et de plus par deux fort honnêtes gens, qui sont Belle-Isle et moi. Pour lors, il fera scission parmi les princes du sang; il appellera la maison de Condé à la cour et laissera là celles d'Orléans et de Conty. Prenez-y garde. Adieu, Monsieur le duc. »

Je me retirai ainsi, et le neuvième jour juste, je rendis mot pour mot à M. le duc d'Orléans le sujet de ma belle ambassade. Il me dit :

« Eh bien, voyez, mon cher, avois-je tort de vous dire de vous méfier de cet homme-là, et que c'étoit un maître fripon?

— Que voulez-vous, Monseigneur, je ne croyois pas les gens d'esprit si bêtes! »

Mon Commarieu vint précisément chez moi deux jours après me porter de nouvelles paroles de son duc. Je lui dis :

« Il est trop tard, l'affaire est finie; dites à votre patron que le prince et moi n'avons besoin de lui. »

Le duc d'Orléans me chargea, le 1er octobre, d'aller à Bâville recommander à MM. de Lamoignon et de Malesherbes de faire leurs plus grands efforts pour qu'il n'y eût point de liquidation. Le délai accordé par le chancelier expiroit le 15 de ce mois.

« Représentez-leur, me dit-il, que la crise du moment est d'autant plus inquiétante, que je sais qu'on travaille d'une rude manière les avocats pour les forcer de reconnoître le nouveau Parlement. Le courage de ces gens-là ne peut être de longue durée. Ils trouvent déjà la fermeture de leur cabinet nuisible à leur appétit; ils disent même que si l'ancien Parlement se fait liquider, ils regarderont cet acte équivalent à une démission qui rendroit légale la besogne de Maupeou. »

Il m'ajouta que son Parlement, dans ce cas, ira mal, mais il ira; et l'exil pourroit durer trois ans. Je fus à Bâville rendre fidèlement l'intention des princes, qui surtout désiroient que les présidents fissent tenir chez le doyen d'eux une conférence dont il pourroit résulter une démarche unanime.

Le président de Lamoignon me dit :

« Je pense absolument comme les princes : je ne me ferai certainement pas liquider; mais mes confrères sont des plats, ils se conduisent toujours suivant le vent, et je crains bien leur défection.

— Cela est incroyable. Comment ! vos confrères abandonneroient lâchement la chose publique, quand les princes se sont mis pour eux à la brèche, sont exilés de la cour, et leurs revenus attaqués !

— Tout cela est vrai : je ne compte pas plus sur eux que sur une planche pourrie.

— C'est un très-grand malheur pour l'État, mais pour vous c'est très-heureux : ils seront dans l'abjection, et vous au pinacle de la plus grande gloire; vous serez l'homme des princes et de la France; ils vous porteront l'un et l'autre à la chancellerie. »

Je me rendis la veille de la Saint-Denis à Saint-

Germain près Corbeil, terre de M. de Brétignières et lieu de son exil. Ce magistrat, par sa droiture et son intégrité, jouissoit d'une grande considération dans sa compagnie. Je lui communiquai les intentions des princes. Il me dit qu'il étoit bien certain que son gendre, le président de Murard, son fils et son petit-fils, mon beau-frère, ne se feroient jamais liquider : mais que je me trompois sur l'intention des princes; qu'ils savoient à n'en pas douter qu'ils excitoient la liquidation; que M. de Lamoignon avoit fait tenir à Orly, chez M. d'Ormesson, une conférence où étoient les autres présidents; qu'il y avoit expliqué d'une manière positive le désir des princes que les liquidations fussent effectuées. Je lui fis observer qu'il avoit certainement mal entendu; que le duc d'Orléans m'avoit donné charge et mission auprès de M. de Lamoignon pour l'engager à rassembler ses confrères dans une conférence où il emploieroit toute son éloquence et tous les moyens possibles pour qu'aucun magistrat ne se fît liquider. Il fit alors descendre son fils et M. de Laurencel, substitut du procureur général, comme témoins de tout ce que lui avoit dit à cet égard M. d'Ormesson. Ils me confirmèrent exactement l'opinion de M. de Brétignières. J'exigeai de lui qu'il enverroit le lendemain matin M. de Laurencel à Orly, demander à M. d'Ormesson, par écrit, une explication précise sur une affaire aussi étrange. Il en revint le même jour, portant avec lui une lettre de ce magistrat qui confirme exactement tout ce que ces messieurs m'avoient assuré la veille. Je retournai le lendemain à Paris; je me rendis ensuite à Bâville le 12, pour avoir avec M. de Lamoignon une explication. Il me dit :

« Cela est vrai, ces blêches-là se feront liquider.

— Malgré ce que vous leur avez dit de la part du duc d'Orléans?

— Malgré ce que je leur ai dit de la part du duc d'Orléans.

— Cela est épouvantable!

— Quant à moi, vous pouvez assurer le prince que je ne me ferai jamais liquider. »

Le 15, tous les présidents se firent liquider, à l'exception de M. de Lamoignon. Je reçus le 16 au soir, de M. d'Ormesson, un courrier porteur d'une lettre qui me prioit, dans les termes les plus pressants, de laisser le lendemain toute espèce d'affaires pour me rendre le matin à Villejuif, à l'effet de me communiquer l'affaire la plus importante et du plus grand intérêt pour l'État. Je m'y rendis. Je n'y trouvai point M. d'Ormesson, mais bien M. de Laurencel, qui, en me remettant un paquet cacheté, me dit :

« Je suis chargé, Monsieur, de la part de M. le président, de vous peindre son désespoir : il ne peut se rendre au rendez-vous qu'il vous avoit demandé avec tant d'instance. L'événement d'avant-hier lui a causé un chagrin si vif que la fièvre l'a pris. Il vous écrit de son lit sous la dictée de son notaire, qu'il a envoyé chercher. »

Je décachetai le paquet, et je trouvai les protestations les plus fortes et les mieux rédigées contre sa liquidation de la surveille. Voici le contenu de sa lettre :

« Je suis au désespoir, Monsieur, de ne pouvoir me rendre à Villejuif, comme je vous l'avois proposé. Je suis gisant dans mon lit et attaqué d'une très-grosse fièvre. Je vous supplie en grâce de remettre à M. le duc d'Orléans mes protestations contre ma liquidation d'avant-hier. C'est une très-grande faute que j'ai faite, et il n'est aucun moyen que je ne doive employer pour la réparer; mais le bien de la chose publique m'impose dans ce moment le devoir de ne point révéler un mystère d'iniquités; il est même essentiel que son auteur ne soit point encore démasqué, et qu'il jouisse dans ce moment d'une gloire qu'il ne mérite certainement pas. Je vous donne rendez-vous, le lendemain de notre rentrée, chez la marquise Le Camus, votre parente et mon amie, où je vous expliquerai ce tissu d'horreurs. »

Je remis dans la journée même au duc d'Orléans ces protestations. Il les reçut, comme de raison, avec la plus mauvaise humeur. L'affaire était manquée; elle nécessita la belle lettre de M. d'Ormesson qui traite de la distinction de la finance avec l'office.

Je ne pouvois rien comprendre à tout ce que j'entendois, à tout ce que je voyois. J'étois si aveuglé, si prévenu en faveur de M. de Lamoignon, que j'étois bien loin de penser qu'il pût, dans cette affaire comme dans toute autre, être capable, je ne dis pas de noirceur, mais même de la moindre indiscrétion.

Peu de jours après, j'eus la visite de la marquise de Saint-Fargeau, mère du président. Elle me parla avec le plus grand éloge de la conduite de M. de Lamoignon; elle m'ajouta :

« Il est bien heureux, il est bien conseillé; de plus, il est à même d'être parfaitement instruit de ce qui se passe, et mon malheureux fils est toujours dans son puits de feuilletin, environné d'espions, ses lettres décachetées. Il avoit envoyé à M. de Lamoignon une personne de la plus grande confiance pour lui demander conseil sur sa liquidation. Il n'a jamais voulu s'expliquer; cependant il lui a donné à entendre qu'il se feroit liquider, parce que la finance de son office étoit la dot de sa femme. Il a par là induit en erreur le porteur de pouvoir de mon fils, qui d'ailleurs, sachant ce qui s'étoit passé à Orly, chez M. d'Ormesson, a fait liquider son office, croyant par là suivre les intentions des princes. »

J'appuie peut-être un peu trop longuement sur ce fait; mais comme malheureusement il a eu une si terrible influence sur les événements postérieurs, j'ai cru que le détail en étoit indispensable.

Je continuai toujours ces petites feuilles intitulées la *Correspondance*. Le chancelier en étoit dans une telle rage, que, fatigué de toutes les inquisitions et recherches inutiles qu'il faisoit pour me découvrir, il fit rendre un arrêt par son tripot, qui déclaroit criminel de lèse-majesté un second chef. J'y répondis par plusieurs plaisanteries, telles que la *Lettre à Jacques Vergès; les OEufs rouges, Mandement de monseigneur l'archevêque qui les proscrit;* mais comme les personnes qui se mêloient de l'impression de ces petits ouvrages s'avisoient d'y insérer des petites personnalités contre des individus, même des anciens magistrats que je ne connoissois pas, je m'en étois plaint dans la *Lettre à Vergès,* dans laquelle j'annonçois que je ne travaillerois plus, si on continuoit d'y insérer des méchancetés. J'abandonnai la suite de cette plaisanterie, d'autant plus que la partie intitulée les *OEufs rouges,* qui parut depuis, avoit été entièrement défigurée. On ne la trouve parfaitement rétablie que dans une édition in-octavo. De plus, je me reprochois un peu d'être la cause de la détention de nombre de colporteurs que le chancelier avoit fait arrêter, et qui, vu les précautions, ne pouvoient jamais, en aucune manière quelconque, avoir connoissance de l'auteur.

Je m'étois lié intimement avec M. de Trudaine, intendant des finances, qui avoit appris à Chanteloup, par M. le duc de Choiseul, la part que j'avois aux affaires. Il avoit été très-bien traité par le ministère précédent : c'étoit une raison pour être tracassé par celui-ci. Il n'y avoit point de déboire qu'on ne lui fît essuyer pour le forcer à quitter son département.

Me faisant part à ce sujet de ses petits chagrins vers le mois de novembre 1772, je lui dis :

« Pour peu que vous soyez attaché à votre département, je puis vous rendre un service si important qu'il n'y a point de ministre, et notamment M. d'Aiguillon, qui ne soit enchanté de vous être utile. Quoique votre place soit plus brillante que la mienne, vous êtes cependant toujours le sous-ordre des ministres. Un fermier général qui ne veut être rien de plus se soucie fort peu de ces messieurs-là, parce qu'il faut que son bail se fasse. Je vous remettrai, si vous voulez, la minute du rapport de M. de Brétignières dans l'affaire de M. d'Aiguillon. Elle est écrite aussi en marge sur du papier à la tellière. Vous y trouverez les observations du président de Murard, de MM. de Gard et de Mont-Godefroy, desquelles il résulte que leur opinion étoit de décharger d'accusation M. d'Aiguillon; et pour prouver que ces pièces-là ne peuvent être controuvées et qu'on doit y ajouter foi, je vous ferai observer que MM. de Brétignières et de Gard sont décédés. Vous pouvez faire votre cour à M. d'Aiguillon en la lui confiant; il la montrera au Roi, dans la vue de se disculper et de culbuter le Maupeou, attendu que le Roi ne peut plus voir, après cela, aucun doute sur la scélératesse de son chancelier. »

M. de Trudaine fut enchanté de mon offre et me dit :

« Mais pourquoi n'en voulez-vous pas profiter pour vous?

— C'est que j'ai dit à M. le duc d'Aiguillon que je ne le reverrois plus, d'après la conduite qu'il a tenue vis-à-vis de moi et vis-à-vis du duc d'Orléans. Je n'ai d'autre intention que de vous rendre service, et si j'en rends à M. d'Aiguillon, c'est qu'il est impossible que cela ne retombe pas sur la carcasse du chancelier. »

Le rapport de M. de Brétignières fit tout l'effet que je m'étois proposé. Le duc d'Aiguillon, comme on pense, fut enchanté, fut au comble de la joie. M. de Trudaine ne lui cacha pas de qui il tenoit cette pièce importante pour son existence. Il lui dit :

« Votre ami a bien tort de ne plus me voir; il devoit faire attention qu'en moi il y a deux qualités, celles de particulier et de ministre, et ce n'est que dans cette dernière qualité que je lui avois insinué d'engager le duc d'Orléans de lever ses protestations. Dites-lui bien que je n'oublierai jamais le service important qu'il me rend, que je ne serai tout à fait heureux qu'autant qu'il m'offriroit des occasions de lui être utile; que s'il peut s'imaginer que j'ai des torts vis-à-vis de lui dans la négociation avec le duc d'Orléans, je lui en fais mes excuses, et je le prie de vouloir bien les accepter. »

On conçoit bien qu'il ne tarda pas à faire usage de ce rapport auprès de madame du Barry et du Roi. Sa Majesté prit dès ce moment son chancelier dans une telle aversion, qu'il l'auroit chassé s'il n'avoit pas tenu à la liquidation des offices de magistrature. M. d'Aiguillon, quatre mois après, joignit à son département celui de la guerre, et la plus grande prépondérance. Il porta à la plus grande faveur M. de Trudaine, et engagea même le Roi d'aller, avec toute sa cour, voir le décintrement du pont de Neuilly. On rappela à la cour, le 22 décembre, la maison de Condé : c'est ce que j'avois prédit à M. d'Aiguillon littéralement, au mois de septembre de l'année précédente. Je me rendis le lendemain mardi chez M. de Trudaine, qui, dès qu'il me vit, s'écria :

« Voici les princes à la cour : c'est M. d'Aiguillon qui les fait revenir !

— Vous êtes bien dans l'erreur!

— Comment! les princes ne sont pas à la cour?

— Je ne doute pas que la maison de Condé n'y soit, mais M. d'Aiguillon n'y est pour rien : c'est M. de Maupeou qui, pour rehausser son crédit, a besogné tout cela avec son ami Cromot et le comte de la Marche. Allez-vous-en vite à Versailles : vous y trouverez M. d'Aiguillon un peu penaud. »

Je le fis partir sur-le-champ, et le même jour, en rentrant chez moi sur les neuf heures et demie du soir, je le trouvai dans mon cabinet.

« Je reviens de Versailles, me dit-il; j'ai vu M. d'Aiguillon, qui vous y attend demain.

— Il m'y attendra longtemps : vous savez que je lui ai promis que je ne le reverrois plus, et je tiens à ma parole.

— Comment! mais c'est horrible! Vous sacrifiez la chose publique à un petit ressentiment, à une petite querelle.

— Vous direz tout ce qu'il vous plaira, mais je n'irai pas. Au surplus, la nuit porte conseil. Je vous verrai demain matin; nous verrons ensemble à faire pour le mieux. »

J'étois dès huit heures chez lui; je lui dis :

« J'ai bien réfléchi, je ne veux point voir M. d'Aiguillon; mais écrivez-lui que s'il peut obtenir de Sa Majesté que le duc d'Orléans revienne à la cour par une autre voie que celle du prince de Condé, je m'emploierai volontiers à cette négociation, et j'espère même réussir. »

Il écrivit à ce ministre sous ma dictée. La réponse de M. d'Aiguillon arriva le jeudi matin à deux heures; à huit, j'étois chez M. de Trudaine, qui me montra le consentement du Roi. J'étois, à neuf, au Palais-Royal. J'y trouvai le duc d'Orléans dans une terrible inquiétude de voir la maison de Condé à la cour, et la sienne à l'écart. Cette inquiétude disparut dès que je lui appris où en étoit sa position. Il fut enchanté, comme on pense bien, de la manière que j'avois conduit cette affaire. Dès l'après-dînée, la négociation s'ouvrit, non pas chez lui, ni chez M. de Trudaine, ni chez moi, de peur de donner au chancelier le moindre éveil, mais chez M. d'Invault, qui demeuroit près de madame de Montesson. Le lendemain, tout paroissoit d'accord. On m'envoya à Bâville en faire part à MM. de Lamoignon et de Malesherbes. Ce dernier me dit :

« J'ai bien peur que M. d'Aiguillon, en faisant revenir les princes à la cour, n'ait d'autre but que de nous déjouer. Il veut forcer les liquidations, dont le délai fatal expire dans quatre jours, en faisant accroire par là à la magistrature que les princes l'abandonnent. Il faut de toute nécessité, mon cher ami, que vous retourniez sur-le-champ à Paris, et que vous fassiez remarquer au duc d'Orléans et à Belle-Isle le danger de cette démarche. Nous les prions en grâce que le retour des princes à la cour ne s'effectue qu'après que le délai fatal sera expiré. »

J'étois le jour même à neuf heures du soir à Paris. Je descendis au Palais-Royal pour monter chez Belle-Isle, qui, dès qu'il me vit, me sauta au cou en me disant :

« Notre affaire est finie, et finie entièrement. Nous serons demain à dix heures à Versailles. »

Le marquis de Castries, depuis maréchal de France, entre en même temps. Je les laisse l'un et l'autre se faire des compliments; je ne m'occupe qu'à réparer ma sottise le mieux possible. Pour cela, je prends un fiacre qui me conduit à l'hôtel de Vendôme, chez M. de Barville, procureur général de la cour des aides. Je lui dis :

« Mon cher ami, M. d'Aiguillon veut me déjouer. En me déjouant, il perd à la fois toute la magistrature. Je ne connois qu'un seul moyen pour la sauver, c'est de faire dans la minute un petit écrit très-court, très-précis, d'une page seule, dans lequel les princes avertiront tous les membres des cours souveraines de ne pas se faire liquider. Ils vont à la cour y négocier le retour du Parlement. »

Ce petit écrit fait en moins d'un quart d'heure, nous prîmes, Barville et moi, à la place Saint-Michel; un fiacre pour nous mener chez un vieux conseiller du grand conseil qui demeuroit rue des Tournelles. Quand nous fûmes près de la Bastille, je ne pus m'empêcher, en voyant ces murailles, de dire à Barville :

« Savez-vous bien que nous sommes bien près de la proximité de nos affaires? »

Nous montâmes chez ce bon magistrat, qui se couchoit; il se rhabilla et nous assura que le petit pamphlet seroit imprimé et distribué à sept heures du matin à toutes les études de notaire et à toutes les maisons des gens de robe. Je donnai ainsi à M. d'Aiguillon chat pour chat, et il n'y eut pas une seule liquidation. L'abbé Terray, enragé, fit répandre, pour se raccrocher, dans les bureaux du contrôle et du trésor royal, que MM. de Lamoignon et de Malesherbes étoient liquidés. Sa pêche ne fut pas heureuse : aucun sot ne se laissa prendre à l'hameçon.

Le gouvernement, par la police, avoit tellement répandu la liquidation de ces deux magistrats, que le jeudi matin 31 décembre M. de Trudaine en étoit encore persuadé; et quand je le dissuadai et lui ouvris les yeux sur la coquinerie de l'abbé Terray, il me dit :

« J'en suis bien fâché. Le duc d'Aiguillon peut être exilé dans huit jours. Il n'a obtenu le rappel de la maison d'Orléans à la cour que parce qu'il a assuré le Roi que cela nécessiteroit la liquidation des offices de la magistrature, et surtout celle de MM. de Malesherbes et de Lamoignon. »

En quittant M. de Trudaine, je courus chez la présidente de Gourgues. Il étoit midi. Je la trouvai échevelée, dans un état inexprimable.

« Mon frère, me dit-elle, qui jouissoit hier de la plus haute considération, est aujourd'hui dans la boue : il est liquidé.

— Miséricorde! cela est-il possible?

— Lisez sa lettre.

— Elle est réellement louche; il ne convient pas à un magistrat, surtout à M. de Lamoignon, quand il écrit à un ministre, de ne lui pas écrire d'une manière précise.

— Lisez celle de Malesherbes, quelle différence! cela s'appelle écrire en magistrat.

— Vous avez grandement raison; et en comparant l'une avec l'autre, je trouve celle de votre frère encore plus condamnable; mais enfin, comme elle est entortillée, qu'elle n'est pas positive, il peut revenir sur ses pas, en l'interprétant d'une manière précise qui puisse réparer son honneur, car sans cela je le regarde comme vous perdu et anéanti. »

Je vais à Bâville pour le sauver, j'abandonne toute espèce de devoirs que j'ai à rendre ici la veille du jour de l'an. J'étois auprès de lui à six heures du soir. Voici mot pour mot mon compliment au maître du logis :

« Je viens ici pour l'affaire la plus importante de votre vie. Votre sœur m'a chargé de vous remettre cette lettre-là. »

Il voulut excuser la sienne, je lui dis :

« Vous êtes demain, dans Paris, un cadavre rejeté de tout le monde, et dans le ruisseau, si vous n'écrivez pas dans le moment même à M. d'Aiguillon pour rétracter votre lettre en l'interprétant; sans cela, vous êtes la fable de tout Paris. Je veux que vous l'écriviez sous ma dictée, et qu'elle soit avant neuf heures rendue à Versailles. »

Je lui parlai avec une telle véhémence, que, changeant son caractère, il devint doux comme un agneau. Il écrivit sa lettre sans changer un mot de ce que je lui dictois. J'exigeai encore de lui qu'il m'en donnât une copie écrite de sa main, pour la montrer le lendemain dans tout Paris, dans le cas qu'on voulût ternir sa réputation et sa conduite dans la moindre petite chose. Je partis, muni de cette lettre, le lendemain, 1ᵉʳ de l'an, à six heures du matin. Je la portai à dix heures chez madame de Gourgues, sa sœur, qui lui remit le calme et la tête. Je me rendis ensuite à un déjeuner de famille, où il y avoit un monde énorme. M. Lenoir, qui depuis est devenu lieutenant de police, y étoit. Il commença à plaisanter beaucoup le prétendu courage de M. de Lamoignon de tourner en ridicule sa soi-disant liquidation. Je lui fermai la bouche en montrant la copie de la lettre dont j'étois porteur. Il me pria à mains jointes de la lui confier pour une demi-heure, pour la communiquer à M. de Sartines.

Le lendemain Commarieu arriva chez moi tout essoufflé, me priant, de la part de M. d'Aiguillon, de ne pas rendre publique la seconde lettre de M. de Lamoignon, et qu'il ne seroit pas question de la première.

Cette affaire-là ne laissa pas que de refroidir madame de Gourgues; de son frère, elle avoit été déjà, dans plusieurs petites occasions, dans le cas de juger de la valeur réelle de son cœur, et celle-ci ne devoit pas lui donner une idée avantageuse de sa fermeté. Comme magistrat, il n'osoit pas afficher ouvertement son penchant naturel pour l'intrigue. Il craignoit de déplaire à sa sœur, dont l'âme étoit déjà aigrie au point de vouloir le déshériter; et si son exhérédation n'a pas été exécutée dans son entier, les termes de son testament, et nombre prodigieux de legs qu'elle a faits, prouvent assez qu'elle étoit mécontente de son frère. Elle mourut au mois de mai 1773. M. de Lamoignon, n'ayant plus rien à craindre de sa part, se livra à son penchant naturel de l'intrigue. Il lia sa partie avec le duc d'Aiguillon, pour pouvoir rentrer, lui premier président, avec quatre-vingts membres de l'ancien Parlement. Il me communiqua son plan à plusieurs reprises, mais comme il m'y trouva tout à fait opposant et que je lui dis formellement que ceux qui entreroient dans ce nouvel arrangement de choses seroient tout aussi coupables aux yeux de la France que les membres du Parlement de Toulouse et de Bordeaux qui avoient abandonné lâchement leurs confrères pour livrer leurs provinces à un simulacre de Parlement, il ne m'en parla plus; mais aucune de ses démarches ne m'étoit inconnue, parce que le duc d'Orléans et M. de Belle-Isle m'en parloient journellement. Il leur avoit fait envisager sa négociation comme un noyau, pour faire ensuite revenir la totalité du corps. C'est à cette époque que mon estime pour lui commença à s'altérer. Cette intrigue-là ne pouvoit s'accoupler avec la sévérité de mes principes. Ce replâtrage étoit très-avancé à la mort de Louis XV, mais je doute encore que M. de Lamoignon eût trouvé quatre-vingts membres dans l'ancien Parlement. Ce qu'il y a de certain, c'est que si le Roi ne fût pas mort, le chancelier auroit été chassé trois semaines après. Il étoit entièrement démasqué dans l'esprit de ce prince. Il ne le regardoit plus que comme un fourbe, et l'auteur des troubles de la France. Louis XVI, par les conseils de sa tante, Madame Adélaïde, appela auprès de lui le comte de Maurepas. Il est faux qu'on ait jamais proposé au Roi M. de Machault. Il se peut bien faire qu'il en a été question dans l'intérieur des tantes, mais elles n'en ont jamais parlé à leurs neveux; c'est ce que la Reine m'a dit et répété plusieurs fois.

Je connoissois M. de Maurepas pour le rencontrer souvent chez mes parents, qui étoient les siens. Cinq ou six jours après son rappel au ministère, la marquise d'Amezage, ma tante, m'écrivit de sa part de me rendre chez ce ministre, qui désiroit avoir avec moi une conférence sur l'affaire des Parlements. Je lui donnai en plusieurs séances, sur cette grande affaire et les principaux acteurs de cette révolution, les notions les plus exactes et les plus impartiales. Personne ne pouvoit lui en donner de plus sûres, aussi me dit-il :

« J'ai besoin absolument de vous ; mais la moindre petite indiscrétion de votre part, ou de qui que ce soit, peut vous perdre, et même mon existence. Le Roi abhorre les Parlements. Il est buté contre eux encore plus que son grand-père. Le chancelier vient de lui remettre un mémoire capable d'augmenter encore son aversion. Quant à moi, voici ma profession de foi: Sans Parlement, point de monarchie. Ce sont les principes que j'ai sucés du chancelier de Pontchartrain; mais je n'ose pas prendre sur moi d'en faire l'ouverture au Roi, ni même de lui parler en manière quelconque des Parlements. Dites au duc d'Orléans que je le servirai de cœur, mais que la moindre petite indiscrétion feroit tout manquer. Il faut que ce prince commence par demander au Roi une audience particulière, sans que sa lettre en contienne le motif. Le Roi m'en parlera; je feindrai d'ignorer cette démarche, j'aurai l'air cependant, vis-à-vis de Sa Majesté, de croire que l'audience qu'il demande pourroit avoir pour motif l'affaire des Parlements; et quoique j'affecterai la plus grande impartialité, j'inclinerai pour que l'audience ne soit point refusée, en représentant à Sa Majesté qu'il ne seroit pas décent de ne pas écouter le premier prince de son sang, ayant surtout le double de son âge; j'observerai surtout au Roi de n'entrer avec lui dans aucun détail, sous prétexte que, manquant d'instructions à ce sujet, il seroit à craindre qu'il ne donnât au duc d'Orléans trop de prise sur lui. Je lui conseillerai de se contenter de demander à ce prince un mémoire par écrit, pour soutenir la cause des Parlements non par des lettres de cachet, mais par de bonnes et valables raisons que lui fourniroit sans doute son chancelier. »

Ce fut ainsi que s'entama cette grande négociation.

Le mémoire du duc d'Orléans étoit divisé en trois parties. Il commença à présenter la première au

Roi. Elle était intitulée *Introduction*. Sa Majesté l'a communiquée au chancelier, qui y répondit si foiblement qu'elle en fut elle-même étonnée. M. de Maurepas avoit vis-à-vis d'elle l'air de prendre le parti de M. de Maupeou, dans le dessein de se donner par la suite plus beau jeu, pour combattre plus facilement les réponses du chancelier aux deux autres parties du mémoire du duc d'Orléans. L'affaire se conduisoit ainsi et avec beaucoup de prudence, quand elle pensa manquer par une indiscrétion de ce prince à madame de Montesson, qui revint aux oreilles du chancelier et qui faillit compromettre infiniment M. de Maurepas auprès du Roi. Ce ministre m'envoya chercher, il me dit:

« Le duc d'Orléans a bavardé, l'affaire est manquée; le Roi me soupçonne de m'entendre avec lui. Je peux mettre fin à cela. Je serois compromis, et je n'avancerois à rien. »

J'employai toute ma pauvre petite éloquence à lui faire sentir combien il seroit effroyable qu'à raison d'une indiscrétion, réelle ou non, les intérêts de la France fussent ainsi abandonnés. Il m'ajouta:

« Je n'ai plus qu'un seul moyen pour ôter au Roi toute espèce de soupçon, c'est d'exiler le duc d'Orléans. Demandez-lui si cela lui convient, sinon je ne me mêle plus de rien. »

Ce prince y consentit; cet exil fit tout l'effet que

M. de Maurepas pouvoit désirer et en attendre. Le public crut l'affaire des Parlements totalement manquée. Cependant la négociation se suivoit avec plus d'activité. Sa rentrée, l'exil du chancelier et de l'abbé Terray, étoient déjà arrêtés *in petto*, au commencement d'août 1774. Il est nécessaire d'entrer dans quelques détails à ce sujet, parce que les sots et la multitude, qui ignorent tout et qui veulent parler de tout, n'ont cessé de dire et répéter que M. de Maurepas avoit perdu le royaume en faisant revenir le Parlement; qu'il étoit la cause de tous les malheurs de la France, et que le Roi auroit dû brider davantage l'autorité du Parlement; comme si depuis 1774 jusqu'au mois de décembre 1786, le Parlement n'avoit pas été le plus obséquieux possible à toutes les volontés de MM. les ministres; comme s'il n'avoit pas enregistré en 1781, dans l'espace de six mois, les deux sous pour livre et les trois sous vingtièmes sans aucune remontrance, ce qui faisoit quarante-cinq millions de rente; quoique les revenus du Roi avoient déjà augmenté, depuis 1774 jusqu'en 1780, d'autres soixante millions de rente, dont vingt-cinq par le crime national, le plus grand dont l'administration peut se rendre coupable, en laissant M. Necker augmenter les cotes des contribuables par de simples lettres ministérielles, et surtout employer cette voie injuste et illégale pour rendre fixes des contributions momentanées et qui n'avoient été assises dans leur principe que pour des embellissements. Si le Parlement a des torts à se reprocher, c'est d'avoir sacrifié les intérêts des peuples à ceux des ministres et à leurs extravagances. Je me ressouviens parfaitement bien de ce que je me suis permis alors de dire à M. de Maurepas :

« Il faut que le Roi soit maître absolu dans son royaume, mais ce qui est encore plus nécessaire non-seulement au bonheur des peuples, mais au maintien des opérations du crédit, c'est qu'il faut que personne ne se doute que son pouvoir est au-dessus de la loi, car si les peuples le croyoient despote, il lui seroit impossible d'ouvrir des emprunts ; ou s'il prenoit cette voie, elle lui seroit si coûteuse que l'Angleterre, dans une guerre quelconque, finiroit toujours par avoir le dernier écu. Il faut bien que le Roi soit maître du Parlement, mais que personne ne le croie, sans cela tout seroit perdu. Il suffit pour cela d'avoir attention que les voix comptantes des enquêtes excèdent de peu celles de la grand'chambre : par exemple, si le Parlement de Paris est composé de cent cinquante membres, la grand'chambre, compris les présidents, sera de soixante. Les enquêtes et requêtes seront de quatre-vingt-dix, sur lesquels il y aura au moins vingt-cinq voix mineures et conséquemment non comptantes. Ce sera donc soixante-cinq, sur lesquels il est impossible qu'il n'y en ait dix à douze qui ne soient soigneux de plaire à la cour, pour accrocher une place de maître des enquêtes ou de président, des clercs qui ne rêvent pas de temps en temps à des abbayes, d'autres individus qui ne soient curieux de faire des mariages de protection. Vous voyez par ce tableau que vous aurez déjà la pluralité des voix ; et si dans le cas de l'envoi d'un édit au Parlement vous n'en étiez pas absolument sûr, ne trouverez-vous pas tant que vous voudrez du renfort dans les conseillers honoraires? Il suffit seulement que la loi des suffrages ait l'air d'être religieusement observée ; cela s'est passé ainsi pendant douze ans : il y avoit bien des débats, mais ils étoient absolument nécessaires pour le maintien du crédit, qui seroit rentré à cent pieds sous terre si les peuples avoient pu s'imaginer un moment que le Roi étoit maître absolu du Parlement. ».

On doit juger aujourd'hui combien le ministère de 1786 a fait de sottises, d'inconséquences, de gaucheries, d'extravagances, pour avoir dérangé cette harmonie secrète qui existoit entre le Roi et ses cours de justice, et avoir introduit ce corps des notables qui devoit naturellement être le précurseur des états généraux. Ce n'est pas parce que j'ai eu part au rétablissement de la magistrature que j'en prends le parti, mais quelle est la mesure de sagesse et de prudence qu'on auroit pu mieux employer? Il étoit bien difficile d'en concevoir une autre qui auroit réuni les mêmes avantages.

Je ne puis m'empêcher de finir cet article sans faire part d'une petite difficulté que M. de Belle-Isle et moi eûmes avec M. de Maurepas, que nous surmontâmes avec beaucoup de peine. Dans son premier plan, il donnoit les sceaux à M. de Malesherbes, faisoit son parent M. de Miromesnil premier président, et mettoit par là M. d'Aligre à l'écart. Nous lui représentâmes que son principal soin étoit de sauver la loi de l'inamovibilité, une des plus sages, faite par les états généraux et confirmée même par Louis XI. Il étoit si attaché à son idée, que pour la soutenir il nous dit que la place de premier président n'étoit point une charge, mais une commission dont M. d'Aligre s'étoit démis; et ce n'est que sur nos représentations réitérées et très-vives que sa démission avoit été forcée, qu'il se détermina à le laisser en place et à donner les sceaux à M. de Miromesnil.

M. de Maurepas avoit la bonté de me témoigner de la confiance et bonté, dans les différentes conférences que j'avois avec lui, tant sur les affaires du Parlement que sur celles relatives à la finance. Il me demanda un jour quel étoit l'état de ma fortune. Je lui répondis qu'elle étoit médiocre, parce que mes père et mère et ceux de ma femme vivoient.

6.

« J'avois des vues sur vous, me dit-il, mais dans ce cas elles ne peuvent point vous convenir. Qui feriez-vous contrôleur général?

— Je n'en connois qu'un seul, c'est la personne qui travaille avec vous, M. de Belle-Isle.

— Mais il n'est pas dans la voie.

— Il ne s'agit pas s'il est dans la voie ou non, il s'agit de savoir s'il est capable.

— Je n'en connois pas un plus instruit, plus honnête et plus modeste.

— Vous êtes en état de l'apprécier plus qu'un autre, puisque vous travaillez avec lui depuis plus de deux mois. »

Il me chargea le 14 août de lui proposer cette place. Il étoit à sa terre dans le Vexin, où je me rendis pour lui en faire la proposition. Je fus trois jours à l'y décider. Je m'en retournai par le Vaudreuil, qui appartenoit au président Portail. Nous apprîmes le 25 le renvoi du chancelier et de l'abbé Terray, et la nomination de M. Turgot aux finances. Je m'en retournai à Paris. La première fois que je vis M. de Maurepas, je lui fis mon compliment sur l'ambassade qu'il m'avoit donnée. Il me dit :

« Que voulez-vous? madame de Maurepas, la duchesse d'Anville et l'abbé de Veriq m'ont tourmenté, et d'ailleurs le Roi vouloit placer M. de

Sartines. Au surplus, M. Turgot est un homme très-honnête et très-vertueux. »

Je fus obligé d'aller à Fontainebleau, au commencement d'octobre, joindre M. de Maurepas pour les affaires du Parlement. Je le trouvai déjà ennuyé de M. Turgot, et même piqué de la mauvaise grâce qu'il mettoit à faire M. Amelot, son parent, intendant des finances.

Le rétablissement du Parlement se fit au mois de novembre 1774. Dès le lendemain, le président d'Ormesson me demanda un rendez-vous chez la marquise Le Camus, ma cousine germaine, où il m'expliqua de la manière la plus précise comment M. de Lamoignon avoit déjoué les présidents chez lui, à Orly, dans l'affaire des liquidations, au mois d'octobre 1771. Il me dit qu'il avoit jugé à propos, pour l'intérêt de la chose publique, d'ensevelir dans le secret cette trahison, mais qu'il croyoit aujourd'hui absolument nécessaire de démasquer la méchanceté de cet homme dans sa compagnie, parce qu'il seroit très-dangereux de lui laisser la moindre considération. Le président de Saint-Fargeau me confirma également la manière atroce avec laquelle il lui fit entendre qu'il se feroit liquider, en lui donnant pour raison que la finance de son office étoit la dot de sa femme.

Tous ces faits, joints à beaucoup d'autres de sa vie

privée, m'éloignèrent de cet homme. Je ne le vis plus chez lui que politiquement et rarement dans son cabinet, et si j'ai continué d'aller par la suite chez sa femme et sa belle-mère, c'est qu'elles sont mes parentes les plus proches du côté de ma mère, et que madame Berryer a toujours été une femme très-estimable et qui méritoit un autre gendre.

M. de Lamoignon, ayant perdu toute espèce de crédit dans sa compagnie, se jeta dans l'intrigue, qui étoit son élément naturel. Il continuoit dans le monde d'affecter une grande austérité de principes, et pour conserver mieux son masque, il affectoit de critiquer la conduite de la grand'chambre. Il en relevoit les abus dans les termes les plus amers. Non-seulement il blâmoit l'énormité des épices, mais même il érigea chez lui un bureau tendant à les réformer, composé de huit à dix personnes, en quoi consistoient dans le Parlement où ses affidés ou ses dupes. Il faisoit faire et faisoit lui-même contre sa compagnie de petits pamphlets. Tout cela ne faisoit qu'aigrir ses confrères contre lui et augmenter son ressentiment contre eux. Voilà l'origine de la haine qu'il a conservée contre le Parlement jusqu'au moment de son élévation à la place de garde des sceaux, et de la rage qu'il a employée depuis pour opérer sa destruction.

M. de Maurepas, de son côté, se dégoûtoit de

M. Turgot; il ne voyoit plus en lui qu'un être systématique, dont aucune réflexion n'étoit posée, il n'avoit plus de confiance dans ce ministre, qui malheureusement avoit eu l'art de capter Sa Majesté et de l'endoctriner de ses maximes. Elles ne pouvoient qu'être extrêmement dangereuses dans un homme aussi peu instruit en finances que l'étoit M. Turgot; aussi on ne vit dans l'année 1775 que révoltes, commotions dans les provinces, réclamations de toutes les cours de justice; ce qui dégoûta M. de Malesherbes, qui avoit alors le département de Paris, au point qu'il pensa sérieusement à s'éloigner de la cour et des affaires. Il fit part de sa résolution à son cousin, M. de Lamoignon, vers le carnaval de l'année 1776.

Voici comment ce dernier s'y prit pour m'en faire la confidence :

« Malesherbes est las de son métier de ministre, et moi je suis dégoûté du mien; je voudrois que vous lui proposiez de se retirer en ma faveur, mais surtout ayez grande attention, dans ce que vous lui direz, qu'il ne se doute en aucune manière que c'est moi qui vous en ai parlé. »

Ce fut avec une grande répugnance que je me chargeai de sa commission. Je regardois déjà cet ouvrier non-seulement comme peu propre à être employé en première place, mais même très-dangereux, et surtout au département des lettres de cachet, qui est l'arme la plus terrible et la plus effroyable dans la main d'un ministre méchant et vindicatif. J'en parlai donc à M. de Malesherbes, qui d'abord me répondit :

« Cela ne convient nullement à Lamoignon, c'est le département le plus ennuyeux et le plus plat, et d'ailleurs sujet à toutes sortes de querelles avec toutes les femmelettes de la cour ; qu'il suive son rang dans le grand banc, il deviendra premier président et chancelier. »

Je lui représentai qu'il avoit déjà quarante ans, qu'il en avoit trois devant lui, que cette route-là pouvoit être fort longue, et qu'au contraire, s'il avoit une place de ministre, il seroit à même de se faire connoître et d'arriver plus tôt à la chancellerie.

« J'y avois bien pensé, mais il ne se soucie pas de cette galère, et il a grandement raison.

— Et comment le savez-vous ?

— C'est qu'il me l'a dit, qu'il m'a refusé.

— Vous lui en avez donc fait la proposition ?

— Oui certainement, il m'a assuré formellement que ce département ne lui convenoit pas. »

La tournure de l'esprit de mon homme m'étoit déjà trop connue pour être surpris du dire de M. de Malesherbes. Aussi, quand je le revis, je lui dis :

« Vous m'avez donné là une charmante commission ; vous avez refusé M. de Malesherbes qui vous a proposé son département.

— Mais c'est pour lui donner plus d'envie de s'en démettre en ma faveur. Il faut le conduire au point de m'en prier, pour que j'aie l'air dans le monde d'y avoir été forcé ; ainsi vous me ferez plaisir de tenir toujours la même conduite et la même attitude. »

Las de jouer cette comédie pendant plus d'un mois, je dis à M. de Malesherbes :

« Vous êtes, vous et votre cousin, deux enfants ; vous êtes trop liés et trop amis pour user ensemble de pareilles finasseries. Je n'ai rien fait auprès de vous que comme chargé de pouvoirs de sa part.

— Ce n'est pas moi qui suis un enfant, mais mon cousin, qui, avec tout son esprit, n'est qu'une bête. Il m'a fait perdre le moment ; je ne suis pas actuellement assez bien assis pour être maître de mon successeur. La place n'est plus tenable, dans huit jours je me rendrai à mes livres et à mes amis. »

Pour lors, désirant que cette place, s'il étoit possible, ne sortît pas de ma famille, je fis part à la marquise d'Annezaga de la position de M. de Malesherbes. Je lui conseillai de profiter de ma confidence auprès de M. de Maurepas pour obtenir cette place en faveur de son fils. Elle commença par éloigner ainsi ma proposition :

« Mon fils est bien placé comme intendant des

finances. Son poste est bien moins orageux que celui d'un ministre, qui peut être renvoyé d'un moment à l'autre; d'ailleurs, mon fils est-il capable d'être secrétaire d'État? »

Je lui observai d'abord qu'une place d'intendant des finances étoit, quoique subalterne, aussi amovible qu'une de ministre, qu'il falloit calculer que la durée du ministère de son fils seroit toujours au moins celle de la vie de M. de Maurepas. Que quant à la capacité de son fils, je pensois comme elle, mais qu'ayant son parent premier ministre, et qui avoit eu ce département, il seroit guidé d'une manière sûre et seroit dans le cas de faire moins de sottises qu'un autre; qu'il falloit aussi penser à l'existence de son petit-fils M. Amelot, qui courroit par là une carrière plus rapide, se trouvant pour lors avoir l'avantage d'être fils et petit-fils de ministre.

Je l'engageai à consulter avec moi sa fille, la marquise de la Force; elle m'y mena. Sa fille fut absolument de mon avis; mais ce qu'il y avoit de plus embarrassant, c'étoit de trouver quelqu'un auprès de M. de Maurepas pour lui en faire la proposition. Ces dames, quoique fort amies avec lui, ne l'osoient pas. Je m'en chargeai. A la première ouverture que j'en fis à M. de Maurepas, il m'envoya presque promener; mais quand je lui eus dit:

« Prenez-y garde, monsieur le comte, si vous

mettez à ce département un intrigant ou un être systématique comme M. Turgot, il vous fera enrager; il faut mettre là un homme absolument à vos ordres, et qui soit comme votre premier commis. Je sais que M. Amelot n'est pas bien fort, mais vous le guiderez, et ce département-là n'est pas la mer à boire; donnez-lui un bon premier commis. »

Il finit par me dire :

« Laissez-moi réfléchir à cela. »

Deux jours après, il me fit part qu'il s'occupoit de l'affaire de M. Amelot, d'en prévenir madame d'Annezaga, en lui recommandant le secret, et le samedi, veille du renvoi de M. Turgot, lui faisant ma cour à Versailles :

« L'affaire de madame d'Annezaga est faite, me dit-il, vous pouvez l'en instruire ce soir; qu'elle vienne demain matin à midi me parler. »

Je ne pus m'empêcher le soir, en rentrant chez moi, de conter à ma femme la bonne aventure de M. Amelot. Elle me pria de faire rendre la police à Lenoir, son parent du côté de sa mère. Je l'engageai à voir madame d'Annezaga le lendemain, avant son départ pour Versailles, lui présentant comme un avantage réel d'avoir un de ses parents à la police sous son fils ministre à Paris, parce qu'il seroit impossible qu'il n'y eût toujours union et intelligence entre les deux administrateurs.

Madame d'Annezaga, en partie pour me faire plaisir et me témoigner sa gratitude de ce que j'avois fait pour son fils, obtint de M. de Maurepas le rappel de cet homme à la police, qui ne m'en a jamais témoigné depuis sa reconnoissance, et dont même j'ai été très-mécontent dans une affaire fort malheureuse qui m'est survenue, et dont les détails se trouveront à la date des événements de ces Mémoires. Il en a usé de même vis-à-vis de M. Amelot, et certainement, sans nous autres, il n'auroit jamais été rappelé à la police, dont il avoit été renvoyé sous le ministère de M. Turgot.

M. de Maurepas fut si enchanté quand il apprit du Roi que M. Turgot alloit être renvoyé, qu'il ne s'occupa pas du successeur. C'est une intrigue de cour, ourdie par Thierry, valet de chambre du Roi, et d'Ogny, intendant des postes, qui porta aux finances M. de Cluny. M. de Maurepas n'eut pas même la moindre influence sur sa nomination. Mais trois jours n'étoient pas écoulés, que, d'après des renseignements certains qu'il s'étoit fait donner sur le personnel de ce nouveau venu, il se fit déclarer président du conseil des finances, pour brider, s'il étoit possible, ses opérations. A peine arrivé, M. de Cluny renouvela les affaires de finances, pour en tirer des pots-de-vin secrets et établir des croupes au profit de ses maîtresses et de ses créatures. Le contrôle étoit réellement devenu un mauvais lieu et le rassemblement des fripons et des catins de Paris ; et si la Providence, qui veilloit encore sur le sort de la France, ne l'en eût débarrassée, les états généraux seroient arrivés douze ans plus tôt ; c'eût été un très-grand bonheur, parce que, composés suivant l'ancienne constitution du royaume, il ne pouvoit y avoir de révolution.

Trois semaines après sa nomination, il étoit si décrié dans le public, dans l'administration et dans le Parlement, que M. de Maurepas lui-même en étoit tout honteux. Il m'envoya chercher et me dit :

« Mon cher Augeard, il faut absolument que vous fassiez le sacrifice de votre place de fermier général ; cela ne vous convient pas ; vous tenez à nous tous, il faut suivre une carrière plus brillante. Laissez-moi faire, vous allez être nommé intendant général du trésor royal. J'ai d'autres vues sur vous. Donnez-moi le soin de votre fortune. »

Je lui répondis :

« Pourquoi, monsieur le comte, me faites-vous cette proposition ? C'est que vous n'avez point de confiance, et avec raison, dans M. de Cluny. Je ne vous parle pas des intérêts de ma fortune, je les mets à l'écart ; mais croyez-vous qu'il soit bien flatteur pour moi d'être le partenaire ou le jockey d'un être si diffamé ?

— Vous avez raison, je ne vous en parlerai plus. Dans ce moment, donnez-moi le temps d'établir un nouvel ordre de choses. Je vais vous faire remettre tous les détails relatifs au trésor royal. »

Il faut observer qu'il me les avoit déjà confiés pendant dix-huit mois de la vie ministérielle de M. Turgot, et je lui en avois toujours rendu un si bon et fidèle compte, qu'il me dit qu'il n'y avoit que moi qui pouvois lui faire comprendre tout ce grimoire. Les mois de juillet et août et partie de septembre 1777, je les employai à lui donner des notions exactes sur le trésor royal, sur les fautes et dilapidations multipliées de ce Cluny. Il l'avoit pris dans une telle aversion, il le recevoit si mal et le brusquoit tellement, qu'il tomba malade, partie de chagrin, partie de débauche. Il mourut en place le 20 octobre 1776, et n'eut dans toute sa gestion que cela de commun avec Colbert.

Le 10 octobre 1776, étant à Fontainebleau, M. de Maurepas me dit :

« Je change l'ordre des choses par rapport à vous. Que Cluny crève ou non, je partage le contrôle général en deux : je vous donne le trésor royal, et la partie contentieuse à Taboureau. Si je connoissois dans le conseil un être plus intègre, je le choisirois pour être à côté de vous.

— Monsieur le comte, votre proposition devient

plus supportable. Je suis plus touché de la confiance que vous me témoignez que du calcul de l'intérêt de ma fortune; mais j'ai trois enfants que je ne destine certainement pas à la finance : je ne veux point les mettre dans la dépendance des sots ou des fripons; et puis j'ai une femme très-estimable que je veux consulter.

— Eh bien, à la bonne heure! Mais dites bien à madame Augeard que j'ai d'autres vues sur vous, et que votre fortune m'occupe plus que la mienne. Je ne dormirai tranquille sur l'une et l'autre oreille qu'autant que vous serez là. »

Je retournai à Paris; j'en parlai à madame Augeard. Cette femme respectable étoit peu occupée des vanités et des grandeurs de ce monde. Elle voyoit parfaitement bien. Elle me dit :

« Je ne suis point de cet avis-là. Ce qu'on vous propose n'est que de la gloriole; ces places sont trop amovibles et trop orageuses. Quel bien peut-il vous en résulter? Vous serez ministre, mais vous serez renvoyé comme les autres après une course d'un ou deux ans. D'ailleurs, M. de Maurepas ne peut-il pas mourir? Et puis, vous le connoissez, il est un peu léger : ne peut-il pas se dégoûter de vous? Ne mettez pas à vos pieds ce que vous avez à vos mains. »

Son conseil étoit trop rempli de mesure et de sagesse pour ne pas le goûter. Je revins à Fontainebleau remercier M. de Maurepas; il entra dans une colère que je ne puis point décrire, il oublia la grande supériorité qu'il avoit sur moi comme étant son sous-ordre, au point qu'il me traita d'une manière si rude qu'il me mit moi-même dans le cas de lui manquer. Et comptez après cela sur la faveur des grands! Je jugeai par là combien l'avis de madame Augeard étoit sensé; mais d'après ma scène avec ce premier ministre, je dus me croire disgracié totalement dans son esprit, et comme j'en craignois les suites fâcheuses pour mon existence, je voulus la mettre à l'abri de tout accident. Je traitai dans la semaine même d'une charge de secrétaire des commandements de la Reine. Ainsi je m'attachai à cette malheureuse princesse pour n'être précisément rien; et pendant seize ans que j'ai eu l'honneur d'être auprès d'elle, je ne lui ai jamais rien demandé pour moi ni pour les miens, et je ne lui ai jamais parlé que des affaires de sa maison; si bien qu'au mois de mai 1789 où elle commença à me donner une intime confiance elle me reprochait, dans les termes les plus doux et les plus honnêtes, que je ne m'étois pas assez fait connoître d'elle et que c'étoit le seul défaut qu'elle me connoissoit.

Il fallut bien me présenter chez M. de Maurepas pour lui faire part de l'agrément que j'avois obtenu de la Reine, car enfin il étoit dans les possibles qu'il empêchât l'agrément du Roi. Il se contenta de me recevoir très-froidement, en me disant :

« Je ne vois pas trop quelles peuvent être vos vues. »

Je me contentai de lui répondre :

« Vous verrez par la suite que je n'en ai nulle d'ambition dans la tête. »

Je ne me présentai plus qu'à son audience et très-rarement, lui me recevant très-froidement, jusqu'au mois de mai suivant, qu'à mon retour de la Hollande, où j'avois été envoyé pour une commission secrète à laquelle il avoit un intérêt personnel. Il me fit compliment sur la manière dont je m'étois conduit dans cette affaire, il me traita moins froidement; il me dit seulement :

« Venez donc me voir, vous avez aimé un peu l'argent. »

Je lui répondis :

« Si j'avois aimé l'argent, j'aurois accepté la place que vous me proposiez.

— Ce sont des contes; les attributions du trésor royal sont à peine de quatre-vingt mille livres, et votre place vous en vaut plus de deux cent mille.

— Celle du trésor royal vaudroit quatre millions à un homme peu délicat.

— Et comment cela?

— C'est comme si j'avois l'honneur de jouer au

piquet avec monsieur le comte, et qu'il voulût bien me donner la connoissance des huit cartes d'écart; je lui aurois bientôt Pont Chartrain. Au surplus, vous devez être content de M. Necker.

— Cela est vrai, il me rend la partie de la comptabilité d'une manière aussi précise que vous. »

En effet, cet homme-là entendoit assez bien celle des chiffres. Si M. de Maurepas n'en eût fait qu'un commis entièrement aux ordres d'un contrôleur général instruit, il n'y auroit eu aucun danger pour le royaume; mais M. de Maurepas l'ayant nommé trois mois après directeur général en chef, et ayant souffert la suppression des places d'intendants des finances, qui auroit pu le surveiller? Il a fait une faute horriblement majeure dont il s'est en effet depuis bien repenti, comme on le verra par la suite.

On conçoit bien que l'engouement de M. de Maurepas dans les premiers moments pour M. Necker ne pouvoit que me faire plaisir, parce que mon refus lui devenoit alors indifférent; mais à peine cet aventurier eut-il été six mois à la tête des finances, que non-seulement je m'aperçus de son impéritie et de sa profonde ignorance en administration, mais même du plus grand danger possible pour le royaume, si on le laissoit longtemps dans cette place. Pour s'en rendre inrenvoyable, il commença à supprimer toutes les places de finances, à l'effet de concentrer entièremient le crédit dans ses maisons de banque. Il se lia de plus avec cette secte infernale qui préparoit déjà une révolution, dans la vue de se faire un appui si M. de Maurepas venoit à s'apercevoir de ses manœuvres et se dégoûtât de lui. Je n'entrerai ici dans aucun détail de ses opérations criminelles, parce qu'en 1780 et 1781 je les ai combattues par de petits écrits que je fis imprimer alors dans la vue d'éclairer le public; et si par hasard il se trouvoit encore en France un être assez inepte ou assez méchant pour oser inculper la pureté de mes intentions, je dis à la face du public et j'affirme que M. de Maurepas en étoit instruit, et j'interpelle en témoignage de la vérité de mon dire MM. d'Aligre, premier président, et Leclerc, secrétaire de M. de Maurepas. Si ces petits ouvrages, qui prédisoient dès lors la Révolution, ont produit si peu d'effet, il faut en attribuer la cause d'abord à la frivolité de la nation, puis aux partisans de M. Necker, qui par leurs criailleries et leurs intrigues en amortissoient l'effet, et enfin à l'astuce de M. Necker, qui en achetoit les éditions du trésor royal pour en arrêter le débit et l'instruction des peuples.

Ces ouvrages ont pour titres : *Lettres de M. Turgot à M. Necker*; les notes ne sont pas de moi ;

Les observations d'un citoyen; la *Lettre d'un ami à M. Necker*, et les *Pourquoi* sur le compte rendu, et la *Lettre d'un bon François sur les administrations provinciales.*

On peut voir aussi le danger de l'établissement ou de la formation de la caisse d'escompte par M. Necker, dans un petit ouvrage imprimé à Bruxelles, intitulé *Ma dernière leçon à M. Necker.*

En 1779, M. de Maurepas en étoit déjà fatigué, mais la pénurie des sujets, ou pour mieux dire l'ineptie, la mauvaise réputation et le décriment des intrigants qui se présentoient pour le remplacer, faisoient qu'il différoit le renvoi de ce Genevois le plus possible. Je partageois ses peines bien véritablement. Je lui offris mes services, en le priant de ne jamais me nommer ni me compromettre. Je l'engageai à faire de petites notes de tout ce que lui diroit Necker, et comme j'étois obligé d'aller ordinairement deux fois par semaine à Versailles pour ma charge, je lui disois avec toute la franchise possible ce que je pensois sur les différentes besognes, projets et propositions de ce jongleur, et presque toutes étoient déjouées. Necker mettoit tous ses espions en campagne pour devenir l'homme de finances qui donnoit à M. de Maurepas des notions aussi exactes. Enfin il se douta, vers le mois de mai 1780, que cela pouvoit être de moi. Il m'écrivit une lettre qui me mandoit que le Roi m'ayant nommé pour tenir, en qualité de son commissaire, la foire de Beaucaire, j'eusse à me rendre le plus tôt possible à ma destination. J'étois trop avancé dans la ferme générale pour que je n'eusse pas dû regarder cet ordre comme une mortification. J'en parlai à M. de Maurepas, qui me dit d'abord :

« Cela est fou, vous n'irez pas. »

Mais trois jours après, sous prétexte qu'il falloit absolument envoyer en Provence un homme capable pour y traiter d'une affaire très-importante, il me força d'y aller.

Je retournai à Paris dans le mois d'octobre 1780, et dans un moment très-important, c'est celui du renvoi de M. de Sartines.

M. Necker vouloit dans le conseil d'État se faire un appui et y introduire M. de Castries, son ami, son fauteur et son prôneur, pour avoir ensuite un appui au conseil qui pût l'y introduire lui-même.

Sans entrer dans de grands détails sur cette affaire, parce qu'on les trouve dans la seconde suite des observations du citoyen, il suffit d'en faire ici un petit précis.

M. de Maurepas étoit tombé malade à Paris de la goutte. Il est bon d'observer que jamais Necker n'avoit travaillé seul avec le Roi, mais toujours à côté de M. de Maurepas. Ce ministre, pour empêcher toute espèce de délai dans l'expédition des affaires, avoit écrit au Roi, qui devoit partir le surlendemain pour Compiègne; qu'il prépareroit tout le travail avec Necker, qui le lui porteroit le lendemain dimanche à signer.

Cet homme, en travaillant seul avec le Roi pour la première fois de sa gestion, osa accuser M. de Sartines du crime le plus effroyable dans un administrateur, c'est-à-dire d'avoir augmenté les dépenses de son département de dix-sept millions, sans y avoir été autorisé dans le conseil d'État. Il profite de ce moment pour proposer à Sa Majesté ou son renvoi, ou celui de M. de Sartines, et dans ce dernier cas M. de Castries à la marine. Le Roi, qui ne peut avec raison se douter que la démarche de Necker ne soit concertée avec son premier ministre, accède à la proposition qui lui est faite; renvoie M. de Sartines, nomme M. de Castries et part pour Compiègne. A son retour, il repasse par Paris, le jeudi suivant, fait visite à son premier ministre, toujours malade. Jugez de la surprise de l'un et de l'autre, quand ils apprirent la scélératesse de ce Necker, qui avait défait et fait un ministre contre leur gré et à leur insu. Le Roi, furieux, veut le chasser à l'heure; M. de Maurepas le retient, en représentant à Sa Majesté qu'il est des circonstances où les rois doivent dissimuler, que la situation des finances et le besoin du moment exigeoient un retard quelconque dans la punition de cet homme.

Trois jours après M. de Maurepas m'en parla à

Paris, où il étoit retenu malade. Je le trouvai on ne peut pas plus inquiet.

« Puisque vous ne voulez point de grandes places, me dit-il, revoyez votre ami de Belle-Isle, engagez-le à accepter les finances, et conférez-en avec M. de Vergennes pour prendre vos mesures avec lui.

— Je ferai tout au monde pour réussir. La tête de M. de Belle-Isle cependant n'est pas si forte que quand je vous l'ai proposé, mais encore vaut-il mieux que tout autre. J'espère qu'il ne se souviendra pas de la petite espiéglerie que vous nous avez faite à l'un et à l'autre, pour plaire à madame d'Anville et à l'abbé de Véry. J'emploierai le vert et le sec pour lui faire accepter vos vues, qui sont les meilleures de toutes celles que vous pouvez avoir, car je regarde comme très-pressé de chasser votre M. Necker. »

J'employai tous les moyens possibles auprès de M. de Belle-Isle pour lui faire accepter cette place; je ne pus y réussir. Il me donna une excuse si légitime, que je ne crus pas même qu'il étoit décent à moi de la combattre.

Il me dit que M. le duc d'Orléans venant de le nommer son surintendant des finances, et même son chancelier en survivance de l'abbé de Breteuil, ce seroit être par trop ingrat d'abandonner ses intérêts sous prétexte d'une place plus lucrative. Je rendis compte à M. de Maurepas des raisons de ma non-réussite :

« Eh bien, il faut donc attendre ! Tenez, voici un manuscrit que je vous confie, ne le montrez à personne. Je vous donne huit jours pour l'examiner et m'en rendre compte. »

En le lui rendant :

« Si vous faites bien, vous ne laisserez jamais paroître cet ouvrage-là ; il est horriblement dangereux : votre Genevois appelle à son secours la livrée.

— Allons donc, il y a autant de vérité que de modestie.

— Je le sais aussi bien que vous ; il n'y a pas dix hommes en France capables d'apprécier cet ouvrage, et surtout le poison qui y est caché. Prenez-y garde, monsieur le comte, cet homme s'aperçoit que vous le négligez, depuis le renvoi de M. de Sartines ; il se forme un grand parti dans le royaume, composé des protestants, des banquiers, et de tous les académiciens de toute espèce. »

Il se lève brusquement et me dit en regardant sa pendule d'un air piqué :

« Il est sept heures et demie du soir ; si je voulois que cet homme-là fût à dix heures à la Bastille et qu'il n'y fût pas, j'irois coucher à Pont-Chartrain. Voilà comme quoi je suis premier ministre. »

Un mois après parut ce beau compte, il fit tout l'effet que M. Necker pouvoit en attendre, c'est-à-dire la plus grande sensation possible, et si forte que M. de Maurepas n'osa plus le faire chasser. Quatre ou cinq jours après cette explosion, je le vis et le trouvai très-inquiet. Il ne put s'empêcher de m'avouer que j'avois raison, et qu'il avoit fait une très-grande faute. Pour le consoler un peu, je lui dis que c'étoit un conte bleu très-facile à détruire. Il me dit :

« Avez-vous fait quelques observations sur ce bel ouvrage ?

— Vous concevez bien, monsieur le comte, que me l'ayant laissé huit jours, je ne l'ai pas lu comme un sot. »

Je lui fis lecture de la *Lettre d'un ami à M. Necker*, il en fut enchanté.

« Il faut faire imprimer cela.

— Eh ! bien, je vous le donne, vous en ferez tout ce qu'il vous plaira.

— Oh ! non, non ; il faut que vous le fassiez imprimer et que nous ayons l'air de le trouver mauvais !

— Fort bien ; c'est-à-dire que pour vous faire plaisir il faut que j'aille à la Bastille ; au surplus, étant cousin germain du ministre de Paris, ma femme cousine germaine du lieutenant de police, j'aurai la meilleure chambre ; cela ne laissera pas que d'être fort commode. »

Il existoit alors un drôle qui avoit pour tout esprit celui de l'intrigue au plus haut point possible. Il me faisoit beaucoup sa cour : c'étoit le fameux M. de Calonne, dont la destinée étoit d'opérer un jour dans l'intérieur et l'extérieur la perte et le déchirement du royaume. Il me montra un très-joli pamphlet sur lequel je rectifiai quelques erreurs. Il est intitulé *les Comment*. Cet ouvrage fit à la cour un bruit et un effet épouvantables contre Necker. J'en fis paroître un de ma façon, intitulé *les Pourquoi*. J'appris à M. de Calonne, dont j'ignorois la méchanceté, la manière de faire passer à l'imprimerie janséniste les petits ouvrages qu'il voudroit faire, sans crainte de sa part d'être jamais compromis. Le succès des *Comment* le mit en goût; il fit la *Lettre du marquis de Caraccioli*, ouvrage, quoique superficiel, très-bien écrit, mais qui au fond n'étoit qu'un bon et franc libelle : il persifloit toutes les personnes les plus qualifiées de la cour, même M. de Castries, l'archevêque de Toulouse et l'abbé de Vermont. Quand cet ouvrage parut, je me permis de dire à son auteur ma façon de penser : que je ne trouvois aucun mal à faire des écrits dont le but seul étoit d'éclairer le public, mais que c'étoit attaquer *à tergo* ses rivaux ou ses ennemis que d'employer sa plume et son encre à les décrier. Ma petite leçon ne servit pas à le corriger, mais les libelles qu'il envoyoit à l'imprimerie janséniste, tels que *le Cri de l'indignation, Démocrite contre M. d'Ormesson*, n'étoient plus écrits de sa main.

Cet homme flairoit depuis longtemps le contrôle général. C'est le département le plus convoité par les fripons. M. de Calonne devoit à Dieu, au diable et aux hommes, et pour payer ses dettes il ne connoissoit que la ressource du contrôle ou du pistolet. Il faisoit sa cour assidûment à M. de Maurepas, et surtout à madame, dont il faisoit les soirs la partie de piquet, assez souvent. Il n'avoit aucun doute de succéder à M. Necker; il comptoit sur la parole de madame la princesse de Robecq, que le vieux mentor déjouoit; il me faisoit ses petites confidences. J'en parlai à M. de Maurepas, qui me dit :

« Fi donc, c'est un fou, un panier percé. Mettre les finances dans ses mains ! le trésor royal seroit bientôt aussi sec que sa bourse. »

Je le laissai dans l'erreur, parce que, s'il s'étoit douté que ce n'étoit pas pour lui que le four chauffoit, il n'auroit pas poussé à la roue. L'effet du Compte rendu avoit tourné la tête à M. Necker, tellement qu'il se croyoit inrenvoyable. Son orgueil incommensurable l'avoit aveuglé au point qu'il s'imaginoit que rien ne pouvoit aller sans sa présence aux finances. Il déclara qu'il ne pouvoit être directeur général, sans être en même temps ministre d'État. Le vieux routier de cour lui laissa enfiler cette route, et quand il s'y fut mis bien avant et qu'il eut proposé de lui-même au Roi sa démission ou son admission au conseil, M. de Maurepas déclina les lois du royaume qui défendent l'entrée dans les conseils à un étranger et à un protestant, de manière que M. de Maurepas n'eut pas l'air de l'avoir renvoyé. Il affectoit même des regrets de le voir partir, mais les partisans de Necker n'en furent pas dupes; ce furent des cris, des hurlements dans tout Paris, comme si la France étoit perdue. Mais toutes ces vociférations produisirent peu d'effet, parce qu'on fit paroître [1] au moment même le manuscrit ministériel de son mémoire sur les administrations provinciales, dont les principes étoient bien autres que ceux de son Compte rendu. Il l'avoit remis très-secrètement au Roi. En voici la substance en quelques lignes :

« Les intendants abusent, les parlements gênent, les anciens corps offrent des obstacles et des résistances à l'autorité. Réformer et restreindre les premiers, réduire les seconds au seul métier de jugeur, abroger toute forme, toute dénomination, toute trace d'anciens états et de leurs prétentions, en les remplaçant par des administrations locales et du choix du ministère, qui s'assembleroient rarement, qui offriroient rarement, n'offriroient jamais de résistance,

---

[1] C'est Cromot, surintendant des finances, à qui *Monsieur* avoit confié ce mémoire qui lui avoit été remis par Lessart, l'âme damnée de Necker, qui l'a fait copier; et c'est sur cette copie qu'on en a tiré la première édition.

qui ne pourroient faire que des observations rapides de trois ans en trois ans, qui auroient besoin de ses grâces, et au besoin deviendroient un moyen de force pour convertir et corriger les états des Provinces, qui conservent encore quelque souvenir de leur ancienne constitution et quelque courage pour la défendre. »

Selon son mémoire, c'est le premier pas à faire pour rendre la France heureuse et parvenir à une amélioration générale. Quelle palinodie ! quel contraste avec ce Compte-rendu si juste, si humain, si patriotique ! Et c'est M. Necker qui a fait l'un et l'autre. Parle-t-il publiquement à la nation ? il la cajole, il la flatte, il est tout peuple. Écrit-il au Roi en secret ? il fournit au despotisme les armes les plus formidables. Ses amis et lui ne s'attendoient pas sans doute que ce chef-d'œuvre de bienfaisance pour la nation en seroit sitôt connu ; aussi crièrent-ils à la perfidie. Mais quelle perfidie peut-il y avoir à révéler un plan dont l'exécution est proposée comme le plus grand bien des peuples ? Et si ce doit être leur plus grand malheur, qui seroit le plus perfide, ou l'auteur d'un pareil plan de subvention et d'esclavage, ou celui qui se seroit empressé d'éclairer le Roi et son peuple sur le plus grand des dangers et des maux auxquels ils puissent être exposés ? Et c'est dans cette seule vue que j'ai fait et rendu publique la

Lettre d'un bon François au Roi. Ses amis lui conseillèrent alors de donner sa démission, qui fut acceptée par le Roi à Marly, le samedi veille de la Pentecôte 1781. M. de Maurepas me fit avertir dans l'instant même de venir le trouver à Marly le lendemain matin avec M. de Fleury, à qui les finances furent confiées, et pour tirer ce nouveau ministre de l'embarras du moment, il fut convenu que j'engagerois la ferme générale à prêter au Roi les bénéfices qui lui étoient dus, montant à trente millions payables dans cinq ans sans intérêts.

M. de Fleury ne tarda pas à connoître le vrai de ce fameux compte. Tous les articles de recettes et de dépenses étoient à peu près justes, mais Necker avoit gardé le *tacet* sur la dette arriérée de l'Amérique, qui se montoit à plus de trois cents millions. M. de Fleury ne put rien imaginer de mieux pour acquitter ces dettes jugulantes, que de mettre les deux sols pour livre sur les droits de consommation, et le troisième vingtième. Ces deux impôts augmentèrent la recette de quarante-cinq millions.

On voit par là que la situation des finances de la France n'étoit pas mauvaise, puisque dans l'espace de cinq à six ans ces trois cents millions, formant la dette de la guerre maritime que nous avions faite, étoient acquittés, et cette guerre avoit été même honorable pour la France.

Comme j'en félicitois dans le mois d'août M. de Maurepas, il me dit :

« Vous avez raison, la situation n'est pas mauvaise ; mais si je venois à mourir, elle changeroit bien vite. Tous les fripons et les intrigants n'attendent que ma mort pour paroître sur la scène, et à ce sujet-là, par intérêt pour vous et vos parents, qui sont les miens et mes amis, je vous avertis que vous êtes lié avec un homme très-dangereux.

— Eh! mon Dieu, et qui donc? Vous me faites trembler.

— C'est le président de Lamoignon.

— Que voulez-vous que je fasse? Il a épousé ma nièce du côté de ma mère, c'étoit le plus riche parti de Paris. Je connois M. de Lamoignon mieux que vous, monsieur le comte ; j'ai été dix ans de ma vie sa dupe, comme Séide l'étoit de Mahomet, et de ses parents et de ses amis. Je suis le premier qui ai ouvert les yeux sur son caractère, je serois très-fâché que vous voulussiez lui faire le moindre mal ; il a une superbe place, il faut l'y laisser. Mais ne le mettez jamais en premier règne ; il est très-vindicatif, et il sacrifieroit le royaume, la magistrature, ses enfants mêmes, au plaisir de se venger.

— Eh bien, me dit-il, puisque vous me parlez avec franchise, j'en userai de même avec vous. Je vais vous montrer une note que j'ai remise au

Roi, que j'appelle en badinant mon testament de mort. »

Il tira alors d'une petite armoire une feuille de papier à la tellière, sur laquelle étoit écrit : « Liste des personnes que le Roi ne doit jamais employer après ma mort, s'il ne veut voir de ses jours la destruction de son royaume. » A la tête étoit l'archevêque de Toulouse, le président de Lamoignon, M. de Calonne, quatre ou cinq autres personnages, et en dernière ligne le retour de M. Necker.

M. de Maurepas mourut au mois de septembre [1] suivant, laissant et livrant le Roi, qui n'avoit que vingt-six ans, à ses propres lumières, et celles qui l'environnoient dans son conseil n'étoient pas meilleures.

On a crié et on crie encore beaucoup contre son ministère, mais quel est le ministre employé depuis sa mort qui ose croire en savoir davantage en administration ? Qu'il se lève, qu'il se nomme ! Ce n'est pas que son ministère soit irréprochable. Mais est-ce M. de Maurepas qui a dilapidé les finances ? L'actif du trésor royal étoit, lors de l'avénement de Louis XVI à la couronne, de 366,874,000 livres. Au 1er janvier 1781, il étoit de plus de 427,554,000 livres.

[1] Dans le premier manuscrit de la main d'Augeard, comme la copie que voici, il y a novembre au lieu de septembre. Les biographies ne donnent pas le mois de la mort de M. de Maurepas en 1781.

Les revenus du Roi étoient encore augmentés en 1781 par les sols pour livre de M. de Fleury et le troisième-vingtième de quarante-cinq millions; de sorte que pendant six ans la progression du trésor royal avoit été de plus de cent cinq millions.

Est-ce M. de Maurepas qui a appelé les notables? Est-ce lui qui a introduit au ministère MM. de Calonne, Lamoignon, l'archevêque de Toulouse, et qui a provoqué le retour de Necker?

A peine les yeux de ce premier ministre furent-ils fermés, que les fripons parurent tous sur la scène. Calonne quitta bien vite Lille, où il étoit intendant, pour venir à Paris observer à poste fixe M. de Fleury, intriguailler, faire des libelles pour le culbuter et avoir sa dépouille. Ce ministre sentit bien qu'il n'avoit plus M. de Maurepas à côté de lui pour chercher à se faire un petit appui contre les intrigues et demandes dilapidatrices de presque tous ces gens qui environnoient la Reine et les princes.

M. de Fleury, craignant que des refus constants et réitérés ne finissent par lui mettre à dos les grands, la famille royale, la Reine et le Roi lui-même, s'imagina donc de faire créer un conseil des finances composé du Roi, de M. de Vergennes, qui en seroit le président, du garde des sceaux et de lui.

Il n'y a pas un bon citoyen qui ne doive louer M. de Fleury de s'être fait un pareil rempart.

Cependant M. de Calonne trouva ce projet détestable. Il se mit à crier chez tous les gens de la cour que ce comité étoit le tombeau des grâces, que M. de Fleury renverroit toutes les demandes à l'examen de ce comité pour avoir un prétexte de n'en accorder aucune; qu'il falloit absolument employer tous les moyens pour annihiler le nouveau régime.

On représentoit dans ce temps-là chez madame de Polignac de petites comédies où ses enfants jouoient les principaux rôles, et ces représentations se trouvoient précisément les jours et heures indiqués pour la tenue du comité des finances. Le Roi étoit invité à ces petits spectacles, de telle sorte que plusieurs comités manquèrent successivement.

M. de Fleury s'en plaignit au Roi dans une lettre très-mesurée. La société de la Reine, qui en eut connoissance, la fit envisager comme une démission, et elle fut acceptée.

L'intrigue se trouva cette fois-ci en défaut. Ce fut le Roi qui fit son choix lui-même, qui auroit été bon si M. d'Ormesson avoit eu douze ans de plus; il ne pouvoit avoir par conséquent l'expérience nécessaire pour remplir une place aussi majeure, il avoit encore moins l'usage, les manières et intrigues de la cour. Aussi M. de Calonne, désolé d'avoir manqué son coup, commença-t-il le jour même de sa nomination à l'attaquer à Versailles de ces deux côtés. A

Paris, M. de Calonne ne l'épargnoit pas davantage ; il soulevoit tous les financiers contre le nouvel administrateur, et certainement il avoit beau jeu pour y réussir, puisque M. de Bourgade, son oncle, avoit l'intendance du trésor royal, et M. d'Harvelay, son intime ami, en avoit la garde; aussi par leurs places ces deux messieurs étoient aux premières loges pour cabaler avec plein succès.

Il débuta par faire un libelle intitulé *Démocrite;* c'étoit une diatribe épouvantable contre ce malheureux jeune homme : il le bardoit, ainsi que sa femme, des ridicules les plus piquants.

Lemaître, greffier en chef du conseil d'État, qui présidoit à l'imprimerie janséniste, me remit l'épreuve de cet ouvrage, parce qu'il avoit reconnu l'écriture du manuscrit pour être la même que celle des *Comment* et du *Cri de l'indignation,* qu'il avoit fait également imprimer. Je lui demandai en grâce d'attendre vingt-quatre heures à en faire la livraison aux colporteurs. Je ne pus trouver Calonne que dans la soirée, où, après lui avoir représenté combien il étoit malhonnête de se servir de pareilles armes pour attaquer et terrasser un rival, et comme il insistoit toujours pour que l'ouvrage parût, je lui fis observer qu'il étoit impossible que le public ne mît pas ce libelle sur son compte, parce que c'étoient le cadre et le style de la *Lettre de M. de Caraccioli;* et de plus, qu'en passant en revue et tournant en ridicule tous les contrôleurs généraux passés, présents et futurs, et n'y étant pas question de lui, personne ne pourroit s'y tromper. Le lendemain, à sept heures du matin, Calonne se trouva au chevet de mon lit, le visage tout à fait égaré.

« Je vous supplie, mon cher ami, de me tirer d'un aussi mauvais pas; il faut absolument m'avoir toute l'édition, ou je suis un homme perdu.

— Vous avez grandement raison, il n'y a pas de temps à perdre, mais si je ne réussis pas, il ne faut pas pour cela vous croire perdu; moi seul au monde sais votre secret, je ne le dirai pas.

— Oui, mais j'ai dit à M. de Vaudreuil, à madame de Laval, à madame Talleyrand, à madame d'Harvelay, que c'est moi qui ai fait *Caraccioli*.

— Eh bien, voilà un secret qui est en bonnes mains. Comment est-il possible qu'avec de l'esprit comme vous en avez, vous puissiez avoir autant d'amour-propre?

— J'ai fait aussi la même confidence à mon oncle, M. de Bourgade.

— C'est encore très-prudent. »

Je courus sur-le-champ chez Lemaître; il me donna une lettre pour la plieuse; le libelle étoit déjà distribué aux colporteurs. On n'a point d'idée de la peine que j'ai eue toute la journée pour avoir toute l'édition. Je ne me couchai pas qu'elle ne fût entièrement chez moi, excepté six malheureux exemplaires, dont un fut remis à la porte du conseil général, et qui mit dans le cœur de M. d'Ormesson, à cause de sa femme, la plus grande amertume.

Je conseillai à M. de Calonne de ne plus employer ces vilains moyens et de tâcher d'occuper son temps à s'instruire un peu sur les finances, parce que, comme je lui disois, « quand vous serez là, *vous n'aurez plus le temps;* ce sera lui qui sera votre plus cruel ennemi; » mais l'intrigue étoit son véritable élément, il n'avoit d'autre existence qu'en elle et que par elle : ce n'étoit pas le moyen d'acquérir dans le public cette haute considération nécessaire à un homme d'État.

Le mois de juillet suivant, prenant congé de M. de Vergennes pour me rendre dans mon département, il se plaignit à moi de ce que la ferme générale ne vouloit pas céder deux ports francs; il prétendoit que son refus feroit manquer l'affaire de la paix. Je lui fis remarquer que tout cela dépendoit du plus ou moins d'indemnités.

« Cela est vrai, mais la ferme générale m'en demande d'excessives.

— Eh bien, faites mieux ; voici trois ans de bail écoulés, si nous avons gagné un million sur cette partie pendant le bail, donnez-nous pour les trois qui suivent un autre million, vous distrairez la partie des traites du bail, et tout sera dit.

— J'y consens très-volontiers; êtes-vous sûr de votre compagnie?

— J'y ferai tous mes efforts. »

Le lendemain je lui apportai à sa petite maison de campagne de l'avenue de Versailles le consentement de la ferme générale, et je partis le jour d'après pour mon département sans voir M. le contrôleur général, attendu que j'avois pris congé de lui quatre jours auparavant et que je ne faisois aucun doute que M. de Vergennes ne lui fît part de ce que nous étions convenus, puisque ce jeune homme s'étoit coalisé avec lui et le garde des sceaux, qui aimoient mieux le voir au conseil que tout autre, parce que, foncièrement honnête et doux, il ne pouvoit leur donner aucun ombrage.

Je revins à Paris au commencement d'octobre; je trouvai cette coalition totalement rompue, pour une cause, au surplus, qui fait honneur au courage et à la délicatesse de M. d'Ormesson.

M. de Vergennes avoit proposé au Roi un échange par lequel il résultoit pour lui la propriété du comté de la Layene. Jamais échange n'avoit présenté plus de fraude et de lésion que celui-là. Le jeune M. d'Ormesson ne voulut jamais le signer, et M. de Vergennes, égaré dans de faux calculs par ses gens d'affaires, s'égara lui-même dans ses projets de vengeance.

M. d'Ormesson, qui ignoroit la négociation de la ferme générale sur la partie des traites, se détermina à casser le bail; c'eût peut-être été à M. d'Ormesson une faute contre la justice, mais non pas contre la politique.

S'il eût eu, dans ce moment, soixante à soixante-dix millions dans ses coffres, parce que toute cassation de bail autorise indemnité et novation d'hypothèque, cet argent l'eût mis en état de faire face à la rentrée des fonds des fermiers généraux et de tous les créanciers de la ferme qui, à l'instant même, étoient en droit de demander leur remboursement et celui de tous les récépissés de caisse et billets des fermes, même ceux non encore échus.

Mais comme il n'y avoit pas le sou dans le trésor, cette opération devenoit impraticable; aussi excita-t-elle dans Paris une terrible rumeur, et souleva-t-elle contre le ministre tous les financiers et les gens à argent, et M. de Calonne de triompher, de les exciter davantage, et de souffler sur le feu de toute la puissance de ses poumons.

La ferme générale m'envoya pour conférer de cette affaire avec M. de Vergennes.

Je lui demandai une audience particulière le 31 octobre, et en l'abordant je lui dis:

« Monsieur le comte, ma compagnie m'a chargé de se plaindre à vous de vous-même ; vous devez vous ressouvenir que le 31 juillet dernier je vous ai apporté son consentement pour la distraction de la partie des traites du bail général. Quel intérêt avez-vous donc d'apprendre à un jeune Roi le moyen qu'il peut avoir de rompre un engagement aussi solennel? Est-il dans ce moment-ci en état de rembourser les fonds et les billets des fermes? »

Il m'assura qu'il n'y avoit aucune part, que c'étoit M. d'Ormesson qui avoit fait tout cela de sa Minerve, que l'arrêt de cassation n'avoit pas même été signé dans le comité du vendredi 25, et que M. d'Ormesson étoit monté le lendemain à dix heures chez le Roi, à l'effet d'en obtenir la signature. Je me permis de lui représenter que dans le cas il étoit impossible de laisser subsister M. d'Ormesson deux fois vingt-quatre heures en place, qu'il falloit plus tôt que plus tard penser à son successeur.

Il me parla de M. Esmangard, je ne contredis point son choix; au contraire, j'insistai sur son mérite; mais m'étant avisé de prononcer le nom de Calonne :

« Cela seroit par trop fou, vous savez ce que M. de Maurepas vous en a dit vingt fois, je n'oserai jamais le proposer au Roi; c'est un mauvais sujet, il doit plus d'or qu'il n'est gros. »

En quittant ce ministre, je rencontrai M. d'Harvelay qui entroit chez lui, et qui, porteur de lettres de M. Lenoir, lieutenant de police et affidé de Calonne, exagéroit encore la rumeur de Paris ; et comme il trouva M. de Vergennes très-opposé au choix de M. de Calonne, qui lui dit formellement qu'il n'oseroit jamais en faire la proposition au Roi, M. d'Harvelay lui répondit :

« Eh bien, ne le proposez pas ; si le Roi le nomme, je vous demande en grâce de ne pas vous y opposer, sinon je quitte le service de la cour le 10 de ce mois. »

Au sortir de M. de Vergennes, il courut chez madame de Polignac, qui protégeoit M. de Calonne, pour l'avertir de ne point compter du tout sur M. de Vergennes et de lier sa partie d'une autre manière. Elle s'adressa au baron de Breteuil, qui monta avec elle chez la Reine, le même jour vendredi, et y entama la négociation pour Calonne. Ils trouvèrent d'abord la Reine très-récalcitrante ; elle les remit au lendemain samedi, à la même heure, pour en conférer avec le Roi, et enfin ce jour-là, après bien des débats, ils obtinrent de Leurs Majestés une nomination d'où devoit résulter un jour la destruction totale de leur royaume et ensuite la leur sur un échafaud. Cette princesse n'a pas été un mois sans se repentir de ce choix malheureux, elle ne s'est jamais pardonné cette fatale condescendance.

Le baron de Breteuil ne fut pas plus de temps à

ouvrir les yeux, ainsi que moi. Je partis le jour même de Fontainebleau, quoique malade. A mon arrivée à Paris, je fis avertir Calonne par mon valet de chambre de passer chez moi; je lui appris de mon lit sa nomination, qu'il croyoit encore manquée.

Peu de jours après je rendis visite à M. d'Ormesson, dont j'avois eu lieu d'être satisfait. Je ne pus m'empêcher de lui faire sentir le tort qu'il avoit eu à la cassation du bail, surtout quand la ferme générale avoit consenti de si bonne grâce à la distraction de la partie des traites. Il n'en savoit pas le premier mot, et M. de Vergennes lui avoit caché entièrement la négociation avec la ferme générale. Il m'exhiba plusieurs lettres de ce ministre, écrites entièrement de sa main, qui l'engageoit et le persécutoit à faire l'opération qu'il avoit faite à ce sujet. Il s'exhala ensuite dans les plus grandes invectives, en me disant qu'il ne lui avoit joué ce tour infâme que pour venger de ce qu'il avoit refusé de signer l'échange du comté de la Layene, d'où résultoit la lésion la plus atroce contre le Roi; qu'il conserveroit toute la vie ses lettres pour démontrer à l'univers sa perfidie et sa mauvaise foi.

Je reviens à Calonne. A peine sortoit-il de la chambre des comptes, où il fit ce beau et ridicule discours, que pour assouvir la première soif de tous les gens de la cour qui avoient contribué à son élévation, il envoya un édit au Parlement de cent millions d'emprunt. Il me pria en grâce de tâcher, par l'influence que j'avois dans cette compagnie, qu'il n'y eût point de remontrances. Je mis mes amis en campagne, et l'édit fut enregistré purement et simplement.

J'avois rendu à cet homme-là de très-grands services; il les méconnut tous. Il s'imagina que sa place de ministre des finances lui donnoit sur moi une si grande supériorité, qu'il pouvoit à coup sûr me manquer et me faire toutes les injustices possibles.

Un jour que je dînois chez lui, il y avoit les plus grands personnages de la cour, et entre autres la vicomtesse de Laval, fille de M. de Boulogne, trésorier de l'extraordinaire des guerres. Après le dîner, il me prit à une croisée et me dit :

« Vous avez un procès qui vous déshonore.

— Eh, mais je n'en ai qu'un seul, c'est avec M. de Boulogne.

— C'est celui-là même.

— Et comment pouvez-vous me parler ainsi? Vous avez été vous-même trois ou quatre fois chez M. de Bonnières, mon avocat, vous n'avez jamais pu lui répondre, et vous l'avez laissé là.

— Il faut absolument que vous finissiez cette affaire-là, ajouta-t-il d'un ton de ministre et surtout d'un *bourgeois de Paris*, car il en avoit tous les vices et les ridicules.

— Mais mon procès est sur une terre qui est en ma personne un conquêt de communauté, et par conséquent je ne puis avoir de procès que de l'avis du conseil de tutelle de mes enfants. Voici de qui il est composé, et vous choisirez d'après cela celui qui vous plaira le mieux pour traiter cette affaire-là et la terminer :

» De mon côté, le président de Lamoignon, M. d'Aguesseau, avocat général, M. Amelot, secrétaire d'État, M. le marquis de Roncherolles et le comte d'Ailly;

» Du côté de ma femme, M. de Saint-Roman, conseiller de grand'chambre, M. Lenoir, conseiller d'État, votre ami, et MM. de Saint-Roman, capitaines de cavalerie; voyez, choisissez.

— Je serois fort aise, me dit-il, de traiter cette affaire-là avec le président de Lamoignon, cela me procureroit des occasions de le voir souvent. »

Il eut en effet deux ou trois conférences avec ce magistrat; mais las d'être battu en ruine, il le planta là. Ensuite il donna à la vicomtesse de Laval le conseil d'évoquer cette affaire-là à la cour des aides, sous le prétexte que, son père étant trésorier de l'extraordinaire, il existoit une vieille déclaration tombée en désuétude qui autorisoit les comptables à traduire leurs créanciers à ce tribunal tant qu'ils n'auroient pas leur *quitus* de la chambre des comptes, sauf aux parties à être renvoyées à leurs juges ordinaires dans le cas que pendant l'instance le comptable eût apuré ses comptes.

On me signifia à la requête du procureur général de la cour des aides, poursuite et diligence du contrôleur des restes, un arrêt de la cour qui évoque mon procès pendant au Parlement de Paris avec M. de Boulogne.

On peut juger de ma surprise quand je reçus cette évocation. Je fus trouver Calonne, qui, d'un air étonné, me dit :

« Que m'apprenez-vous là? Cela est bien extraordinaire; ils feront ce qu'ils voudront, je ne veux plus me mêler de leurs affaires. »

J'ignorois alors les menées de ce drôle-là; mais peu de jours après, plusieurs membres de la cour des aides me montrèrent les lettres les plus pressantes de ce ministre qui les sollicitoit en faveur de M. de Boulogne, et m'apprirent en même temps que c'étoit lui qui avoit trouvé cet expédient pour m'enlever à ma juridiction ordinaire.

Comme j'étois traduit à la cour des aides, à la requête du ministère public, je fus obligé d'y plaider comme forcé. Après huit audiences de plaidoiries de part et d'autre, l'avocat général parla parfaitement bien, et les conclusions des gens du Roi furent entièrement pour moi; cependant je perdis mon procès sur tous les points. Je n'entrerai point dans le fond de la question, parce qu'enfin la forme pouvoit être contre moi, et que ce qui est au jugement des hommes est toujours douteux.

Je donnai ordre à mes gens d'affaires de payer M. de Boulogne; ils me firent observer qu'il falloit au préalable la mainlevée du contrôleur des restes. J'appris pour lors que tout ce qui s'étoit fait à la cour des aides s'étoit passé à l'insu de cet officier, que M. de Boulogne avoit son quitus de la chambre des comptes quatre mois avant l'instruction de mon instance à ce tribunal, et le procureur général de la chambre des comptes me délivra en forme une copie du quitus de M. de Boulogne. Celui de la cour des aides avoit indignement prêté son ministère à une manœuvre aussi criminelle. Je fus sur-le-champ faire ce rapport au président de Lamoignon, qui le reçut comme une fable et moi comme un fou, en me disant qu'il étoit impossible qu'un tribunal quelconque eût prêté son ministère à une action aussi infâme. Pour vaincre son incrédulité, je fus obligé de mener chez lui de Bonnières, mon avocat, et mon procureur, qui lui apportèrent pour pièces probantes l'expédition du quitus, certifié par le procureur général de la chambre des comptes.

Je présentai sur-le-champ une requête au conseil, tendante à la cassation de ce monstrueux arrêt.

M. Mencq, maître des requêtes, fut nommé rapporteur ; il la porta au bureau un lundi 1ᵉʳ ou 2 septembre 1784, qui étoit composé de quatre conseillers d'État ; elle fut admise tout d'une voix. Le soir même je reçus un billet d'invitation de Calonne pour dîner chez lui le lendemain mardi, je l'acceptai. Après le dîner, il m'a pris en particulier dans son cabinet :

« Vous voulez donc que je sois votre juge ?

— Et comment donc cela ?

— Votre affaire va être portée à la grande direction.

— Et pourquoi cela ?

— A cause du contrôleur des restes.

— Il n'est point question du contrôleur des restes dans mon affaire.

— Il suffit que son nom soit prononcé pour que ce soit une affaire de grande direction.

— Eh bien, dans ce cas-là vous serez mon juge. Je connois bien votre attachement pour madame la vicomtesse de Laval, mais je ne vous crois pas pour cela capable de faire une vilaine action.

— Je voudrois, mon cher ami, que vous accommodiez cette affaire-là, je donnerois mille louis pour qu'elle fût finie.

— Mais c'est vous qui n'avez pas voulu l'arranger, vous vous en êtes rendu arbitre avec le président de Lamoignon, et vous l'avez planté là.

« — Eh bien, voulez-vous que je finisse cette affaire-là avec Lenoir ?

— Je ne demande pas mieux.

— Vous me faites un plaisir que je ne puis exprimer réellement, vous êtes trop honnête. »

Je courus chez M. Lenoir pour lui proposer mes pleins pouvoirs, et après lui avoir rendu compte de ma conversation avec ce ministre, il me dit :

« Je ne puis qu'approuver le parti que vous prenez; votre affaire est imperdable ; votre rapporteur, qui a dîné chez moi, m'a assuré que le moyen de cassation étoit gros comme le château de Versailles ; mais avec cela si vous saviez le degré d'influence que le contrôleur général a dans la direction, quoique votre droit soit clair comme le jour, vous pourriez perdre ; les voix ne s'y pèsent pas, elles s'y comptent. Tout le monde connoît le foible de Calonne pour la vicomtesse de Laval. Il n'y a pas un maître des requêtes qui, ayant besoin d'un bureau ou d'une intendance, ne lise dans les yeux de Calonne ce qui peut lui faire plaisir. »

Le jour suivant je reçus une lettre du gouverneur de mes enfants, qui étoit avec eux à Buzancy. Il me mandoit que mon fils aîné étoit à l'extrémité, et d'arriver vite sans perdre un moment pour mener avec moi un médecin, et lui apporter secours s'il étoit possible.

A la réception de cette lettre, je courus chez M. Lenoir, où je lui remis mes pleins pouvoirs. Je partis le lendemain jeudi à la pointe du jour, pour rejoindre mon fils; et le jour d'après, vendredi, M. Lenoir les présenta à M. de Calonne. Il les mit dans sa poche, et se rendit par là, pour la seconde fois, arbitre de mon procès avec M. de Boulogne. Pouvoit-il ensuite jamais devenir mon juge en aucune manière et sous aucun prétexte?

Je reçus le mercredi suivant, à Buzancy, une lettre de Lemaître, greffier en chef du conseil. Il me mandoit :

« Arrivez vite à Paris, vous avez perdu ce matin
» lundi votre procès au conseil. C'est la Providence
» qui vous punit d'avoir contribué à l'élévation d'un
» pareil monstre. »

Cela étoit faux, mais je lui avois rendu d'autres services. Cette lettre fut pour moi un coup de foudre. J'avois beau me creuser la tête, il me fut impossible de pouvoir deviner comment, et où, et qui avoit pu me juger. Je retournai à Paris dans les vingt-quatre heures, et j'appris là, par plusieurs conseillers d'État, MM. de Montholon, de Marville et de la Michodière, Bacquencourt, Albert, etc., que ce misérable ayant appris le vendredi au soir, par M. Lenoir, que je m'étois rendu à Buzancy pour voler au secours de mon fils, avoit profité de mon absence pour indiquer la grande direction au lundi suivant, afin de m'ôter toute espèce de moyens quelconques d'instruire mes juges et de faire aucuns mémoires; et que pour étrangler plus sûrement mon affaire, il avoit engagé une quinzaine de maîtres des requêtes à venir à la grande direction, et qu'enfin j'avois perdu mon procès de deux voix. Que tous les conseillers d'État avoient été pour moi, ainsi que toute la tête des maîtres des requêtes. Que le rapporteur, M. Meneg, s'étoit conduit parfaitement bien, et même avec courage, et que s'étant écrié que la loi étoit trop formelle à mon égard, il étoit dans les impossibles de s'en écarter; que ce Calonne pour lors avoit fini par dire qu'il falloit dans cette affaire-ci se mettre au-dessus de la loi. M. Meneg lui avoit répliqué:

« Il n'est donc plus possible de rapporter ici les procès contre les amis des ministres. »

Ainsi cet infâme ministre se rendit juge et arbitre pour se mettre au-dessus de la loi; et pour surcroît de malheurs, je perdis mon fils quelques jours après, jeune homme de la plus grande espérance. Si j'appuie si fortement sur le détail d'un pareil mystère d'iniquité, ce n'est pas certainement par rapport à l'échec que ce procès a pu apporter à ma fortune, j'en ai fait le sacrifice très-volontiers; mais c'est que c'est là l'origine et une des causes principales de la grande révolution qui a amené insensiblement la perte de la royauté et le déchirement de l'Empire, et cette grande vérité va être démontrée avec l'évidence la plus précise.

Lemaître, greffier en chef du conseil, était présent au jugement de mon affaire; il abhorrait Calonne, parce qu'il étoit l'ami de MM. de la Chalotais. La conduite de ce ministre dans mon affaire prouve bien qu'il étoit capable de celle dont il a été inculpé dans celle de ces magistrats.

Il faut de toute nécessité donner une idée et du caractère de ce Lemaître, et comment j'en ai fait la connoissance. Il étoit, lors de la révolution de la magistrature, avocat, ami de M. de Neville, conseiller au parlement de Rouen, qui depuis fut nommé à l'intendance de Bordeaux; il s'étoit introduit chez M. de Miromesnil, premier président de ce parlement. Ils avoient conjointement fait plusieurs écrits en faveur de la magistrature; ils avoient même établi une petite imprimerie avec laquelle ils s'étoient appris à imprimer eux-mêmes leurs ouvrages. Après le rétablissement de la magistrature, M. de Miromesnil l'engagea à s'établir à Paris. Il avoit su le rôle principal que j'avois joué dans cette révolution, il se fit présenter chez moi par une femme qui me le recommanda, ainsi que toute sa famille, de la manière la plus pressante. Je lui trouvai de la capacité. Je m'employai pour lui procurer l'acquisition d'une charge de greffier en chef du conseil, dont M. de Vougny, cousin germain de ma mère, étoit titulaire, et dont la finance étoit d'environ 500,000 livres. Je lui prêtai 20,000 livres pour ses frais de réception. Il m'avoit fait la confidence des services qu'il avoit rendus, disoit-il, à M. de Miromesnil ; il me pria de laisser déposer dans les caves de mon hôtel un grand sac contenant les caractères de son imprimerie. Jamais je ne les ai vus. Jamais on ne s'en est servi chez moi, et cela eût été impossible, puisque les autres instruments nécessaires pour la mettre en activité étoient perdus. Ces caractères sont restés dans mes caves jusqu'à la mort de madame Augeard, en 1782. Je les lui fis remettre à cette époque, quoiqu'il n'y eût aucun mal à les avoir laissés chez moi, mais je me souciois très-peu qu'on s'en aperçût lors de l'inventaire qu'on devoit faire chez moi pour régler la communauté avec mes enfants.

Cet homme m'a toujours témoigné le plus grand attachement et la reconnoissance la plus vive. Il étoit encore plus outré que moi de l'ingratitude et de l'infamie de ce Calonne. Il ne cessoit de me dire :

« Il faut se venger de ce gredin-là par les mêmes armes dont il s'est servi pour écarter ses rivaux et ses ennemis.

— Donnez-vous-en bien de garde, lui dis-je. Il

sait que c'est moi qui ai fait les écrits contre M. Necker : il est impossible que ses soupçons ne tombent pas sur moi.

— Mais vous n'y serez pour rien ; laissez-moi faire.

— Dans le fond, cela m'est fort égal. Il ne peut me faire du mal qu'en s'en faisant beaucoup ; mais j'aime mieux ne pas donner prise sur moi, même jusqu'aux soupçons. »

Enfin je conjurai Lemaître en grâce d'écarter cette idée-là, en assurant que j'avois dans mon existence d'autres moyens pour le faire repentir de sa scélératesse. Enfin, après bien des débats, je lui dis :

« J'irai dans mon département, dans la Suisse et l'Allemagne, au mois de mai prochain; alors faites tout ce qu'il vous plaira quand je n'y serai pas, cela me sera égal, je vous l'abandonne. »

Il est bien vrai que, dînant un jour chez moi avec M. de Bretignières, conseiller de grand'chambre, nous parlions de l'édit des 125 millions, qui est le *nec plus ultra* de la juiverie et de l'agiotage. Je leur démontrai sur le papier qu'à la huitième année l'intérêt coûteroit au Roi 15 pour 100; qu'il ne feroit qu'augmenter chaque année; qu'en 1792 il coûteroit 35 pour 100, et que les intérêts finiroient à la vingt-cinquième année à être de 100 pour 100, et je lui dis :

« Il faudroit faire un pamphlet qui ne seroit pas

un libelle. Il seroit plaisant de lui donner pour titre : *Arrêt du conseil qui casse et annule l'édit d'emprunt de 125 millions, en ce qui concerne l'excédant des intérêts au-dessus de 5 pour 100.* Et, pour ôter tout prétexte d'y supposer le moindre mal, antidater ce prétendu arrêt de deux ou trois ans, et y mettre le nom d'un autre contrôleur général. Au surplus, monsieur le greffier en chef, c'est une affaire qui regarde votre tripot : c'est à vous à en faire la rédaction. »

Ainsi c'est bien véritablement moi qui ai donné l'idée et le canevas de ce joli pamphlet intitulé *Arrêt*, signé Foulon. Voilà la seule espièglerie que je me suis permis de faire contre ce polisson ; mais ce n'est pas moi qui l'ai rédigé, encore moins fait imprimer et colporter. Je n'y ai eu aucune part, j'en jure ma parole d'honneur. Il fit, comme de raison, un effet effroyable, et je priai en même temps le maître de laisser là toutes ces plaisanteries.

Pour suivre l'ordre des temps, je vais parler d'une grande affaire qui arriva à la cour au mois de mars 1785, attendu que par ma charge auprès de la Reine j'ai été obligé d'y avoir quelque part.

Le baron de Breteuil, tant pour faire sa cour à la Reine et au feu duc d'Orléans, père de ce monstre, que pour jouer une petite niche à Calonne, qui lui avoit manqué surtout de reconnoissance, proposa à Sa Majesté l'acquisition de Saint-Cloud. Il fit donc envisager à la Reine cette maison de plaisance comme un objet qui ne pourroit que lui être agréable, puisqu'elle la rapprochoit des spectacles de Paris. Le seul reproche que l'on pourroit adresser au baron de Breteuil, ce n'est pas l'acquisition en elle-même ; c'est qu'il auroit pu l'avoir à meilleur marché : elle eût été payée à trois millions. Il ne faut regarder cet objet que comme une bague au doigt de la Reine. Le Roi de France avoit alors 477 millions de rente. Ne pouvoit-il pas, sans s'exposer même à la critique la plus passionnée, faire une galanterie à une femme qu'il chérissoit avec tant de raison ?

Que diroit-on d'un particulier qui auroit 477,000 livres de rente, qui donneroit une fois en sa vie à sa femme pour 6 ou 9,000 livres de diamants ? C'est la même proportion. Ce seroit certainement moins condamnable que de les donner à des filles d'Opéra, ou de se laisser manger et endetter par sa domesticité et ses gens d'affaires.

La Reine envoya chercher Calonne pour lui annoncer la conclusion de cette affaire, et de prendre ses mesures pour que les termes de payement fussent acquittés à leur échéance. Calonne, piqué, peut-être avec raison, de ce que cette affaire, qui étoit purement de son département, avoit passé par un autre ministre, et qu'il n'y figuroit tout au plus que comme une estampille, répondit à Sa

Majesté qu'il prendroit les ordres du Roi, chez qui il passa dans le moment même. Il lui fit envisager cette acquisition comme hors de saison, sous le motif que le trésor royal n'étoit point en état de supporter cette charge; il fit au Roi des observations bien exagérées et remplies de pathos, de sorte que Sa Majesté fit sentir à la Reine qu'il ne falloit pas penser à Saint-Cloud. Elle en avoit déjà reçu les compliments. Piquée, elle envoya chercher Calonne. Voici comment elle le reçut :

« Je sais, monsieur, tout ce que vous avez dit au Roi pour le détourner de mon acquisition. Si cette affaire-là n'étoit pas publique, je m'en désisterois très-volontiers, quoiqu'elle me soit agréable; mais comme vous avez donné au Roi pour prétexte la situation du trésor royal, je lui remettrai l'état très-circonstancié de toutes vos dilapidations et déprédations, et des sommes immenses que vous avez données aux princes du sang et à mes beaux-frères pour vous faire un appui auprès du Roi, et de toutes celles que vous avez répandues dans la bourse des grands de la cour pour cerner et environner le Roi de prôneurs et le tromper journellement. Vous ferez ce qu'il vous plaira; mais si je n'ai pas Saint-Cloud, je vous défends de paroître devant moi, et surtout de vous trouver chez madame de Polignac quand j'y serai. »

Mon Calonne, tout stupéfait, court chez le Roi, veut raccommoder la chose, et lui dit :

« Sire, cet objet ne vaut pas la peine d'en causer à la Reine : je me retournerai et je trouverai moyen de faire face à tout. Il faut écrire à M. le duc d'Orléans de venir signer le contrat, puisque la Reine le désire; mais j'arrangerai si bien les choses par la contexture des lettres patentes, qu'elle croira avoir Saint-Cloud, et elle n'aura pas Saint-Cloud. »

Le duc d'Orléans arriva le lendemain samedi, et signa le contrat.

Le vendredi suivant, le marquis de Paulmy, chancelier de la Reine, vint me voir.

« Vous êtes sans doute instruit, monsieur, de l'acquisition de Saint-Cloud?

— Oui, je le sais, et je sais également que la Reine vous a nommé son ministre plénipotentiaire pour en faire le traité. Voici un projet de lettres patentes pour être annexé au plein pouvoir que vous voudrez bien me donner. »

Après en avoir fait la lecture, je lui dis :

« Quel est le maraud qui a fait le projet de ces lettres patentes?

— C'est M. de Calonne.

— Il peut y avoir du courage à un ministre de refuser la Reine, mais c'est toujours une lâcheté de la tromper. »

Là-dessus, il m'apprit ce qui s'étoit passé entre lui et ce ministre. Il me dit qu'il étoit arrivé la veille chez lui à l'Arsenal et avoit ainsi débuté :

« Ma visite a deux objets : l'un qui vous regarde et qui est foible; l'autre, c'est l'acquisition de Saint-Cloud, dont je veux vous parler. Quant à votre vade, je vous dirai que nous payons les dettes de M. de Maillebois, qui va commander en Hollande. Dans l'état qu'il nous en a remis, vous y êtes classé à raison de cent mille écus. Voulez-vous que madame de Maillebois vous les doive? Nous les lui compterons. Voulez-vous recevoir votre remboursement? Je ferai porter cette somme à l'Arsenal. »

M. de Paulmy, comme on se doute bien, accepta le second parti.

« Quant à l'acquisition de Saint-Cloud, c'est une folie que l'on a mise dans la tête de la Reine. Elle vous a nommé son ministre plénipotentiaire. Voici un projet de lettres patentes qu'il faut annexer à ces pleins pouvoirs. »

M. de Paulmy me dit lui avoir fait observer que ces lettres avoient l'air de donner à la Reine Saint-Cloud en propriété, mais que réellement elles ne lui donnoient rien.

« Voulez-vous, lui dit M. de Calonne, que l'Empereur ait une propriété en France, dans le cas que la Reine viendroit à mourir sans enfants?

— Allez, allez, ces gens-là sont toujours assez grands pour s'entendre ensemble. »

M. de Paulmy finit par me dire que dans tout cela il ne trouvoit pas grand mal, et moi par lui répondre que je prendrois les ordres de la Reine. Je lui écrivis dès le soir même, et elle me fit dire de me rendre le samedi chez elle à neuf heures du soir. Dès qu'elle me vit :

« C'est pour l'affaire de Saint-Cloud que vous voulez me parler?

— Oui, madame.

— Ces gens-là m'ont bien tourmentée pour une pareille vilenie.

— Je le sais, madame; mais j'ai des observations à faire sur ce sujet à Votre Majesté.

— Oui, mais vous retarderez encore mon affaire?

— Non, madame, puisqu'il est neuf heures et demie du soir, et qu'on ne peut rien expédier cette nuit. Je suis secrétaire des commandements de Votre Majesté moyennant finance, ainsi je ne puis être par trop humilié du peu de confiance que Votre Majesté auroit en moi. Elle en a un qui n'en porte pas le nom, mais qui a sa confiance : c'est l'abbé de Vermont. Je supplie la Reine, pour l'acquit de ma conscience et ma tranquillité, de lui remettre ce petit mémoire, et demain j'exécuterai aveuglément toutes ses volontés. »

Le lendemain matin, elle m'envoya chercher dès huit heures. Elle s'étoit purgée.

« Vos observations ont été trouvées on ne peut pas plus judicieuses. Il faut avouer que ce Calonne est un grand polisson. Il faut vous trouver ici à midi et demi. On rédige de nouvelles lettres patentes que je vous remettrai. Je ne verrai que les princes et princesses, M. de Paulmy et vous. »

Elle nous fit en effet entrer à cette heure l'un et l'autre. Elle adressa ainsi la parole à M. de Paulmy :

« Vous avez remis à M. Augeard un projet de lettres patentes; elles sont trop peu convenables à la dignité de ma personne et à mes intérêts pour que je prétende m'en servir; en voici d'autres que vous jugerez certainement plus décentes. M. Augeard va vous en faire la lecture. Elles seront annexées aux pleins pouvoirs que je vais vous donner. »

M. de Paulmy s'excusa sur ce que c'étoit M. de Calonne, ministre du Roi, qui les lui avoit remis.

« Je le sais, répliqua la Reine; mais cela ne devoit pas vous dispenser de m'en faire part avant de les remettre à M. Augeard. »

Dès que j'en eus fait lecture, la Reine, s'adressant toujours à M. de Paulmy, qui étoit dans un embarras inexprimable :

« Comment trouvez-vous celles-ci?

— Infiniment mieux; mais j'ai peur qu'elles ne

souffrent des oppositions à l'enregistrement du Parlement. »

Je pris la parole :

« J'assure bien Votre Majesté qu'elles n'en souffriront point ; M. de Paulmy y mettra tous ses soins. Il a des parents puissants dans le Parlement, j'en ai aussi, et tout se passera pour le mieux. »

La Reine fit signe à M. de Paulmy de se retirer, et je restai seul avec elle. Elle me dit :

« Mon chancelier étoit un peu embarrassé. Ce Calonne est un grand drôle. Il me demande une audience particulière ; oui, je la lui donnerai. Monsieur Augeard, je n'oublierai jamais le service que vous me rendez, et votre fidèle attachement. »

Peu de temps après, je fus obligé de me rendre dans mon département, puis dans la Suisse et l'Allemagne. Je rentrai en France par la Lorraine allemande, où je trouvai à Dieuze, à mon adresse, plusieurs pamphlets intitulés *Supplément au Journal de Paris*. Je me doutai bien que c'étoit Lemaître qui avoit profité de mon absence pour s'égayer aux dépens de Calonne, et il faut avouer que ce ministre lui faisoit beau jeu. Lemaître avoit pris ce titre pour éviter toute espèce de soupçon à mon égard. En effet, il étoit de toute impossibilité, étant hors du royaume, que j'eusse la moindre part à des pamphlets qui faisoient la critique de la besogne qui avoit paru trois ou quatre jours auparavant. Quoiqu'ils continssent de très-grandes vérités, ils étoient assaisonnés de beaucoup d'aigreur et de méchancetés.

Je rentrai dans Paris au mois d'octobre ; j'y revis Lemaitre, et, comme ces pamphlets n'étoient pas imprimés des mêmes caractères que les anciens, je voulus qu'il m'en donnât l'explication. Il s'y refusa, et ne voulut jamais me donner aucun renseignement ni sur l'imprimerie ni sur le lieu où elle étoit établie.

Le 5 octobre 1785, cet homme est arrêté à une barrière de Paris, portant sous sa redingote une planche d'imprimerie toute faite. Il perd la tête, il injurie les commis. On le mène chez un commissaire, ensuite chez M. de Crosne, lieutenant de police. Ses réponses donnent les plus grands soupçons sur sa personne. Il est traduit à la Bastille. On fait une perquisition chez lui : on y trouve plusieurs exemplaires de nombre de pamphlets. Il croit utile à sa défense de se créer un co-accusé : il jette ses vues sur moi, comme tenant à une famille considérable et pouvant le sauver, et voici comment il établit sa fable :

Il met sur mon compte tous les pamphlets que M. de Calonne et M. de Lamoignon avoient faits ; il y met également tous ceux qu'il avoit faits pendant mon absence de France, et même ce joli pamphlet dont j'ai parlé plus haut, intitulé *Arrêt du conseil,* signé *Foulon*. Il ne parle en aucune manière de ceux que j'ai réellement faits. Si sa délation ou sa défense se fût bornée à ces faits, je lui aurois pardonné; mais il m'a accusé d'avoir imprimé avec lui et dans son imprimerie à Belleville, et cela est de la plus insigne fausseté. Il n'y a qu'un mot à dire pour détruire cette allégation. Si j'avois été son complice, ou simplement dans son secret, il n'auroit jamais été arrêté à une barrière; je l'aurois été plutôt que lui, parce qu'étant par ma place moins exposé, je me serois chargé de passer l'objet prohibé. Quant aux autres chefs d'accusation, il ne les a intentés que parce qu'il m'étoit extrêmement possible de justifier de l'alibi à raison des pamphlets faits pendant mon absence du royaume, ainsi que de ceux faits par MM. de Lamoignon et de Calonne, en nommant les véritables auteurs. Je n'aurois vu pour lors dans sa conduite qu'une manière adroite de se tirer d'affaire, par la crainte qu'il inspiroit par là à un ministre d'État et à un président à mortier d'être compromis dans cette affaire.

C'est ce qui ne manqua pas d'arriver. M. Lenoir donna l'extrait de l'interrogatoire de la Bastille à Calonne, qui vit bien sur qui l'attaque étoit dirigée. Il en conçut une frayeur mortelle; il pria Lenoir de chercher tous les moyens pour me l'inoculer. A l'effet de complaire à son ami et à son patron, il n'y a rien qu'il n'ait employé pour y réussir. Je me rendis chez lui sur un billet de sa part extrêmement pressant. Il fit vis-à-vis de moi le métier de lieutenant criminel le plus astucieux, et c'étoit à moi et à ma famille qu'il devoit son retour à la police. Il me lut, non pas l'interrogatoire de Lemaître comme il étoit, parce que j'aurois bien deviné sa véritable intention, qui étoit d'introduire en scène M. de Calonne. Il me dit que Lemaître déposoit que j'étois l'auteur de l'*Arrêt* signé *Foulon*, et que c'étoit moi qui l'avois fait imprimer ; que si ce fait malheureusement étoit prouvé, il étoit impossible que je n'eusse pas la tête tranchée ; que le seul parti que j'avois à prendre étoit de partir pour l'étranger.

Je trouvai, comme de raison, cet expédient un peu sévère ; je me contentai de lui représenter qu'ayant des enfants, je ne prendrois ce parti qu'après avoir consulté ma famille. En le quittant, je courus chez le président de Lamoignon, à qui je fis part de l'avis officieux de Lenoir. Il en fut indigné. Il lui écrivit sur-le-champ de passer à son hôtel, et après lui avoir fait envisager combien l'expédient qu'il me proposoit étoit dangereux, il lui recommanda d'avertir Calonne de se rendre dans la soirée chez lui. J'étois, lors de l'entretien de Lenoir avec M. de Lamoignon, enfermé dans un cabinet à côté. « Tranquillisez-vous, ces gens-là, me dit-il, ont plus peur que vous ; ils veulent vous écarter de Paris pour qu'on ne vienne pas à Calonne, parce que ce dernier vous craint comme la justice divine; je vous défends de quitter Paris. Laissez-vous conduire par moi et laissez-moi faire. »

M. de Lamoignon étoit lui-même très-intéressé dans cette affaire, puisqu'il avoit fait plusieurs pamphlets, et notamment *la Conversion de mademoiselle Sauveur.* Calonne arrive tout effaré à onze heures du soir chez M. de Lamoignon. Voici à peu près la substance de l'entretien :

« Le conseil que Lenoir a donné à Augeard est un conseil perfide, et c'est pour le perdre; dans ce cas-là, il vous entrainera dans sa perte, et moi je pourrois être très-fort compromis.

— Mais M. Augeard lui-même veut me perdre, il m'abhorre.

— Vous lui avez joué un tour terriblement perfide en lui faisant perdre un procès qu'il devoit gagner devant Dieu et devant les hommes.

— Je suis certain qu'il s'entendra avec Lemaître, j'ai des ennemis dans le Parlement.

— M. Augeard, il est vrai, ne vous aime pas, mais il ne sera jamais votre délateur en justice. Je sens bien que l'attaque est plus dirigée contre vous que contre lui, mais il faut que vous employiez tout votre esprit, tout votre crédit à mettre cette affaire-là en justice réglée; elle ira d'abord au Châtelet, nous ferons les interrogatoires d'Augeard, et quand elle sera au Parlement j'en serai absolument le maître. J'ai d'autant plus de désir de vous obliger que moi-même j'y suis intéressé.

— Tout ce que je crains, c'est que M. Augeard ne parle; je voudrois au moins qu'il ne fût pas à Paris.

— Eh bien, je l'engagerai à aller passer cinq ou six jours à sa terre, ou jusqu'à l'introduction de l'instance au Châtelet, car il faut bien qu'il soit ici pour son interrogatoire. »

Calonne partit le lendemain pour Versailles, enjôla si bien le garde des sceaux, Miromesnil, qu'il renvoya l'affaire en justice réglée. S'il avoit pu se douter du cloaque où étoit le contrôleur général, il se seroit bien donné de garde de l'en retirer; il s'en est depuis bien repenti.

M. de Lamoignon me vit le même soir, me conseilla d'aller à Buzancy et y passer quelque temps; je réfutai son avis avec la plus grande force, lui faisant envisager que mon absence pourroit me faire tort dans le public. Comme il y mit tant d'instance, je lui dis :

« Je pars, mais vous serez obligé de me rappeler. »

Je partis deux jours après, et le 4 il m'expédia un courrier pour me mander d'arriver bien vite.

A mon retour, le procès étoit déjà commencé au

Châtelet, et Lemaître y étoit en prison. On lui fit dire par un émissaire de Lenoir que j'étois hors du royaume, que pour se sauver il falloit qu'il me chargeât à boulet rouge; et Calonne fit dire à Brunville, procureur du Roi, que Sa Majesté vouloit que je fusse décrété de prise de corps. Le lieutenant criminel eut beau représenter que cela étoit absolument contre la loi, de lancer un pareil décret contre un particulier domicilié, surtout occupant de grandes places, sur le dire d'un seul homme pris en flagrant délit à raison d'un crime, sans même aucun commencement de preuves quelconques, on lui fit dire que le Roi le vouloit. Bachois y consentit, en avertissant que ce décret ne pouvoit subsister; en effet, il fut lancé à sept heures du soir, signifié à onze et cassé le lendemain matin au Parlement. C'est le lieutenant criminel lui-même qui, après l'arrêt du Parlement qui m'a déchargé de toute accusation, m'a fait part de cette atrocité.

Le grand intérêt de Calonne étoit que je fusse décrété de prise de corps, parce que j'étois forcé de m'absenter, ou au moins ne point paroître; je n'étois point interrogé, et c'étoit pour lui le point principal. En interjetant appel du décret du Parlement, un arrêt d'apport de pièces amenait un arrêt d'évocation. Le Châtelet dépouillé ne disoit rien; au Parlement, les moyens de défense étoient préparés : l'affaire une fois renvoyée à l'audience, je n'étois pas interrogé, dès lors je ne pouvois plus compromettre Calonne; dès lors il étoit hors d'inquiétude et de crainte, redoutant au possible tout regard de la justice.

Par arrêt du Parlement et univoque du 14 janvier 1786, sur les conclusions du ministère public, je fus déchargé entièrement de l'accusation, avec impression de l'arrêt, avec affiches, et notamment dans mes terres.

Le garde des sceaux Miromesnil, qui apprit le jour même de l'arrêt le dessous des cartes, se mordit bien les pouces d'avoir renvoyé en justice réglée une affaire de pure administration telle que celle-ci; il mit tout en usage pour faire casser l'arrêt, et il ne put y réussir.

Quand Calonne me fit décréter de prise de corps, il avoit non-seulement en vue le désir que je ne fusse pas interrogé, de peur d'être compromis, mais encore de mettre sur ma personne une tache assez forte pour m'empêcher de reparoître à la cour. Il se seroit bien donné de garde de vouloir me nuire ouvertement; par exemple de toucher en rien à ma place de fermier général dont on renouveloit le bail, parce que je n'aurois pas manqué de dire tout haut tout ce qu'il en étoit, et de l'écrire même à la Reine; aussi ce n'est qu'en secret qu'il me desservoit par ses amis auprès d'elle, pour éloigner ma présence de cette princesse.

La Reine me fit dire par le baron de Breteuil de reprendre mes fonctions. Calonne, qui n'avait pu empêcher cet acte de justice de sa part, eut l'adresse de la circonvenir au point qu'elle m'avoit fait dire qu'elle ne vouloit aucune explication de ma part sur cette affaire ; aussi quand je me présentai chez elle la première fois, je n'étois pas trop rassuré. Le Roi étoit présent et le marquis de Talaru. Je ne lui présentai que deux lettres ; dès qu'elle les eut signées je me retirai bien vite. Le marquis de Talaru courut après moi et me dit :

« Mon cher ami, votre affaire va à merveille, j'ai entendu le Roi qui a dit : « Ce pauvre Augeard, il est changé. Eh ! voilà bien du bruit pour un pamphlet, madame ; est-ce que vous n'aimez pas Augeard ? — Moi, dit la Reine, je l'aime. »

Deux jours après, je reparus chez la Reine ; je lui dis :

« Il n'est pas juste que pour toutes ces niaiseries les affaires de votre maison en souffrent. »

Je lui demandai un travail particulier, elle me le donna pour le lendemain ; c'était, je crois, le 5 mars 1787 ; je lui dis alors :

« Votre Majesté m'a défendu toute explication sur le malheur cruel qui m'est arrivé ; j'ai trop de respect envers ses ordres souverains pour qu'elle en craigne de ma part la moindre infraction ; mais elle n'aura jamais assez de puissance sur mon âme pour m'empêcher de lui témoigner ma vive reconnoissance : il faut que Votre Majesté soit bien bonne pour me souffrir à son service si elle m'a cru un instant coupable. »

Cette princesse, avec le ton de la plus grande bonté :

« Jamais, jamais, pas un instant ; contez-moi votre affaire, je l'écouterai avec intérêt. »

Je lui dis tout, je ne lui cachai rien. Je m'accusai à elle d'être l'auteur de la correspondance et des ouvrages contre M. de Maupeou, contre M. Necker, je parlai de ceux de M. de Calonne, je l'instruisis de tous ses méfaits, de sa coquinerie abominable à mon égard, et surtout que c'étoit lui qui avoit engagé le lieutenant criminel à me décréter de prise de corps, pour détourner l'orage qui étoit sur sa tête. Elle me dit du ton le plus touchant :

« Vingt-deux personnes m'ont demandé votre place, je n'ai jamais voulu y nommer ; je ne vous ai jamais cru un instant coupable ; j'ai bien pensé que c'étoit là encore une affaire d'intrigue. Qui croyez-vous qui a été votre plus chaud défenseur auprès de moi ?

— Je n'en sais rien, madame, mais tout ce que

je sais, c'est qu'on ne trouve point de défenseur à la cour.

— C'est le Roi; il m'a dit : « Voilà bien du bruit pour un pamphlet ! » Il m'a appris ce que vous valez; vous avez refusé sous M. de Maurepas la place de ministre des finances, aussi je vous demande tous les renseignements que vous avez sur la gestion de ce fou de Calonne. »

Et elle ajouta :

« Je vous défends de parler à qui que ce soit de ce que vous venez de me dire; laissez-moi faire, ce ne sera pas long. Quand vous ne pourrez pas me voir, parce que je serai ou à Trianon ou au spectacle, remettez-les à l'abbé de Fontanges, qui a été mon aumônier et qui est notable. »

Ce que je faisois régulièrement; et, en effet, Calonne fut renvoyé un mois après.

Je reviens à l'ordre des temps. Le jugement de mon affaire avoit, comme on le présume bien, extrêmement lié Calonne et M. de Lamoignon. Leurs intérêts depuis n'ont jamais été divisés. C'étoit un beau et grand service que ce dernier avoit rendu à ce ministre, qui sentoit bien la nécessité absolue de porter à quelques grandes places son sauveur, parce que enfin il étoit assez difficile, malgré son acabit naturel, d'être ingrat vis-à-vis d'un homme dont la place étoit plus stable que la sienne, et qui d'ailleurs pouvoit se venger en mettant au grand jour le rôle principal qu'il avoit joué, quoique derrière la toile, dans le procès de Lemaître.

M. de Lamoignon employa tout son crédit auprès de moi pour en obtenir que je reverrois Calonne, en m'assurant qu'il avoit le plus grand désir de réparer tous ses torts; il ne put jamais l'obtenir. Le décret de prise de corps qu'il avoit cru nécesaire, pour sa sûreté personnelle, de faire lancer contre moi, avoit encore augmenté mon aigreur bien juste contre ce misérable. Il m'étoit impossible d'effacer de ma mémoire sa scélératesse dans le jugement de mon procès à la grande direction, et pour ne pas même m'exposer à travailler avec lui, je remis mon département.

L'affaire du cardinal de Rohan, qui arriva peu de temps après, coalisa plus étroitement Calonne avec M. de Lamoignon. Il avoit fait envisager à ce magistrat que le baron de Breteuil seroit renvoyé si le cardinal étoit innocenté. Il espéroit par là se raccrocher à la place de ministre de Paris, pour sortir du bourbier où il s'étoit mis par ses dilapidations dans les finances. M. de Lamoignon se donna en effet beaucoup de peines et de soins dans cette affaire. Le cardinal fut innocenté, et le baron de Breteuil conserva son ministère [1].

[1] Je n'ai eu rien de commun dans toute cette malheureuse affaire

Néanmoins M. de Calonne sentit la nécessité de marquer sa reconnoissance à M. de Lamoignon ; il ne pouvoit le servir qu'en lui procurant la place de garde des sceaux ou de premier président ; il n'étoit pas homme à donner la première à un autre, s'il avoit pu la conserver pour lui, surtout après avoir manqué le département de Paris, puisque le baron de Breteuil le conservoit pour lui. Ainsi, quoiqu'en intrigant sans cesse contre M. de Miromesnil, son intérêt étoit plutôt de voir M. de Lamoignon à la place de premier président qu'à celle de garde des sceaux. Mais comment M. de Calonne s'y prendra-t-il pour renvoyer M. d'Aligre ?

C'étoient ordinairement les premiers présidents qui faisoient renvoyer les contrôleurs généraux. M. de

qu'une explication avec la Reine, parce qu'on avoit répandu dans Paris que l'écriture de cette princesse étoit compromise avec ma signature comme l'ayant contre-signée. La Reine me dit : « Il n'est pas question de la vôtre, ils n'ont pas pris même la peine de contrefaire la mienne ; ils ont signé : Marie-Antoinette de France, et moi je suis Marie-Antoinette d'Autriche. » Le cardinal n'est pas coupable d'escroquerie, il a été mystifié par une femme qui le captivoit. Il est de toute invraisemblance que le Roi eût refusé à sa femme qu'il adoroit un collier de quinze cent mille livres, quand son trésor étoit la proie de tous les gens de sa cour, et que Calonne avoit mis à leur disposition. Ce sont les intrigues de Versailles qui sont cause de l'éclat qu'on a donné à cette affaire ; mais Calonne en vouloit à la place du baron de Breteuil, qui étoit l'ennemi juré du cardinal, et Calonne étoit fort aise de trouver une occasion de diffamer la Reine, parce qu'il savoit que cette princesse n'en faisoit aucun cas.

Calonne ne trouva pas de moyen plus honnête que de faire déchirer, décrier la réputation de celui qu'il vouloit perdre; de débiter des horreurs, des calomnies atroces contre lui, dans tous les cafés, clubs, foyers, spectacles et promenades de Paris, et cela à l'aide de son ami Lenoir, qui, quoique n'ayant plus la police, conservoit encore des liaisons et du crédit sur tous les espions du tripot. Les parents, les amis de M. d'Aligre, les présidents ses confrères, lui défendirent absolument de donner sa démission d'après une manœuvre aussi infâme. Il étoit impossible à M. de Calonne de penser à négocier avec le Parlement. Le parquet, le grand banc, excepté M. de Lamoignon et M. de Saron qui étoient neutres, tous les présidents étoient contre lui ; il n'avoit pour amis dans les conseillers tout au plus que huit magistrats, ainsi il lui étoit impossible de penser à négocier avec le Parlement. L'embarras des affaires augmentoit tous les jours. La porte des emprunts étoit entièrement fermée, le crédit totalement perdu. M. de Calonne, ministre du Roi, se décida à introduire dans le royaume une assemblée de notables, sans faire attention qu'elles ont toujours été les précurseurs des états généraux; et cela dans la vue seule d'affoiblir l'influence des parlementaires, s'imaginant que leur enregistrement seroit nécessité par l'opinion des notables.

M. de Calonne porta le nombre des députés du Parlement à quatre présidents, quoique dans toutes les tenues antérieures il ne s'en étoit jamais trouvé plus de deux. Mais M. de Calonne vouloit, comme de raison, obliger M. de Lamoignon, ou pour parler plus vrai, s'en faire un appui, puisque le premier et le second président le détestoient et le méprisoient. Mais ce qu'il y a de plus plaisant, c'est que ces deux êtres, tant que l'assemblée des notables a duré, n'osoient pas se voir en public, et M. le président à mortier n'alloit jamais chez M. le ministre des finances qu'à six heures du soir, et encore s'y introduisoit-il par les garde-robes, et c'étoit là où se tramoient toutes les intrigues contre le garde des sceaux et le baron de Breteuil.

Quoique M. de Calonne mit beaucoup d'art dans la formation de cette assemblée, en la divisant en sept bureaux dont un prince étoit président et un conseiller d'État rapporteur, et il n'y avoit aucun de ces princes que M. de Calonne n'eût obligé de plusieurs millions, il devoit toujours finir par en être la victime. Il avoit d'abord plusieurs ennemis, tels que M. de Brienne, archevêque de Toulouse, celui de Narbonne, plusieurs prélats, et M. de la Fayette. Je mettois dans le plus grand jour ses astuces, ses impérities et les mensonges continuels qu'il faisoit à cette assemblée, notamment sur le montant du déficit et celui des emprunts. Il fut entièrement démasqué, et tomba dans un tel avilissement, qu'il ne connut plus pour lui d'autre ressource que son ancien métier d'ébéniste.

Il en fit un qu'il eut l'étourderie de faire imprimer au conseil général, intitulé *Appel au peuple*. C'est le germe de la démocratie et une diatribe effroyable contre le clergé et la noblesse; aussi l'aigreur devint telle, que les notables ne vouloient plus ni de son impôt territorial, ni de son timbre, ni même traiter avec lui en manière quelconque.

Telle étoit la situation ministérielle de Calonne lors de la semaine sainte 1787. Il accusa M. de Miromesnil auprès du Roi de cabaler dans l'assemblée des notables, et proposa à Sa Majesté, pour le remplacer, M. de Lamoignon, comme l'homme le plus propre à mettre les parlements à la raison. C'est tout ce qu'il a dit au Roi qui a déterminé ce choix. Il croyoit par là, pour sa personne, se faire un grand appui au conseil, s'il fût resté en place, et se faire un protecteur si lui-même étoit renvoyé. En effet, ayant pour lui le chef de la loi qui lui devoit son existence, il crut mettre à l'abri toute son administration, ne plus craindre qu'on le recherchât et qu'on lui fît un crime de ses dilapidations.

Ce qui précipita le renvoi de ce ministre, c'est l'étourderie qu'il fit de rendre complice le baron de

Breteuil des prétendues cabales de M. de Miromesnil avec les notables. Le Roi eut, le jeudi saint, après ténèbres, une explication avec la Reine, qui, après lui avoir démontré l'absurdité de cette imposture, lui communiqua tous les renseignements que j'avois remis à Sa Majesté. Le Roi en fut tellement frappé, qu'il arrêta dans le moment même le renvoi de cet homme, qui fut effectué deux jours après.

La Reine me fit part dès le vendredi saint de la disgrâce de cet homme, très-bien méritée.

Il est facile à tout lecteur de juger que sans l'affaire de Lemaître, jamais Calonne n'auroit pensé à élever au ministère M. de Lamoignon, puisque avant cet événement il le desservoit dans la société de la Reine et le faisoit passer comme un homme très-dangereux; et la suite va prouver qu'il l'étoit bien véritablement.

Voici ce qui s'est passé entre M. de Lamoignon et moi pendant son ministère.

Le quatrième jour de sa nomination, j'eus avec lui un entretien dont voici la substance. Il auroit dû lui servir de guide pour le plan de conduite qu'il avoit à tenir.

« Votre position seroit ici trop chancelante, si vous ne connoissiez pas véritablement le terrain où vous êtes. La Reine ne vous aime pas; c'est elle qui a fait renvoyer Calonne, et c'est lui qui vous a proposé au Roi. La Reine croit que vous avez intrigué contre elle dans l'affaire du cardinal, elle sait que ceux qui l'ont innocenté sont tous vos affidés. De plus, elle n'ignore pas votre coalition en 1773 et 1774 avec le duc d'Aiguillon, pour revenir premier président avec quatre-vingts membres de l'ancien Parlement. Il faut donc que vous vous échafaudiez pour tâcher d'avoir sa bienveillance. Vous aurez bien ici pour appui la société de la Reine, qui étoient les amis et les prôneurs de Calonne ; mais prenez-y garde, la Reine commence à se dégoûter de cette société, et je vous conseille d'employer votre esprit à avoir de votre bord le comte de Mercy et l'abbé de Vermont. »

Je suis certain que c'est cette réflexion qui l'a déterminé à concourir à élever au ministère l'archevêque de Toulouse. Ce prélat ne devoit lui donner aucun ombrage : il avoit été l'ancien ami de sa sœur, où ils se voyoient journellement ; ils ne s'étoient jamais perdus de vue, se rencontrant souvent chez madame de Montesson, leur amie commune. Le caractère d'ailleurs de M. de Toulouse n'étoit point propre à donner au garde des sceaux de l'inquiétude; son esprit superficiel étoit plutôt celui qui convenoit à un cercle de femmes qu'à l'administration des affaires: la foiblesse même de son physique s'opposoit à l'énergie désirable dans une tête ministérielle.

D'ailleurs, n'étant que président du conseil des finances, il n'avoit qu'un département secondaire; le garde des sceaux restoit toujours avec la prépondérance, et M. de Lamoignon ayant un ami dans le conseil, il devoit naturellement y acquérir plus de force.

Le Parlement voulut faire le procès à Calonne, et il étoit déjà commencé. Le procureur général avoit ordre d'informer, et les informations se faisoient avec vigueur, parce que sous main l'archevêque de Toulouse, qui abhorroit Calonne, excitoit et souffloit le Parlement, et dans les accusations qui étoient intentées contre lui, il y en avoit soixante qui l'auroient conduit à la corde.

M. de Lamoignon se trouva fort embarrassé. S'il laissoit aller le cours des lois, il se compromettoit vis-à-vis de tous les amis de Calonne, qui auroient crié à l'ingratitude; s'il prenoit le parti de l'évocation au conseil, il pouvoit aigrir le Parlement contre lui. M. de Lamoignon s'attacha à ce dernier parti. Il crut que l'amitié de la société de la Reine lui étoit plus nécessaire. De plus, le désir immodéré qu'il avoit de se venger d'une trentaine de membres du Parlement qu'il détestoit, lui fit croire qu'une évocation au conseil fourniroit un moyen de susciter une grande querelle entre le Roi et le Parlement, d'où résulteroit la destruction de ce corps; et à cet effet il envoya à cette cour de justice l'édit du timbre et l'impôt territorial rejeté par les notables, pour mettre le Parlement dans le cas de déplaire au Roi par un refus, ou s'il obtempéroit à ses volontés, de perdre toute espèce de considération auprès des peuples.

Le Parlement prit le seul bon parti qui lui restoit : c'étoit de convoquer les princes et pairs, afin de se faire un appui auprès du trône et une excuse auprès des peuples. La cour des pairs arrêta de demander au Roi la communication des états de recette et dépense.

La réponse du ministère fut que le Parlement n'étoit point fait pour se mêler des affaires de l'administration, mais simplement pour rendre la justice. Dès lors il se déclara incompétent en matière d'impôt.

Le gouvernement ne répondit rien, mais détermina un lit de justice. On le tint à Versailles. De retour au palais, la cour des pairs fit non-seulement les protestations les plus énergiques, mais encore un arrêté qui déclaroit nul et illégal tout ce qui s'étoit fait à Versailles, et en ordonna l'envoi dans tous les bailliages et sénéchaussées de son ressort. Cet arrêté mit la rage dans le cœur du garde des sceaux, il fit exiler à Troyes les légistes du Parlement. Pourquoi pas les princes et pairs, puisqu'ils avoient participé à la délibération ?

Quoique le caractère despotique et impérieux du garde des sceaux le rendît incapable de toute réflexion, je me hasardai, dans la vue de le sauver, à lui demander un rendez-vous, pour lui faire des représentations sur une démarche aussi dangereuse.

« Comment avez-vous pu, lui dis-je, vous déterminer, en matière d'impôt, à employer le pouvoir absolu et la verge du despotisme, vous, monsieur de Lamoignon, d'après la conduite que vous avez affecté de tenir pendant trente ans au milieu du Parlement et dans vos sociétés ? Auriez-vous perdu toute espèce de pudeur ? Et ne craignez-vous pas de tomber dans l'abjection que vous reprochiez tant aux anciens ministres ? Si la situation des finances est effroyable, ce déficit immense est-il la suite d'une guerre malheureuse ? Les armées de France ont-elles été battues ? Les mers ou l'Angleterre ont-elles englouti nos vaisseaux ? Non ; c'est pendant cinq ans d'une paix assez honorable que plus de *neuf cents millions* ont été engloutis ou dévorés par une administration monstrueuse. Les sources des revenus de l'État sont-elles taries ? Non ; elles ont eu, vous le savez, un accroissement de *cent dix millions de rente,* et vous voulez déployer la force, et armer le Roi contre ses sujets pour dévorer le reste de leurs subsistances. Quel effroyable projet ! Ne convenoit-il pas mieux à la bonté du cœur de notre monarque de le faire venir au

Parlement, et de lui faire dire avec la loyauté de Henri IV : « J'ai été cruellement trompé par un ministre infidèle, j'aurois dû faire plus d'attention à vos représentations ; j'abandonne cet homme à la loi, je connois trop la fidélité de mes François pour douter un instant qu'ils ne viennent à mon secours dans une circonstance aussi pénible pour moi. » Le Roi auroit eu tout ce qu'il auroit voulu. Quel jeu, au contraire, lui faites-vous jouer? S'il perdoit le cœur de ses sujets, où en seroit-il? Vous venez d'exiler le Parlement de Paris et celui de Bordeaux, vous laissez sans justice deux ressorts immenses, et comment voulez-vous, en bonne foi, transporter les avocats, les procureurs, les huissiers, les greffiers, la chancellerie, à quarante lieues de la capitale? Comment voulez-vous forcer tous ces officiers, et surtout les justiciables, à des transports et frais de voyage aussi coûteux? Que vous a fait la nation pour la punir aussi cruellement? Prenez-y garde, ce n'est plus une guerre parlementaire que vous allumez, c'est une guerre nationale! Pourriez-vous citer un exemple d'un chancelier de France qui n'ait pas été la victime des Parlements? Et votre place est bien plus amovible. A qui pourriez-vous attribuer la faute d'un pareil coup d'autorité, à qui ferez-vous accroire qu'un ministre ait pu vous forcer de sceller un édit et d'exiler un corps de magistrature? Les autres départements ne sont-ils pas plus dans la dépendance du vôtre que vous pouvez l'être du leur? Encore, s'il existoit dans ce moment-ci un ministre qui eût la prépondérance comme M. de Choiseul, encore plus comme M. de Maurepas, même M. de Vergennes, vous pourriez dans le public insinuer que cet acte d'autorité du pouvoir absolu que vous venez de déployer est de leur fait; mais dans ce moment-ci nul ministre n'a de prépondérance sur vous. L'archevêque n'a été appelé aux finances que par vous, il n'a dans ce moment-ci que ce seul département. Ah! si vous pouviez en flattant son ambition l'engager à se faire déclarer principal ministre, sa légèreté naturelle et son amour-propre l'aveugleroient peut-être au point qu'il ne démêleroit pas le danger, et vous pourriez vous tirer d'affaire en jetant sur lui par la suite cette belle besogne. »

Dix jours après l'archevêque fut déclaré principal ministre, et les finances furent données à M. Lambert.

Voilà tout ce que j'ai eu de rapport avec M. de Lamoignon dans tout son ministère. Quand l'archevêque fut appelé aux finances, je lui proposai de me rendre utile auprès de lui, mais il me répondit :

« Non. L'archevêque seroit trop fort, il faut que je le tienne le plus possible dans ma dépendance. Il ne sait rien, il aura besoin de moi à chaque pas et à chaque démarche qu'il voudra faire. Quant à vous, qui avez une très-grande aisance et de la fortune, jouissez-en tout à votre aise et ne vous mêlez de rien. »

Certes, il ne pouvoit me faire plus de plaisir; mais ce qu'il me disoit et m'écrivoit à ce sujet n'étoit pas tant pour m'en faire, qu'à cause d'une jalousie naturelle qu'il avoit toujours eue contre moi. Et voilà pourquoi il me desservoit sous main dans mes sociétés, qui étoient les siennes; il appréhendoit aussi d'accréditer les bruits de Paris et de plusieurs membres du Parlement qui avoient répandu que dans mon affaire avec Lemaître il ne m'avoit rendu service que parce que, si j'avois parlé, je l'aurois beaucoup compromis. Et voilà encore pourquoi dans le monde il aimoit mieux passer pour mon bienfaiteur que pour mon ami; et moi j'étois enchanté de cela, parce qu'il me mettoit par là dans la position de ne le voir que chez sa femme, afin qu'on ne pût s'imaginer que je participois à toutes les extravagances qu'il faisoit, telles que la ferme royale, sa cour plénière et ses créations de grands bailliages. Et même à cette époque-là je m'abstins absolument de le voir et de mettre les pieds chez lui. Je me retirai dans ma terre afin de lui ôter toute espèce d'inquiétude à mon égard.

Une besogne aussi épouvantable, aussi absurde, aussi folle, ne pouvoit subsister. Il n'en devoit résulter qu'une insurrection générale. L'archevêque et lui sont également coupables de tous ces coups d'autorité monstrueux qui devoient entraîner indubitablement la perte du royaume. Les peuples menaçoient de ne plus payer l'impôt même accordé par la nation. Les revenus de l'État diminuoient tous les jours, le trésor étoit dans une telle pénurie que le prêt[1] des troupes alloit manquer; quant au crédit, il étoit absolument nul.

La folie et l'aveuglement de l'archevêque étoient tels qu'une masse de malheurs aussi énormes n'étoit pas capable de lui ouvrir les yeux ; ce ne fut que vers le mois de juillet 1788, qu'ayant reçu une lettre du maréchal de Vaux qui lui mandoit qu'il étoit impossible de compter sur les troupes, il eut une conférence avec le garde des sceaux, dans laquelle ils se rejetèrent l'un sur l'autre leur infâme besogne, et où ce dernier lui dit qu'il n'avoit rien fait que par ses ordres, et que quand il existoit un premier ministre dans l'État, c'étoit lui qui répondoit de tout. Ils devinrent ennemis irréconciliables, et dès ce moment ils guettoient, épioient mutuellement l'occasion de se culbuter, et, dans le bourbier où ils s'étoient mis l'un et l'autre, cela ne pouvoit être long.

Dès que l'arrêt de l'archevêque du 16 août qui suspendoit les deux cinquièmes de nombre de paye-

---

[1] En terme d'administration militaire somme donnée d'avance aux sous-officiers et soldats pour leurs menues dépenses. (*Dictionnaire de l'Académie.*)

ments parut, les hurlements des gens de la cour, surtout de la société de la Reine, soufflés par le garde des sceaux, furent effroyables. Dans ce moment, le ministre principal ne connut plus d'autre ressource pour faire pièce aux Polignac et aux amis de Calonne que d'aller supplier le Roi et la Reine de recevoir sa démission, en leur proposant M. Necker pour son successeur, comme étant l'idole de la nation et pouvant seul rehausser le crédit. Leurs Majestés, étonnées du projet de retraite de l'archevêque et surtout de la proposition du rappel de M. Necker, envoyèrent chercher sur-le-champ le garde des sceaux. Il appuya dans les termes les plus forts la motion de l'archevêque, puisque par là il se voyoit maître seul du terrain et débarrassé de son ennemi. Le rappel de Necker fut aussi arrêté sans autre réflexion et eut son effet le même jour. Quant à M. de Lamoignon, il en fut ivre de joie; mais elle fut de courte durée. La société de la Reine, qui apprit le lendemain que c'étoit à lui surtout que la France devoit le rappel du Genevois, jura dès lors sa perte, et M. de Lamoignon y donna le plus beau jeu. Il avoit engagé le Roi de tenir encore un lit de justice; c'eût été le quatrième à peu près en un an, et pour y engager le Roi, qui y répugnoit, il avoit promis à Sa Majesté qu'il n'y auroit point de protestations.

Les accès du palais étant hermétiquement fermés,

elles furent signées chez un conseiller de grand'-chambre par tous les membres sans exception, et remises au Roi le samedi 15 septembre. Ce prince n'eut plus aucun doute de la mauvaise foi de son garde des sceaux. Il l'envoya chercher dès le lendemain; après lui avoir reproché la manière grossière dont il le trompoit, il lui demanda sa démission. Ce malheureux partit ensuite la fièvre dans le corps et la rage dans le cœur, pour se rendre à sa terre y finir ses jours.

J'avouerai à ma honte que le retour de M. Necker m'a fait dans les premiers moments quelque plaisir. Je regardois sa gestion, quoique mauvaise, comme préférable en tout genre à celle de ce fou de Calonne et au despotisme de cet archevêque; d'ailleurs son ouvrage sur l'administration des finances, qui n'est réellement, et au fond, qu'une compilation de tous les renseignements qui se trouvent à l'hôtel des fermes, des monnaies et autres du gouvernement, étoit une preuve au moins qu'il les avoit lus, et certainement ses prédécesseurs n'en savoient pas tant. On pourroit cependant avoir fait cet ouvrage et être très-mauvais contrôleur général; mais je ne fus pas un mois à ouvrir les yeux, surtout quand je vis l'obstination de ce Genevois, qui, ne connoissant ni nos lois ni la forme de notre constitution, en vouloit cependant savoir plus que les dépositaires des lois du royaume qui demandoient la convocation comme elle avoit toujours été faite depuis 1314.

Les intrigues de ce malheureux étoient trop apparentes dans la nouvelle assemblée des notables, et surtout dans le bureau de *Monsieur*, pour qu'un être sensé ne s'aperçût pas qu'il se tramoit une grande opération tendant à changer la constitution du royaume.

J'avouerai aussi que j'insistai, et souvent, auprès de la Reine, à l'arrivée des états généraux, comme un remède nécessaire pour mettre une fin aux dilapidations d'une cour aussi viciée; les ordonnances de comptant pendant les trois ans et cinq mois du ministère de Calonne étoient montées à plus de cinq cents millions; mais je croyois que les états généraux ne devoient être composés que de propriétaires, qu'il étoit alors égal que ce fussent des marchands ou des nobles, des présidents ou des avocats, puisque enfin les états étoient assemblés pour délibérer sur l'emprunt et l'impôt.

Plusieurs révoltes avoient déjà éclaté dans diverses provinces; nombre de châteaux avoient été brûlés avant l'ouverture des états généraux; aucun incendiaire n'avoit été puni ni même recherché; et quand les intendants de province, le lieutenant de police et le ministre de Paris en portoient leurs plaintes à M. Necker, il ne leur répondoit pas; il trouvoit même très-mauvaises leurs représentations, et n'eut pas de honte de dire à plusieurs que c'étoit l'intention du Roi. Tout annonçoit en lui les plus mauvais desseins. Je m'aperçus alors que le déficit des finances n'étoit qu'un prétexte pour opérer un changement dans le royaume, qui devoit par la suite en opérer le déchirement total.

Le mercredi 29 avril, me trouvant chez M. de Machault, l'ancien ministre, je le vis dans la douleur la plus profonde. Il me dit :

« Monsieur Augeard, je suis bien vieux, mais je verrai le tombeau de la monarchie avant de descendre dans le mien. »

Et comme je m'étudiois à le consoler, en lui disant qu'il voyoit trop noir, et qu'il y avoit encore infiniment de ressources, il me demanda si par hasard j'avois sur les circonstances du moment mis par écrit quelques observations. Sur ce que je lui répondis que cela étoit fait, il me pria de les lui communiquer. Je les lui portai le lendemain matin jeudi ; il me dit :

« Montez déjeuner chez madame d'Arnouville, laissez-moi seul ; ma tête est plus vieille que la vôtre, j'ai besoin de *réfléchir seul*. »

Trois quarts d'heure après il me pria de descendre dans son cabinet et me dit :

« Si vous ne montrez pas à la Reine ce que vous

venez de me communiquer, vous êtes criminel vis-à-vis d'elle et vis-à-vis de l'État.

— Je n'ai jamais provoqué la Reine sur les affaires d'État, parce qu'elles ne me regardent pas et que je ne suis point ministre. Quelquefois elle m'en a parlé; pour lors je lui ai répondu toujours suivant mon âme et conscience.

— Vous devez vous ingénier pour la provoquer, cela est trop instant; si j'avois quelque droit sur vous, je vous l'ordonnerois.

— Je vous promets que j'en chercherai l'occasion. »

Je n'entrai chez moi que sur les six heures du soir, et je trouvai sur ma liste M. le prince de Condé en personne. Je me rendis sur-le-champ au Palais-Bourbon, pour demander à ce prince quels étoient ses ordres.

« J'ai vu ce matin M. de Machault, une demi-heure après que vous l'aviez quitté. Il m'a fait part de votre conférence; pourriez-vous me communiquer le mémoire que vous lui avez lu? »

Je ne l'avois pas sur moi. Il m'engagea à le lui porter le lendemain matin à la même heure. Dès qu'il en eut pris lecture, il me dit :

« M. de Machault a raison, c'est le seul parti pour sauver l'État; je ne comptois aller à Versailles que demain, mais je pars dans la minute; l'affaire est trop pressée; je vais prier M. le comte d'Artois d'employer tout son crédit auprès du Roi pour obtenir de lui que l'ouverture des états généraux soit au moins différée de huit à dix jours. Trouvez-vous après-demain dimanche à dix heures à mon appartement à Versailles; si je n'y étois pas, je serois chez M. le comte d'Artois, vous m'y demanderez. »

Je le trouvai chez ce prince, où il me dit que rien n'étoit encore fait quant aux états, mais que le oui ou le non seroit décidé à deux heures et demie. Je passai chez le Roi au même instant; j'appris là que le comte d'Artois n'avoit pu obtenir de Sa Majesté aucun délai pour le jour de l'ouverture. Je repassai ensuite dans l'appartement de la Reine. Je la priai de vouloir bien me procurer un billet dans une travée que je me permis de lui indiquer; elle envoya sur-le-champ Terrasse, un des garçons de sa chambre, à M. le duc de Guiche pour lui en demander un. Il lui fit dire que cela étoit impossible, parce que les billets étoient tous distribués. La Reine lui renvoya un autre garçon nommé Duclos, pour insister qu'elle en vouloit un absolument. On conçoit bien qu'après une pareille instance le duc de Guiche ne put trop refuser la Reine. En me le remettant elle me dit avec bonté :

« Voici votre billet; vous vous y êtes pris bien tard, il m'a donné un peu de peine, mais je l'ai prise avec plaisir, parce que je sais que c'est un billet bien placé. »

Je fus donc au discours d'ouverture de M. Necker, je n'en perdis pas un mot, j'étois tout oreilles. Il est impossible d'avoir menti plus impudemment et d'avoir donné en même temps des moyens plus misérables. Il avoit livré au public dans le mois de septembre 1788, c'est-à-dire huit mois auparavant, un ouvrage intitulé *Nouveaux éclaircissements sur le Compte rendu,* dans lequel il avoit prouvé arithmétiquement que le déficit étoit de 160 millions, et il est bon de remarquer que le déficit présenté par l'archevêque de Sens étoit précisément la même somme, et il eut la hardiesse de ne plus le présenter au 5 mai que de 56 millions, sans dire un mot de ce qu'il avoit fait pour le réduire de 104.

Je m'enfermai chez moi, j'amalgamai le travail que j'avois présenté à M. de Machault avec le discours d'ouverture; je portai le samedi suivant à M. le comte d'Artois à Versailles toute ma besogne; il en parut très-satisfait : je lui proposai de le remettre à la Reine, il s'y refusa. Je me doutai bien pourquoi. Il m'engagea avec instance à le remettre moi-même. Je lui demandai à cet effet un travail particulier qu'elle m'accorda pour le surlendemain, lundi avant la Pentecôte. Après lui avoir fait signer quelques lettres et expéditions d'usage, je lui dis :

« Votre Majesté sait bien que depuis seize ans que j'ai l'honneur d'être à son service, je ne me suis jamais avisé de lui parler des affaires de l'État, et je m'en donnerois encore bien de garde aujourd'hui si M. de Machault et M. le comte d'Artois, à qui j'ai communiqué des observations sur le moment actuel, ne m'avoient assuré que je me rendrois criminel vis-à-vis d'elle en ne les lui communiquant pas.

— Je les écouterai avec intérêt.

— Je prie la Reine de supposer qu'il se tienne une seconde séance et que c'est le Roi qui parle. »

Voici la minute de ce discours, que je place ici parce que c'est une des charges du procès intenté contre moi par le comité des recherches; il est porté sous la cote 54 des procédures et est paraphé de ce comité.

DEUXIÈME SÉANCE.

DISCOURS DU ROI.

« Mon ministre, Messieurs, vous a présenté, lors de l'ouverture de vos états, la situation des finances, en distinguant parfaitement bien le déficit annuel et le déficit momentané.

» Parmi les moyens qu'il trouve pour remplir le déficit annuel, il fait entrer pour une somme de

10 à 12 millions la bonification dans les tailles et vingtièmes, qu'on doit attendre du généreux abandon qu'a fait la noblesse de mon royaume de ses priviléges pécuniaires. J'avois tout lieu de compter sur ce sacrifice de la part de mes nobles françois, qui en tant d'occasions en ont fait de bien plus grands pour leur patrie et pour leur Roi. Mais si, d'après le calcul présenté, la bonification à espérer dans cette partie ne fait qu'un objet de 10 à 12 millions, cette somme, par comparaison aux 570 millions qui forment la masse de la levée annuelle sur l'État, et supportée par toutes les classes, paroît très-modique en soi, et mon cœur est déchiré quand je pense qu'un article d'aussi mince importance a pu soulever, dans plusieurs provinces de mon royaume, mes sujets les uns contre les autres.

» Le privilége pécuniaire dont il s'agit n'étoit même profitable qu'à la noblesse malheureuse qui régit elle-même ses biens. Les riches propriétaires afferment pour la plupart leurs terres, leurs fermiers acquittent l'impôt comme les autres; ils sont souvent grevés d'une plus forte prestation, parce que les assesseurs et collecteurs, qui savent que les prix des baux sont fixés à raison de l'impôt qu'il faut acquitter, ne craignent point d'asseoir leur cote à une forte taxe qui, en définitive, est toujours supportée par le seigneur ou le propriétaire.

» Les abus sur cette partie tournoient, il est vrai, au profit des gens en crédit; mais le tiers état y avoit plus de part que les nobles. Les officiers d'élection, subdélégués et autres chargés de l'assiette des impositions, sont de l'ordre du tiers, et on sait que dans leurs répartitions ils avoient toujours soin de diminuer autant que possible leurs taxes et celles de leurs tenants.

» Je me suis informé scrupuleusement de l'effet qu'avoit produit sur les esprits le discours de mon ministre de finances. On le trouve généralement bon. Je vais vous rendre cependant avec toute la loyauté possible les observations qui m'ont été faites.

» 1° Par rapport au déficit annuel, on seroit fort aise qu'il ne fût que de 56 millions, comme il l'annonce; mais on craint qu'il n'y ait erreur dans l'énoncé, attendu

» Qu'en 1787 le déficit annuel et momentané étoit porté à 125 millions, en 1788 à 160 millions.

» On remarque que s'il a été couvert pour ces deux années, ce n'a pu être qu'en empruntant 260 millions qui ont coûté au moins 15 millions de rente qu'il faut ajouter aux 56 millions.

» On remarque aussi que les moyens que propose mon ministre pour couvrir le déficit annuel pourront être bons un jour, mais qu'ils ne peuvent rien produire pour cette année, et très-peu pour les suivantes.

» D'abord la bonification de 10 à 12 millions sur les tailles et vingtièmes ne peut avoir lieu au plus tôt que pour l'année prochaine.

» En second lieu, les autres bonifications sur les parties affermées, qu'il fait monter à 24 millions, en les supposant possibles, ne pourront avoir lieu, suivant lui, que dans deux ans; mais les baux n'expirent que dans trois, et on ne peut penser que, transgressant les principes de justice et d'équité qui m'animent, je veuille briser l'engagement sacré que j'ai contracté par ces baux, et cela dans le moment même où j'assure à mes sujets que je respecterai toujours leurs propriétés.

» Enfin les sept millions à espérer sur les abonnements des aides, les cinq millions sur les hôpitaux et autres du même genre, tous fort éventuels, ne peuvent avoir lieu pour les abonnements qu'après les avoir révoqués, et pour les hôpitaux qu'en cas de vacances de bénéfices; ce qui demandera beaucoup de temps.

» 2° A l'égard du déficit momentané, mon ministre, pour le couvrir, propose un emprunt de 80 millions; ailleurs il dit qu'il m'est dû par mes peuples pareille somme de 80 millions, dont je fais remise. Il m'est revenu à ce sujet qu'on se demandoit pourquoi mon ministre vouloit ouvrir un emprunt de 80 millions, dès que cette somme m'étoit due; qu'il étoit plus naturel de faire rentrer ce débet que d'emprunter, et qu'une remise de cette espèce n'étoit point de saison.

» J'ignore par qui et comment il m'est dû cette somme de 80 millions. Je sais que mes fermiers et régisseurs me payent d'avance le prix de leurs baux et régies. Je sais aussi que les receveurs généraux et particuliers de mes finances ont rempli leurs traités, qu'ils ont reçu la gratification qui devoit récompenser leur exactitude à remplir lesdits traités. Si donc il est dû quelques articles arriérés, ce n'est point à moi qu'ils appartiennent, mais aux receveurs des tailles ou aux receveurs généraux qui m'en ont compté, et qui, d'après nos conventions, n'ont aucune répétition à faire vis-à-vis de moi, ni moi vis-à-vis d'eux.

» Mais en dernière analyse il paroît qu'il faut avoir *quatre-vingts* millions pour couvrir le déficit momentané qui est annoncé.

» Je vois dans l'emprunt une surcharge d'intérêt de plus.

» Pour y parer, j'ai à vous proposer, Messieurs, un plan qui me paroît simple pour couvrir ce déficit, et cela sans emprunt ni impôt.

» Avant de l'exposer, je veux encore vous déclarer, ainsi que je l'ai déjà fait par les arrêts de mon conseil, que ma puissance ne s'étend point à lever sur la nation aucuns deniers sans son consentement. Dès que cette vérité m'a été connue, je n'ai pas perdu un instant à la publier dans les actes mêmes émanés de mon autorité.

» Je déclare en même temps, à l'égard de la liberté individuelle de mes sujets, que je n'emploierai à l'avenir la voie des lettres de cachet que dans le cas où elles me seront demandées par un avis de parents, ou contre les espions du gouvernement.

» Après avoir ainsi assuré la liberté de vos personnes et la propriété de vos biens, comme étant les deux objets les plus importants contenus dans vos instructions et pouvoirs, et avant d'entrer dans l'examen des autres, il s'agit de s'occuper préalablement des besoins du gouvernement.

» Le projet donc que j'ai à vous proposer pour combler le déficit momentané est simple; mais sans votre consentement, il seroit dangereux et ne pourroit être d'aucune solidité dans une monarchie comme la France.

» Il s'agit de nous concerter pour établir un papier tel que celui de la caisse d'escompte. Les précautions que je vais vous proposer doivent parer à tous les inconvénients, et plus vous y réfléchirez, plus vous serez convaincus que c'est le seul moyen à employer pour subvenir aux besoins urgents de l'État.

» La création de ce papier ne peut se faire que par votre adhésion revêtue de lettres patentes enregistrées au Parlement, et seulement au prorata du déficit des années 1789, 90 et 91, pourvu toutefois encore que sous aucun prétexte ce papier ne puisse excéder la somme de 300 millions. Il sera alors proportionné à plus de deux milliards du numéraire qui se trouve en France, et à l'entrée et à la sortie du trésor royal, qui est de 500 millions. Ce papier, reconnu et sanctionné par la nation, servira à acquitter les dettes dont l'intérêt est le plus coûteux.

» J'engage ma parole royale vis-à-vis de vous de faire porter dans le courant de janvier, chaque année, au greffe du Parlement de Paris, pour 15 millions de ces billets, de manière qu'au bout de vingt ans il n'en existera plus.

» L'incendie de ces billets se fera le même mois, en présence du Parlement assemblé, et il en sera dressé procès-verbal.

» Ces billets seront tous signés du garde du trésor royal, et visés de sept membres du Parlement, savoir du premier président, du procureur général et du doyen de chaque chambre.

» La matrice de ces billets sera déposée au greffe du Parlement, dans un coffre fermant à quatre serrures différentes, dont une clef sera à la garde du premier président, la seconde à celle du procureur général, et les deux autres ès mains du doyen et du greffier en chef du Parlement, afin qu'on ne puisse faire et signer de nouveaux billets qu'en rapportant les anciens, attendu que dans l'espace de vingt années il est impossible qu'il n'en existe dont le papier, devenu trop vieux, demande à être renouvelé.

» Et pour donner à mes sujets une preuve de ma loyauté et la plus grande certitude que ces billets ne seront employés qu'à l'acquit de la dette nationale, il n'en sera délivré aucun à l'intendant du trésor royal, *qu'au prorata* des créances qu'il justifiera dûment avoir acquittées.

» De cette manière, l'État se trouvera libéré de 18 millions d'arrérages. Je n'ai besoin que de ce secours jusqu'au 1ᵉʳ janvier 1794. A cette époque j'espère que la dépense sera égale à la recette, parce que d'ici là j'aurai eu le temps d'examiner, de digérer et de faire exécuter les plans présentés par mon ministre pour anéantir le déficit.

» C'est sur cet objet important que je vous demande de délibérer sur-le-champ. Cette affaire une fois décidée, nous passerons dès la troisième séance aux moyens qui vous paraîtront convenables à la réforme de ma maison, à celle des départements, à celle de la perception de l'impôt et de l'administration de la justice. »

OBSERVATION.

Il est impossible que la nation refuse à son Roi un secours aussi simple, qui n'est ni un emprunt ni une surcharge de la dette, mais au contraire un moyen pour amortir 18 millions d'arrérages et diminuer le déficit d'autant.

DEUXIÈME SÉANCE.

DISCOURS DU ROI OU DE SON GARDE DES SCEAUX.

« Le Roi me charge, Messieurs, de vous remercier de la confiance que vous lui avez témoignée par votre adhésion à la demande qu'il vous a faite dans la deuxième séance. Il ne peut vous en marquer mieux sa gratitude qu'en rendant à vos provinces leurs anciens états, et, pour que ces états aient absolument le caractère national que Sa Majesté désire, elle vous laisse le choix absolu de leurs membres.

» Le ressort de chaque parlement servira de division à chaque province d'états, à l'exception du Parlement de Paris, dont le ressort est trop considérable pour qu'il ne soit point créé de plus trois provinces d'états : savoir, une pour la généralité de Châlons, sous la dénomination des états de Champagne, une qui contiendra les généralités de Bourges, de Poitiers et de Tours, sous la dénomination des états d'Aquitaine, et une autre sera composée des généralités de Lyon, Moulins et Auvergne, sous la dénomination de la province Lyonnaise. Chaque assemblée nationale sera composée au moins de cent membres, dont cinquante nobles et cinquante des communes, pour conserver l'égalité parfaite entre les deux ordres. Ces états nationaux auront à l'avenir, chacun dans leur ressort, les mêmes fonctions que les états de Bretagne.

» C'est sur quoi *je vous prie de délibérer* sur-le-champ. »

Il est impossible que la nation ne reçoive encore avec la reconnoissance la plus vive un aussi grand bienfait de la part du Roi. Dès que cet objet sera accordé, le garde des sceaux ajoutera :

« La nomination des membres des états nationaux
» est dans ce moment-ci ce qu'il y a de plus urgent;
» elle ne peut être faite plus légalement que par les
» députés des bailliages, qui sont les représentants
» les plus naturels des peuples de leurs ressorts. Le
» Roi désire que ces députés se rendent, à cet effet,
» sur-le-champ dans leurs provinces, et sans perdre
» de temps. Les états nationaux ainsi formés s'occu-
» peront de dresser les objets des demandes qui pa-
» roîtront les plus propres à leur situation, et, après

« un mûr examen, ils adresseront sans différer leurs
» mémoires au secrétaire d'État, à l'effet de pouvoir
» ensuite en discuter le mérite dans le conseil du
» Roi, en n'oubliant pas surtout de proposer le genre
» d'impôt qui paroît être le moins onéreux à chaque
» province. Sa Majesté vous convoquera ensuite pour
» concerter le plan général qui paroîtra, d'après les
» mémoires respectifs des provinces, convenir le
» plus à la prospérité générale de cet empire, et
» désormais les états généraux se trouveront convo-
» qués et composés naturellement de la moitié des
» députés des états nationaux. »

OBSERVATION.

Il résulte de ce plan de conduite que le Roi n'aura plus besoin de parlements pour l'emprunt et l'impôt, qui seront accordés à l'avenir par les états des provinces, comme leurs légitimes représentants. Les états généraux, en ce cas-là, deviendront inutiles, et c'est le point le plus important à éviter, attendu leur prétention de partager la souveraineté quand ils sont assemblés.

Lecture faite, la Reine me dit :

« Est-ce que vous croyez que M. Necker veut nous tromper?

— Je ne sais pas, Madame, si la volonté, si l'intention de M. Necker sont de tromper Vos Majestés, mais je suis sûr qu'il se trompe : c'est la même chose pour l'État.

— Comment! M. Necker nous feroit jouer notre royaume à quitte ou double?

— Madame, je vous estimerois bien heureuse : Vos Majestés auroient une chance pour elles; je ne leur en connois aucune.

— Miséricorde! que me dites-vous donc là?

— Une grande vérité.

— Je suis bien fâchée que vous ayez montré ce mémoire à mon frère d'Artois.

— Et pourquoi donc, Madame? Dans les familles particulières, quand il arrive de grands malheurs on se rassemble tous, quand même il y auroit quelques petits chiffonnages parmi les parents.

— Ce n'est pas que mon frère d'Artois ne nous aime pas, mais il est poussé par une faction infernale qui nous perdra tous. »

Et elle se mit à pleurer et à essuyer ses yeux avec son mouchoir.

« Que voulez-vous que je fasse de ce mémoire?

— Le présenter au Roi, et qu'il force M. Necker d'y répondre. Je parie ma tête qu'il ne le pourra jamais. »

Le Roi le communiqua à cet homme, qui lui demanda quinze jours pour y faire ses observations. A ce terme le Roi lui en parla, et, sous le prétexte d'affaires immenses que lui procuraient les états généraux, il demanda à Sa Majesté quinze autres jours. Le 23 juin arriva, et jamais il n'y a répondu.

Le vendredi suivant je rencontrai Target dans la galerie. Après lui avoir fait mon compliment sur ce qu'il étoit des états généraux, je lui dis :

« Votre grande attention et votre principal soin doivent consister, dans tout ce que vous ferez, de rogner les pouces des ministres le plus près possible, surtout d'exiger leur responsabilité ; ce sont eux qui sont les vraies causes de notre malheur et de ceux du Roi. Il m'est impossible d'imaginer que vous puissiez avoir d'autres intentions. Le Roi se livre de trop bonne grâce dans vos bras et a dans son cœur trop d'amour pour son peuple pour que je puisse croire que qui que ce soit dans votre assemblée veuille atténuer son autorité légitime. Que ce déficit, tout considérable qu'il est, ne vous effraye pas. J'ai des moyens de le faire disparoître sans emprunt, sans impôts, sans banqueroute, sans aliénation de domaines, sans création de charges nouvelles et sans toucher aux droits et à la propriété d'aucuns citoyens. »

Voici sa réponse :

« S'il existoit dans le royaume un particulier quelconque qui, par hasard ou autrement, eût découvert une mine d'or grosse et longue comme le canal de Versailles, il faudroit étouffer cet homme-là; nous tenons aujourd'hui le Roi dans notre puissance, il y passera dans toute l'étendue de la filière. »

Je ne puis peindre ma surprise et mon indignation. Je courus sur-le-champ chez la Reine pour l'en avertir, je ne pus la voir qu'à neuf heures du soir. Je lui demandai un autre travail particulier. Elle me dit :

« Je ne puis pas demain, je passe la journée à Meudon auprès de mon fils; je ne puis pas après-demain, c'est la procession des cordons bleus, je retourne après midi à Meudon. A lundi dix heures du matin. »

En entrant chez elle, voici comment je débutai :

« Il est de toute nécessité que je rende compte à Votre Majesté d'une conversation que j'ai eue avec Target, qui me confirme de plus en plus qu'il se forme dans le royaume une conjuration. »

Après la lui avoir rendue mot pour mot, je me permis d'ajouter :

« Le monstre que Vos Majestés ont à combattre sera peut-être dans un mois trop fort pour le terrasser. Il faut le prévenir dans ce moment-ci, cela vous doit être encore très-facile. Je supplie Votre Majesté de vouloir bien à ce sujet m'écouter un moment. Je désirerois que le Roi commençât par écrire aux états généraux une lettre conçue à peu près dans ces termes : « Je suis dans l'usage, Messieurs, de passer une partie de cette saison dans mes maisons de plaisance. Je partirai dans quatre jours pour Compiègne. Je serois fâché de m'éloigner de vous ; vous me ferez donc plaisir de vous rendre à Soissons, pour être là plus à portée les uns des autres, à raison des conférences que nous ne cesserons d'avoir pour arriver aux moyens de faire mutuellement le bonheur des peuples. » Ils n'oseront point encore aujourd'hui refuser Vos Majestés. Dans un mois il ne seroit peut-être plus temps.

» Cinq à six jours après leur installation à Soissons le Roi enverroit au Parlement des lettres patentes pour le transférer à Noyon. Elles y seroient enregistrées librement ; cela vaut beaucoup mieux que la voie des lettres de cachet que vous a fait employer M. de Lamoignon ; vous feriez ensuite former sous Compiègne un camp de plaisance d'environ trente mille hommes, vos personnes seroient alors en sûreté. Si ensuite, par hasard, il s'élevoit dans les états généraux un être assez ingrat pour, oubliant vos actes de bienveillance, vous disputer la moindre petite portion de votre autorité légitime, le Roi enverroit à Soissons un ministre pour notifier à l'assemblée, qu'étant instruit d'une manière sûre de ce qui s'étoit dit et passé la veille, il déclaroit que si par la suite on agitoit de pareilles questions, il ne pourroit traiter les auteurs de la motion que comme criminels de lèse-majesté, et les livreroit à la justice pour leur procès être fait et parfait; et si malgré cet avis un être assez hardi s'avisoit de passer outre cette défense, quand même ce seroit le duc d'Orléans, il faudroit le faire enlever la nuit par six cents dragons, et lui faire trancher la tête par un jugement légal du Parlement. »

La Reine, j'en suis certain, en a parlé au Roi, qui l'a proposé à M. Necker. Ce ministre l'en a détourné, sous prétexte qu'il n'y avoit point d'argent au trésor pour transférer la famille royale à Compiègne. Il se contenta de lui dire que si sa personne ne se croyoit pas en sûreté, il étoit suffisant de faire venir aux portes de Paris une vingtaine de mille hommes qui contiendroient la capitale, sans forcer les états généraux d'aller à Soissons. Cela eût été cependant bien différent; il étoit bien plus difficile de corrompre les troupes à Compiègne.

La Reine me dit ensuite:

« Mais qu'auriez-vous fait si, quand l'archevêque nous a quittés, on vous eût donné les finances?

— Rien de tout ce qu'il a fait.

— Mais nous avions promis les états généraux trop formellement; les Parlements tous nous tourmentèrent, nous excédèrent, ils s'étoient déclarés incompétents en matière d'impôts.

— Ils avoient raison, Madame; mais ils ont eu tort

de demander la convocation des états généraux, cela ne les regarde pas, parce qu'ils n'ont absolument de pouvoir que celui qu'ils tiennent du Roi, et que pour l'étendue du ressort qui leur est circonscrit. Par exemple, le Parlement de Normandie n'a rien à voir dans le ressort du Parlement de Paris, celui-ci n'a rien à voir dans les ressorts de la Bretagne, de la Bourgogne et du Languedoc ; d'ailleurs il ne s'agissoit pas de ces grandes questions d'État qui embrassent l'universalité de l'empire, ni de la position du Roi Jean et de François Ier, ni du démembrement du royaume par suite d'une guerre malheureuse. Il s'agit d'argent, et voilà tout. Il étoit donc inutile d'amalgamer aux états généraux les provinces qui d'elles-mêmes et par leur constitution vous accordent des secours.

— Je vous comprends bien ; je ne sais pas comment cette réflexion-là n'est pas venue à M. Necker, car le nombre des députés auroit été infiniment moins nombreux.

— Je me garderois bien, Madame, d'inculper les intentions de M. Necker ; mais où a-t-il appris notre constitution et les lois du royaume? Il y a trois ordres qui le composent ; dans les anciennes assises nationales, ils étoient tous parfaitement égaux en nombre, pour qu'un ordre ne pût pas nuire aux deux autres.

— Oui, mais le tiers état étant vingt-trois fois

plus considérable que les deux autres ordres; M. Necker a cru qu'il étoit juste de lui donner une double représentation.

— Mais, Madame, si c'est à raison de la population d'un ordre que la représentation en doit être fixée, le raisonnement de M. Necker n'est pas juste; il faudroit lui donner vingt-trois fois plus de représentants; mais c'est parce qu'il est vingt-trois fois plus considérable que l'on ne devoit point en augmenter les forces, car si on vient à opiner par tête, il pourroit bien en résulter la destruction de la noblesse et du clergé[1].

— La noblesse et le clergé, ajouta la Reine, ont bien des torts vis-à-vis de nous; ils nous ont abandonnés, ainsi que les Parlements.

— Ce seroit bien mal à eux. Ils tiennent leurs places et toute leur existence de vos bienfaits, et le tiers état, ne vous devant rien, est aussi moins dans votre dépendance. Quant à vos Parlements, ils n'en ont jamais voulu à votre autorité, mais bien à celle de vos ministres, qui n'ont jamais pensé qu'à la leur.

— Vous êtes bien coupable de ne vous être pas fait plus connoître.

---

[1] Mon sentiment étoit de ne mettre dans les états généraux que des propriétaires nobles ou du tiers état, car comment des gens sans propriété ou des agioteurs peuvent-ils délibérer sur l'impôt? Il doit leur être indifférent que les peuples soient écrasés par les contributions.

— Je ne dois jamais, Madame, parler à Votre Majesté que des affaires de sa maison, je ne suis point ministre; si je m'étois avisé de vous parler des affaires d'État, vous auriez pu, et avec raison, me regarder comme un intrigant.

— Je ne puis concevoir pourquoi on laisse des tribunes et qu'on y laisse surtout entrer la populace. Je ne sais pas pourquoi M. Necker n'y a pas prévu, car cela peut devenir très-dangereux.

— Votre Majesté a grandement raison, mais je vois bien d'autres choses encore bien plus dangereuses.

— Votre attachement pour moi peut aussi vous faire voir les choses d'une manière trop exaltée.

— Oh! Madame, que je désirerois me tromper! Je ne demande qu'une seule chose à Votre Majesté, c'est d'exécuter le projet de Compiègne. »

Notre conversation en resta là; mais quelques jours après elle me dit :

« Compiègne n'aura pas lieu, mais vous serez content de ce qui va se passer. »

Elle vouloit me parler de la journée du 23 juin; et le lendemain ou le surlendemain elle me dit :

« Je crois effectivement que vous avez raison sur le compte de M. Necker, nous saurons mettre ordre à tout cela. »

Le Roi nomma alors un ministère composé de gens plus forts, c'étoient MM. de la Vauguyon et de Breteuil, et Necker étoit renvoyé. La Reine me demanda le lendemain :

« Êtes-vous plus content ? Voyez-vous moins noir ?

— Le nouveau ministère ressemble enfin à quelque chose, mais il ne durera pas huit jours. »

Arriva la journée du 14 et surtout du 16 juillet. La ferme générale me choisit ce jour-là pour aller à l'hôtel de ville représenter à la Commune combien il étoit intéressant pour le service des rentes de la ville que l'on rétablît sur-le-champ les barrières; presque toutes avoient été brûlées la nuit, excepté les deux seules qui étoient appuyées sur les murs des jardins de Monceaux; on me donna des commissaires pour m'y accompagner, c'étoit une des opérations les plus périlleuses possibles. J'ai entendu à plusieurs reprises le peuple crier :

« C'étoit bien la peine de nous faire tant travailler pour voir sous nos yeux rétablir ces barrières ! Nous n'avons fait que ce que l'on nous a dit de faire, et nous n'en souffrirons plus. »

Lorsque j'étois le matin au bureau de la Commune, on avoit annoncé deux députés de l'Assemblée nationale, c'étoient Duport et Desmeuniers ; ce dernier, de l'air le plus Catilina, leur dit :

« Messieurs, la Révolution est faite, tout périra plutôt qu'elle ne soit point faite; le Roi viendra dans la journée lui rendre hommage dans le même lieu où je parle, et c'est le seul parti qui lui reste à prendre. »

Je retournai à l'hôtel de ville sur les quatre heures avec les deux commissaires que l'on m'avoit donnés, dont un s'appeloit Joly et est devenu depuis garde du sceau.

A peine étions-nous entrés, on annonça l'arrivée du Roi, et j'eus la douleur de voir devant mes yeux ce bon prince faire amende honorable et accepter la cocarde des révoltés.

Les passages de Paris à Versailles se trouvèrent obstrués pendant deux ou trois jours, je ne pus voir la Reine que le dimanche suivant. Je me trouvai seul avec le Roi et elle après le dîner.

« J'ai bien tremblé pour vous, me dit-elle (M. Berthier avoit été massacré); vous concevez bien que si nous voulions, nous ferions bientôt finir cette affaire-là; mais il faudroit répandre le sang de nos sujets.

— Madame, M. le comte de Horn, un des plus grands seigneurs de l'Empire, parent de M. le duc d'Orléans, régent du royaume, fit une action basse à raison de laquelle il fut condamné à être rompu par arrêt du Parlement. On demanda sa grâce au Régent, qui répondit : « Quand j'ai du mauvais sang, je me le fais tirer. »

— Étiez-vous à Paris?

— Oui, Madame, et j'ai eu le malheur de voir

arriver le Roi à l'hôtel de ville. J'aurois cru que Leurs Majestés auroient suivi M. le maréchal de Broglie.

— Nos amis nous ont conseillé de rester, ils nous ont dit que si nous quittions Versailles nous ferions massacrer la noblesse de notre capitale. »

Personne n'ignore ce qui s'est passé la nuit du 3 au 4 août, la lapidation de l'archevêque de Paris. Les Mémoires ne doivent contenir que les détails des faits où j'ai eu malheureusement quelques rapports dans cette infernale Révolution.

Me promenant aux Tuileries le lendemain de la fête du Roi, avec un ou deux de mes amis, M. du Saulx, académicien, se joignit à nous. Nous parlions des affaires présentes.

« Cette affaire-là, nous dit-il, ne se consolidera bien qu'autant que le Roi résidera dans ce château; on a fait une grande faute le 16 juillet de ne l'avoir pas retenu. La demeure d'un Roi doit être, ajouta-t-il, dans sa capitale.

— Vous avez raison, lui ai-je répondu, mais qui a le droit dans ses États de le forcer à y faire sa résidence?

— Quand c'est le bien de tous, il faut bien l'y forcer, et on en viendra là. »

Je ne parle de cette anecdote que parce que ce du Saulx a déposé ce fait et ma réponse dans le procès qui depuis m'a été fait à la requête du comité des recherches. J'en rendis compte le lendemain à la Reine, qui, pour me rassurer, me dit toujours avec bonté :

« Votre attachement pour nous vous rend malheureux, vous voyez trop en noir. Tranquillisez-vous, M. de La Fayette nous a assuré que nous n'avions rien à craindre, que tout est prévu, qu'au moindre mouvement il se porteroit à Sèvres avec du canon, et qu'on en seroit quitte pour couper deux ou trois arches du pont. »

Je demandai dans ce moment à la Reine la permission d'aller à Buzancy ; ma fille relevoit de couches, sa santé exigeoit de rester à la campagne pour se rétablir. J'assurai Sa Majesté que je serois toujours en moins de trente-six heures à Versailles, et elle eut la bonté de m'accorder le congé d'un mois que je lui demandois.

Je reçus le 7 octobre un courrier chez moi à Buzancy, pour me prévenir de retourner à Paris sans perdre une seule minute. Je me mis sur-le-champ dans ma voiture, et à Reims j'appris que la famille royale avoit été forcée dans le château de Versailles et conduite à Paris au palais des Tuileries. Je trouvai à mon hôtel un homme de la Reine qui me dit que Sa Majesté m'attendoit. Je montai trois quarts d'heure après au château. Sa Majesté me fit signe de m'approcher d'elle; elle me remit une petite clef dont elle désiroit que j'eusse la garde, et me recommanda de monter tout de suite après la messe à son appartement. A peine j'y fus entré et eus fermé la porte, qu'elle y fut elle-même voir si on ne nous écoutoit pas.

« Nous ne sommes pas bien ici, passons ailleurs. »

Même attention de sa part à la porte de cette pièce.

« Nous ne sommes pas encore bien ici. »

Elle me fait passer dans une autre où elle trouve Madame Royale.

« Laisse-nous, mon enfant, j'ai à travailler avec M. Augeard. Voyez, me dit-elle, comme elle est couchée. »

En effet, une ottomane lui servoit de lit. Elle commença par me dire :

« Je vous fais mes excuses; je croyois votre tête exaltée, c'est la mienne qui est aveugle; M. le duc d'Orléans a voulu nous faire assassiner. »

Elle me raconta alors toutes les horreurs des journées des 5 et 6 octobre, et dans les plus grands détails.

« La Reine me fait-elle l'honneur de me faire part de toutes ces atrocités pour me demander conseil?

— Oui, assurément.

— Votre Majesté est prisonnière.

— Mon Dieu! que me dites-vous là!

— Madame, cela est très-vrai. Dès que Votre Majesté n'a plus sa garde d'honneur, elle est prisonnière.

— Ces gens-là, j'ose le dire, sont plus attentifs que nos gardes.

— Attention de geôliers; je ne veux vous en donner, Madame, d'autre preuve que de vous rappeler la précaution que je vous ai vue prendre de voir aux portes si on ne vous écoutoit pas : l'auriez-vous prise avec vos gardes?

— Mais que faut-il donc faire?

— Votre position est infiniment critique, car enfin ce seroit un crime même de vous déguiser que le royaume essuie une très-grande maladie, et qui ne fera que croître de mois en mois.

— Mais enfin il doit y avoir du remède. Vous ne le regardez pas comme désespéré?

— Je ne le crois pas. Votre situation n'en est pas moins très-fâcheuse; l'Empereur, votre frère, ne peut vous donner aucun secours, sa vilaine guerre avec les Turcs l'occupe ailleurs, et ces scélérats lui donnent dans ses provinces belgiques du fil à retordre; il faut absolument lui faire envisager l'affaire de la France comme la sienne propre; il seroit nécessaire qu'une personne sûre et fidèle, et en qui il auroit la plus grande confiance, se rendît à Vienne à cet effet.

— Effectivement, c'est bien notre intention

— Je ne connois qu'une personne au monde capable de remplir cette mission.

— Et qui donc?

— C'est Votre Majesté.

— Quoi! je laisserois seul le Roi?

— Je ne connois qu'un seul moyen, et il est infaillible, pour sauver les jours du Roi, les vôtres, ceux de vos enfants, Madame, et ceux de l'empire : c'est de vous en aller avec Madame Royale et M. le Dauphin habillé en petite fille, non pas en Reine, non pas en princesse, mais en simple particulière. C'est à Votre Majesté à réfléchir dans sa sagesse sur le parti que je lui propose; mais si elle s'y détermine, il faut qu'elle ne confie son secret à qui que ce soit au monde. Le plan où on ne pourroit mettre qu'une personne dans sa confidence seroit certainement le meilleur; mais comme cela est impossible, il faut en chercher un où il ne faudra que deux confidents. Si Votre Majesté s'arrête à qui en exige plus de quatre, il sera impraticable, et tout sera perdu. Je supplie la Reine de me donner vingt-quatre heures pour fixer mes idées là-dessus d'une manière invariable. J'ajouterai : Les assassinats commis sur votre personne sont une excuse de la mesure que je vous conseille. Vous n'êtes pas en France Reine régnante, vous n'êtes qu'épouse du Roi régnant. A la Reine n'appartient pas la connoissance des affaires du royaume; elle ne doit s'en mêler que quand elle est Régente. Vous déjouerez les factieux et le duc d'Orléans. On ne pourra plus vous accuser de vous opposer à la nouvelle constitution qu'on veut donner à la France, et vos jours seront sauvés. »

Le lendemain je trouvai la Reine assez disposée. Elle me demanda si j'avois arrêté quelque chose. Je me permis de lui faire part de mon plan. Je crois encore, et sans aucun amour-propre, qu'on ne pouvoit en concevoir de meilleur.

« Quand Votre Majesté sera absolument décidée, j'écrirai à ma fille de revenir à Paris. Je ne lui ferai part de rien, mais je lui dirai que les parents de madame la marquise de Ginnecourt, qui a une terre près des miennes, m'avoient chargé de ramener la bonne et ses deux enfants, et que nous partirions à huit heures du soir. Je me trouverai dans l'appartement de madame Thibaut, votre première femme de chambre, à sept heures et demie. A ce moment le service de M. le Dauphin est entièrement fini; vous le ferez monter par le petit escalier dérobé qui monte à votre appartement; on l'habillera en petite fille, de la même étoffe et de la même couleur que Madame Royale; puis vous monterez avec madame Thibaut au haut des combles, où est un escalier qui se rend à la cour des Princes. Là il se trouvera un carrosse très-simple à deux chevaux qui vous conduira à la porte de mon hôtel, et si Votre Majesté veut, je l'accompagnerai; si elle aime mieux, je l'attendrai chez moi avec ma fille.

» Nous monterons ensuite dans ma voiture; la Reine se mettra sur le devant, comme une gouvernante, avec ses deux enfants, afin d'éviter toute espèce de soupçon à mes courriers, qui sont bien connus sur la route, puisqu'on m'y voit douze fois par an. Je serai muni de mon passe-port et de ma permission de poste. Après la sortie de Paris, il faudra bien mettre ma fille dans la confidence, puisque Votre Majesté veut bien la souffrir quelquefois à son jeu, et que, par conséquent, il lui seroit impossible de ne pas reconnoître la Reine.

» Nous serons à la pointe du jour à Braisne, c'est-à-dire quatre lieues au delà de Soissons, et pour lors j'exigerai de Votre Majesté de se remettre et ses enfants sur le devant de sa voiture, de peur de donner toujours à mes gens le moindre éveil. Nous serons à Reims à neuf heures.

— Mais si j'allois y être reconnue; si nous pouvions l'éviter?

— Cela seroit facile : il faudroit dans ce cas quitter la poste à une lieue de Reims, y avoir un relais qui nous mèneroit à Saint-Thierry, maison de campagne de l'archevêque. Votre Majesté y déjeuneroit avec ses enfants, et le même relais nous mèneroit à la poste d'Isle, quatre lieues au-dessus de Reims. Nous prendrions une traverse de cinq lieues, très-bonne, qui mène à la poste de Pauvre, où il n'y a que cinq ou six maisons, puis à Vouzières par la plus belle route. Pour y arriver vous ne passerez pas même par la municipalité. La Reine entrera par mon parc pour descendre au château. Pendant qu'elle mangera un morceau, on examinera la voiture pour voir s'il n'y manque rien, et, à l'effet de ne pas perdre une minute et d'éviter de prendre la poste, on mettra en même temps mes chevaux, qui nous conduiront à un petit quart de lieue de Stenay, où sera un relais à moi. Nous n'aurons plus que quatre petites lieues pour être à la frontière, sans passer par aucune ville. Votre Majesté couchera avec ses enfants au château de la Tour, appartenant au général des dragons de la Tour, situé sur terres de l'Empire, à dix lieues de Luxembourg. Il sera expédié pendant la nuit un courrier au maréchal de Broglie pour lui demander des relais à moitié chemin et une escorte en cas d'événement.

— Je suis très-contente de ce que vous me dites. Je ne balancerois pas un moment sans le Roi; mais je ne pourrai pas me résoudre à le laisser seul : je crains trop pour ses jours.

— Vous les sauverez, Madame, car quand ils n'auroient plus la mère et les enfants à leur disposition, ils mettroient plutôt le Roi dans du coton que de lui faire le moindre mal. Ces gens-là savent que les Rois ne meurent jamais en France.

— Il faudra donc que j'avertisse le Roi et que je le mette dans la confidence?

— Certainement, Madame, il n'y a pas là-dessus le moindre doute; mais il faut que personne ne puisse dire que le Roi savoit votre départ. Et à cet effet, la veille, à sept heures et demie du soir, vous remettrez à une de vos femmes qui est de service, et qui cependant ne couche pas au château, une lettre, avec ordre de la remettre au Roi à son lever, c'est-à-dire à neuf heures. Elle pourroit être, Madame, conçue à peu près en ces termes :

« Mon très-honoré seigneur et auguste époux,

» D'après les assassinats commis sur ma personne les 5 et 6 de ce mois, il m'est impossible de me dissimuler que j'ai le malheur effroyable de déplaire à vos sujets. Ils s'imaginent que je m'oppose à la constitution nouvelle qu'ils veulent donner à votre empire. Pour ôter à mon égard toute espèce de soupçon, j'aime mieux me condamner à une retraite profonde hors de vos États, où je ne rentrerai, mon très-honoré et auguste époux, que quand la tranquillité y sera rétablie et que la constitution y sera entièrement achevée. »

— Vous voyez, Madame, qu'avant que le Roi ait envoyé chercher le ministre de l'intérieur, qu'avant que celui-ci ait été chercher le président de l'Assemblée pour l'introduire chez le Roi, le temps nécessaire pour la tenue d'un petit conseil, celui des débats à l'Assemblée nationale, il se passera au moins trois heures, et avant que l'on puisse envoyer le premier courrier à la suite de Votre Majesté, qui sera déjà pour lors à quarante-cinq lieues de Paris, elle n'en aura plus que quinze à faire pour être à la frontière ; et encore comment pourra-t-on découvrir la vraie route de Votre Majesté ? Je la supplie de vouloir bien peser dans sa sagesse tout ce que mon dévouement m'inspire pour son bonheur et celui du Roi. »

Je la revis le lendemain matin, et toujours dans les dispositions de profiter de l'avis que je m'étois permis de lui donner. Elle me fit seulement des difficultés sur ce qu'elle auroit préféré que je l'eusse attendue à Buzancy avec ma fille.

« J'y consens très-volontiers, mais je supplie Votre Majesté d'observer que cela exigera plus de monde dans sa confidence ; dans ce cas, il faudra que je lui remette un petit itinéraire, à cause de la traversée de Jonchery à Saint-Thierry, de Saint-Thierry à Isle, et de celle d'Isle à Pauvre. »

L'indécision où je la laissai me détermina à aller moi-même dans la rue Dauphine acheter les cartes de Cassini pour Reims et Montmédy, que je remis le même soir avec l'itinéraire à madame Thibaut. La Reine m'avoit parlé en mal de l'évêque comte de Châlons. Ma famille avoit toujours été amie de cette maison. Je demandai à la Reine la permission de vouloir bien prendre des renseignements sur son compte. Je priai ce prélat de passer chez moi. Il se trouva que c'étoit une atrocité qui lui étoit faite, comme cela arrivoit souvent dans ce temps-là à la cour. Je l'engageai à venir me voir à Buzancy, et je le priai de m'avertir deux jours auparavant pour lui envoyer des relais, à l'effet de lui éviter des frais de poste le plus possible, en lui indiquant une route qui lui épargneroit du chemin.

J'avois dans la tête l'affaire de la Reine, qui m'occupoit beaucoup. J'étois obligé de faire écrire par un commis l'itinéraire que je devois remettre à Sa Majesté; je l'écrivis sous le nom de l'évêque de Châlons, afin que le commis ne se doutât de rien, et aussi pour ne pas perdre de vue l'atrocité qu'on avoit faite à l'évêque, et encore pour éviter toute espèce d'inconvénient si la Reine, par hasard, le laissoit dans ses poches ou dans son écritoire.

La Reine n'a changé d'avis que le 19; elle m'avoit beaucoup parlé la veille du départ du duc d'Orléans pour l'Angleterre, et de ce coquin de Laclos, son secrétaire, me disant que c'étoit une foiblesse de le laisser partir, et qu'après ses délits des 5 et 6 octobre on auroit dû l'arrêter et s'assurer de sa personne. Je lui répondis :

« Mais depuis quatre mois le trône ne vit que de foiblesses.

— Au surplus, me dit-elle, quand il sera là-bas, nous serons plus tranquilles et plus en sûreté. »

C'est peut-être parce qu'elle s'est crue plus en sûreté qu'elle a changé d'avis le lendemain. Il se peut faire aussi que, comme on parloit beaucoup dans ce temps-là de la loi du divorce, elle ait craint qu'on n'eût forcé le Roi, dont elle connoissoit la foiblesse, à la sacrifier dans le cas où elle quitteroit le royaume. Au surplus, voici ce qu'elle m'a ajouté :

« Toute réflexion faite, je ne partirai pas : mon devoir est de mourir aux pieds du Roi.

— Votre devoir est encore plus de le sauver. Je n'ai jamais désiré, Madame, d'être plus que je ne suis ; mais dans ce moment-ci je voudrois avoir une place assez majeure et qui me donnât en même temps la force de vous persuader. Je ne suis que votre secrétaire, et fait pour exécuter vos ordres. Il viendra un temps où Votre Majesté voudra s'en aller, et elle ne le pourra pas. Je vous le répète, Madame, la maladie que le royaume essuie est bien forte : elle n'est pas à son dernier période, elle ne fera qu'augmenter de mois en mois, et il viendra un temps où il n'y aura peut-être plus de remède.

— Je ne dis pas que je ne prendrai pas le parti que vous me proposez, mais je crois que je ne peux l'exécuter qu'avec le Roi. Au surplus, faites-moi un petit mémoire sur notre position actuelle et sur ce qui nous reste à faire.

— Madame, je vais m'en occuper. »

Je rentrai chez moi, et je dictai à un commis aux écritures, que j'avois donné à mon secrétaire pour l'aider dans les siennes, de petites notes, afin de me servir de canevas au mémoire que la Reine me demandoit, et cela pour ne perdre aucune de mes idées et les recueillir avec méthode. Cet homme étoit fils naturel d'un oncle de feu ma femme. Je lui donnois six cents livres, et il en avoit quatre cents de son père. Je l'avois fait recevoir commis surnuméraire aux fermes. Il étoit horriblement borné.

Le canevas fait, je lui dictai le mémoire. Je renfermai ensuite dans mon secrétaire ces deux expéditions. Lui sorti, je mis le mien au net dans ma poche et le remis à la Reine le soir même.

A minuit et demi, couché dans mon lit, j'entends un bruit effroyable qui partoit de l'antichambre; j'ouvre moi-même les portes : j'aperçois un ecclésiastique en rabat et que je ne connoissois pas, suivi de quatre personnages, dont un avoit été clerc de mon notaire. Ils me prient de les mener dans mon cabinet. Je trouvai mon bureau forcé. Je me retourne, et j'aperçois, en habit de garde national, mon commis à la tête de quarante alguazils qui venoient m'arrêter. Je demandai à M. l'abbé qui il étoit.

« Je m'appelle l'abbé Fauchet, président du comité des recherches; je suis avec MM. Brissot, Agier, Garau de Coulon et Duport-Dutertre, mes confrères.

— Messieurs, je devine à peu près le sujet de votre visite : ce drôle-là (en montrant le commis) a dans sa poche, ou vous, monsieur l'abbé, dans la vôtre, un canevas, un griffonnage de mémoire que je lui ai dicté.

— Monsieur, c'est précisément cela, me dit l'abbé, et c'est la mise au net que nous venons vous demander.

— Vous aurez peine à la trouver.

— Et pourquoi donc cela? Nous sommes ici pour l'avoir.

— Je l'ai brûlée.

— Nous allons chercher dans tous vos papiers.

— Faites ce qu'il vous plaira.

— Et pourquoi l'avez-vous brûlée?

— Parce qu'en ajournant la réflexion à ma pensée, j'ai trouvé que les idées contenues dans ce griffonnage, quoique déjà corrigées dans la mise au net, étoient encore trop vives; et d'après les assassinats commis sur la personne de la Reine, ma maîtresse, il étoit difficile qu'il n'existât pas en moi quelques mouvements d'indignation.

— Nous allons saisir tous vos papiers.

— Faites, messieurs. »

Ils en firent en effet un gros paquet qu'ils cachetèrent, et me conduisirent, comme on pense bien, malgré moi à l'hôtel de ville. Là ils me lurent ce griffonnage rempli de ratures, et, comme on vouloit m'interroger, je leur dis :

« Messieurs, ma pensée est à moi, c'est ma propriété, et, d'après la Déclaration des droits de l'homme, il est défendu d'inquiéter tout citoyen à raison de ses pensées, surtout quand la manifestation ne trouble point l'ordre public. Certainement il n'y a pas de manifestation, puisque vous n'avez ma pensée que par un vol avec effraction qui doit conduire ce drôle-là à la corde. »

L'abbé Fauchet, comme président, prit la parole et dit :

« L'action de monsieur est trop remplie de civisme pour qu'il n'ait point la récompense la plus distinguée.

— Il ne peut y avoir de complot qu'autant qu'il y a communication, et à qui ai-je communiqué mes idées ?

— Au moins vous nous expliquerez ce que veut dire : « négocier avec M. de B... » ?

— Je n'ai point dicté cela à cet homme, parce que c'est incompréhensible, et cela n'a pas le sens commun. »

Je ne mentois pas, parce que je n'avois pas dicté : « négocier à M. de B... », mais j'avois dicté : « négocier à M... avec M. de B... ». Mais ce n'étoit pas à moi à le leur expliquer. Ils me tinrent au moins deux heures sur cet article.

Ensuite ils me parlèrent de l'itinéraire indiqué à l'évêque de Châlons. Ils me demandèrent si je ne le lui avois pas remis pour le donner au Roi. Je leur dis que je n'avois jamais parlé du Roi et de la Reine à l'évêque de Châlons; que l'itinéraire que je lui avois indiqué étoit pour sa personne seule, parce qu'il devoit venir me voir à Buzancy; que si j'avois à remettre un itinéraire au Roi, ce ne seroit pas à l'évêque de Châlons que je me serois adressé, attendu que je voyois le Roi tous les jours. Et ensuite l'abbé Fauchet se mit à vomir mille horreurs contre le Roi et la Reine et le comte d'Artois. La patience m'échappa. Après six heures d'interrogatoire, je dis à ce drôle-là :

« Écoute-moi : si je pensois que tu es un scélérat, si je pensois que tu es un monstre, si je pensois que tu es un abominable, tu n'as rien à me dire; si je te le disois, c'est différent. Eh bien, voilà tout mon procès. Je pense ce que je veux. »

Cela dura jusqu'à midi; on envoya chercher un fiacre pour me mener à l'Abbaye et y attendre la décision de l'Assemblée nationale. Quand je fus sous la porte de Saint-Jean en Grève, il me prit une frayeur mortelle, qui étoit bien fondée. Il y avoit plus de douze mille âmes à la place de Grève qui m'attendoient. Si j'avois perdu la tête, c'étoit fait de moi; je la passai dans la portière du fiacre pour cacher avec mon corps les deux officiers de garde nationale qui me conduisoient en prison. Je fis l'étonné et causai avec le peuple pour demander ce que c'étoit. Vingt voix s'écrièrent :

« C'est un criminel de lèse-nation qui va descendre; attendez, vous allez voir gambiller. »

C'est au son de ces douces paroles que j'ai traversé toute la place de Grève, qui me parut bien longue, de manière que quand j'arrivai enfin au quai Pelletier, je crus être le plus heureux des hommes, et on me conduisoit en prison. Je ne réfléchis pas une minute sur mon sort; je ne pensai qu'à l'inquiétude où devoit être la Reine de mon arrestation.

J'eus assez d'adresse, de ma prison, pour la faire avertir à quatre heures du soir de n'en avoir aucune inquiétude. Elle m'envoya le lendemain, à la pointe du jour, Thibaut, fils de sa première femme de chambre.

« Courez chez la Reine, dites-lui que je la prie de ne prendre aucun intérêt à ma personne; que si elle me témoigne la moindre protection je suis perdu, qu'on n'a rien trouvé dans mes papiers qui puisse la compromettre. Quant à moi, je me tirerai bien d'affaire; qu'au surplus, s'il s'agissoit de porter ma tête sur l'échafaud pour son service, j'en aurois toujours le courage. »

Je subis la même nuit un second interrogatoire par la même cohorte du comité des recherches. Ils n'en furent pas plus avancés, mais heureusement pour moi je ne fus pas mis au secret. Le lendemain l'abbé Fauchet me demanda de lui remettre les sceaux de la Reine qu'elle m'avoit donnés; je lui dis que je n'en ferois jamais rien que sur l'ordre de la Reine. Duport-Dutertre me porta le jour d'après une lettre de l'archevêque de Bordeaux, garde des sceaux de France; je les lui remis par obéissance, sous récépissé; mon affaire fut portée cinq ou six jours après au Châtelet. J'allois être déchargé de l'accusation, le rapporteur ne trouvant pas dans mon affaire de quoi fouetter un chat, mais bien une infamie et une abomination de la part du comité des recherches, quand l'abbé Fauchet s'avisa de présenter au comité des recherches un mémoire anonyme dans lequel j'étois

14.

accusé d'avoir reçu à Buzancy, au mois de septembre, M. le maréchal de Broglie, le prince Lambesc, M. de Bezenval, d'avoir donné des ordres à mon concierge à l'effet d'y recevoir le Roi, et d'y avoir tramé des conspirations contre l'État ; et Brunville, procureur du Roi, fut assez inique, assez bas, pour, à l'instigation de l'abbé Fauchet, ordonner une addition d'information, moi prison tenante, et cela sur un mémoire anonyme. Il est bien vrai que dans mes papiers on avoit trouvé la minute du mémoire que j'avois remis à la Reine au mois de mai précédent, d'après le conseil de M. de Machault, et que M. Necker, à qui cet abbé l'avoit communiqué, poussoit à la roue pour me retenir en prison le plus longtemps possible.

La nuit de Noël j'entendis plus de bruit qu'à l'ordinaire ; je crus que le peuple vouloit forcer les prisons, parce que plusieurs fois elles en avoient été menacées. J'appris par la cuisinière du concierge, sur les cinq heures et demie du matin, qu'on avoit arrêté un officier des gardes de *Monsieur*, ainsi que sa femme, qui avoient été mis au secret dans des chambres séparées ; que la femme et le mari ignoroient l'un et l'autre leur mutuelle arrestation, et que les aides de camp de M. de La Fayette avoient menacé du cachot le concierge si, par hasard ou autrement, ils apprenoient qu'ils étoient si près l'un de l'autre. Le concierge, quatre heures après, me confirma les mêmes faits, et m'ajouta que, d'après ce que les aides de camp de M. de La Fayette lui avoient confié, il craignoit que ce qu'il y eût de plus respectable et de plus grand dans le royaume ne fût compromis; il ajouta même qu'on lui avoit demandé si dans sa prison il avoit une chambre assez convenable pour recevoir une personne de la plus haute considération, et même qu'on prendroit son appartement s'il n'en avoit pas d'assez propre; il m'apprit que les détenus s'appeloient Favras, et m'indiqua en même temps les numéros des chambres où ils étoient enfermés.

Quand je fus seul, entièrement à moi, je réfléchis à ce que ce concierge m'avoit dit; je crus y apercevoir que la famille royale, ou partie, pouvoit y être compromise; je bénis dans ce moment la Providence de m'avoir mis dans le cas d'éprouver une si longue captivité, si son dessein avoit été par là de me mettre en position de me rendre utile à mes maîtres. Je me hasardai d'aller à la porte de madame Favras, cela m'étoit facile, sa chambre donnoit à côté de celle de mon valet de chambre. Je frappai trois coups, elle me répondit; je lui dis par le trou de la serrure :

« Qui êtes-vous?

— Je suis madame de Favras. Qui êtes-vous vous-même?

— Je ne puis vous dire mon nom, je veux bien

vous rendre service, mais je ne veux pas me compromettre. Je me doute bien que vous êtes ici pour avoir voulu vous rendre utile au Roi.

— C'est en effet la cause de ma détention; mon affaire est liée à de grands personnages, on m'a promis 48,000 livres et ma liberté si je voulois nommer *Monsieur*.

— Je ne vous demande pas de savoir votre affaire, gardez-vous bien d'en parler à âme qui vive, même à moi; si j'étois un mouton, vous seriez perdue.

— D'après votre avis, cela est impossible.

— Écoutez-moi; je voudrois vous dire, pour vous, un bien grand secret : surtout que le concierge ne se doute de rien, vous le perdriez et vous aussi sans aucune ressource. Votre mari a été arrêté hier au soir.

— Eh bien, je m'en suis doutée; rentrant au plus tard à neuf heures tous les jours, il n'étoit pas rentré à dix heures et demie quand on est venu m'arrêter, et j'étois sur lui dans la plus mortelle inquiétude.

— Il est au secret dans cette prison.

— C'est un grand bonheur dans mon infortune; au nom de Dieu, Monsieur, apprenez-lui que je suis ici : vous pouvez sauver la vie à bien du monde.

— Je vais faire tous mes efforts pour lui parler; cela est très-difficile, sa chambre est dans un autre escalier; si l'on m'y rencontroit, cela donneroit des soupçons; je ferai de mon mieux. »

Deux jours après je me glissai à la porte de M. de Favras; je lui appris également par le trou de la serrure la détention de sa femme; il me dit qu'il avoit été arrêté au coin de la rue de Beaurepaire, à neuf heures du soir, conduit à l'hôtel de ville, où il avoit été interrogé, et ici à quatre heures du matin; qu'il étoit accusé d'être avec M. de La Châtre, l'agent de *Monsieur,* dans un projet de contre-révolution qui tendoit à enlever le Roi; qu'on lui avoit promis une récompense de 48,000 livres et sa liberté s'il nommoit *Monsieur,* sur le compte duquel on avoit des soupçons et des indices qu'il pouvoit éclaircir. Il m'ajouta :

« J'ai découvert sous ma porte un petit trou par lequel je pourrois passer un morceau de papier; procurez-m'en un carré, je pourrai écrire à ma malheureuse femme, parce que les coquins qui ont fouillé dans mes poches et m'ont tout pris, n'ont pas trouvé un crayon anglois dont je pourrai me servir. »

Je fus aussitôt à ma chambre lui chercher un carré de papier; en le lui passant, je le prévins de prendre surtout ses précautions; que ce qui étoit le plus pressé étoit de parer à son interrogatoire et de le concerter avec sa femme, parce qu'il étoit indubitable qu'il en subiroit un dans le milieu de la nuit, attendu que l'usage des hiboux du comité des recherches étoit de choisir le moment du premier sommeil des prévenus du crime de lèse-nation pour les interroger. Je portai ensuite à la porte de madame de Favras le morceau de papier écrit de la main de son mari, que je fis passer par le trou de la serrure à l'aide d'une grande épingle. Quand elle reconnut l'écriture, elle ne se sentit pas de joie.

« Vous êtes un ange que Dieu m'envoie dans ma prison; je ne puis avoir rien de caché pour vous, cela m'est impossible; je vais vous dire.....

— Il faut aller au plus pressé, pensez à votre interrogatoire pour qu'il soit absolument conforme à celui de votre mari; ces coquins-là tâcheront de vous couper l'un ou l'autre, et dans ce cas vous serez perdus. »

Je rendois exactement à M. de Favras tout ce que sa femme me disoit, et lui écrivois sur du papier tout ce qu'il vouloit qu'elle sût et qu'elle dît. Je profitai de la nuit depuis huit heures jusqu'à dix heures, temps où presque tous les prisonniers sont enfermés sous la clef.

Le lendemain matin j'appris de M. et madame de Favras qu'ils avoient été interrogés séparément, comme je m'y étois attendu, sur les deux heures du matin, et chacun deux fois.

J'oubliois de dire que j'avois recommandé à M. de Favras de demander plumes, encre et papier, sous prétexte d'écrire sa justification, ce qui lui fut accordé, et même à sa femme sans qu'elle l'eût demandé, parce que ces vilaines gens espéroient les prendre sur leurs écritures [1].

[1] Madame de Favras et son mari étoient dans l'erreur sur celui qui l'a dénoncé. Ce n'est pas M. de Luxembourg qui les a trahis, mais c'est Chomel et Santonax, banquiers. Par suite de tout ce qu'ils m'ont dit et leur avocat, j'ai été dans la même persuasion; ce n'est qu'en 1798 qu'étant à Ratisbonne, j'ai appris l'exacte vérité de M. Moris, ministre des États-Unis d'Amérique, et voici comment :

M'entretenant avec ce ministre, un des hommes les plus capables et les plus instruits de notre Révolution, et lui ayant lu cet endroit, il me dit : « Tout est vrai, excepté que ce n'est pas M. de Luxembourg qui a trahi. »

J'étois depuis l'Amérique extrêmement lié avec M. de La Fayette, ne croyant pas que votre Révolution pouvoit prendre le caractère qu'elle a pris, parce que celui de votre nation m'étoit inconnu. J'étois le conseil de M. de La Fayette, je passois ma vie avec lui, et M. le comte de Luxembourg étoit de notre société.

Chomel le banquier vint voir M. de La Fayette pour lui demander conseil s'il pouvoit prêter de l'argent à un M. de Favras, pour le compte de Monsieur, frère du Roi. M. de La Fayette m'en parla le soir même; je lui dis de m'envoyer cet homme-là et que j'éclaircirois cette affaire, pour savoir s'il y avoit l'ombre de réalité.

Chomel m'ayant répété ce qu'il avoit dit à M. de La Fayette, je lui conseillai très-fort de prendre garde à ce que ce fût quelque aventurier qui voudroit, sous prétexte d'une contre-révolution lui soutirer quelque argent; qu'il falloit avoir l'air de saisir le projet, mais dire à M. de Favras qu'il ne se mêleroit de rien, à moins qu'il ne sût s'il y avoit de la réalité et si les personnes qui se mêloient de cette affaire étoient des gens capables et importants, que pour lors il pourroit aller jusqu'à deux millions. M. Morin m'ajouta que Chomel, lui rendant compte de son entretien, lui dit que M. de Favras, pour lui

Voici comment madame de Favras me raconta l'aventure de son mari : il s'étoit coalisé avec plusieurs personnages, tels que le jeune comte de Luxembourg, le comte de La Châtre, le marquis de Lévis, etc., pour, de concert avec *Monsieur,* tâcher de sauver le Roi, et à cette fin M. de La Châtre avoit prié son mari de s'ingénier pour trouver deux millions à *Monsieur* sans que ce prince pût s'adresser à son conseil, et passer par son surintendant afin d'éviter toute espèce de soupçon. Qu'à cet effet son mari avoit négocié cet emprunt avec un nommé Chomel, banquier, qui

donner confiance, lui avoit amené M. de La Châtre, gentilhomme de la chambre de Monsieur, M. de Foucault, M. de Lévy; que M. de Favras lui avoit dit qu'il avoit chargé Morel, Turcati et Marquet, anciens sergents aux gardes, pour recruter trois ou quatre cents hommes à M. de Favras, à l'effet d'enlever le Roi et s'assurer de sa personne, de M. de La Fayette et M. Bailly, et de se défaire de ces deux derniers. M. Morin m'ajouta encore qu'à l'effet d'avoir une preuve matérielle contre Monsieur, il avoit dit à Chomel de demander les billets de Monsieur, jusqu'à la concurrence de deux millions qu'il compteroit incontinent après; que par ce moyen M. de La Fayette avoit eu, un mois même avant l'arrestation de M. de Favras, toutes les preuves possibles.

Mais que lui, M. Morin, sentant parfaitement bien les suites malheureuses que cette affaire pouvoit avoir contre M. de Luxembourg, qui étoit de leur société, il avoit prié M. de La Fayette de le voir et de le prévenir afin de le détourner d'un pareil complot et de pareille compagnie; qu'à cet effet il avoit parlé à M. de Luxembourg, qui d'abord avoit nié; mais quand il lui avoit dit les noms de tous les conjurés, tous les si, les cas et les mais..., il lui avoit promis qu'il ne le verroit plus. M. Morin lui avoit dit : — Vous ferez très-bien, car il faut finir la Révolution par un grand coup d'éclat; il nous faut la tête étoit dans la confidence; que les billets de *Monsieur* étoient déjà dans la main de ce banquier, et que l'argent devoit être compté le même jour de l'arrêt de son mari, mais qu'ils avoient été vendus et trahis par M. de Luxembourg.

« Il avoit demandé, me dit-elle, pour récompense la place de M. de La Fayette. »

On lui avoit répondu qu'il étoit trop jeune pour une place aussi majeure; que, piqué de ce refus, il avoit été tout déclarer à M. de La Fayette; que ce dernier, sur les indications de M. de Luxembourg,

d'un prince du sang, et si Monsieur n'est pas pendu, c'est vous qui le serez comme étant de la maison la plus considérable après les princes du sang. Que M. de Luxembourg se tint pour averti; que, craignant de se compromettre davantage, il se retira de toute cette société, ce qui a fait croire à M. de Favras et à ses complices que c'étoit M. Luxembourg qui les avoit trahis, mais que le dénonciateur véritable étoit M. Chomel, banquier. Que M. de Luxembourg n'avoit rien dit, mais n'avoit pas désavoué Chomel.

M. de La Fayette envoya chercher Marquet, Turcati et Morel, qui avouèrent tout, crainte d'être pendus, et qu'ils avoient promis pour avoir leur grâce de suivre pas à pas toutes les démarches de M. de Favras, qui ne fut arrêté que le lendemain du jour où les billets de Monsieur ont été remis à Chomel.

M. Morin finit par me dire : — C'est vous qui êtes cause que Monsieur n'a pas été arrêté, en ce que dans la prison vous avez empêché M. de Favras de le nommer, et étant cause aussi que les interrogatoires de lui et de sa femme ont été d'accord.

M. le curé de Saint-Paul a empêché M. de Favras de parler au moment de sa mort, son rapporteur lui ayant dit à l'hôtel de ville que s'il parloit il seroit toujours exécuté; et voilà pourquoi Monsieur a pris depuis le curé à son service et donné une pension à sa veuve.

avoit fait venir les gens dont se servoit son mari, qui étoient Turcati, Morel et Marquet, anciens sergents aux gardes; que M. de Favras étoit accusé par eux de les avoir engagés à tuer Bailly et La Fayette, que ce dernier étoit le plus cruel ennemi de son mari. Ce qui me donna la plus grande confiance dans le récit de madame de Favras, c'est qu'il est absolument conforme à ce que me dit son mari deux jours après; ils étoient également d'accord sur la proposition qu'on leur avoit faite à l'hôtel de ville de 48,000 livres et de leur liberté s'ils vouloient nommer *Monsieur;* on leur assuroit qu'on ne leur en vouloit pas personnellement, attendu qu'ils n'étoient que des sous-ordre.

Il est à observer que le mari et la femme n'avoient pas pu s'entendre pour raconter ces mêmes faits de la même manière, puisqu'ils ne s'étoient pas vus depuis leur arrestation; mais ce qui me confirma bien davantage la vérité de leur dire, c'est la démarche imprudente, pour ne rien dire de plus, qu'on fit faire à *Monsieur* d'aller à l'hôtel de ville; sa déclaration suffisoit seule pour le perdre, si elle avoit été scrutée et épluchée par des gens tant soit peu habiles; en voici à peu près la substance :

« *Monsieur* déclare qu'ayant besoin d'argent pour dettes et affaires de sa maison, ne voulant pas avoir recours au Trésor public, il avoit chargé le comte de

La Châtre de lui en chercher; que ce dernier avoit donné cette commission au sieur Favras, qui avoit été réellement à son service comme lieutenant de ses Suisses, mais qu'il n'avoit pas vu depuis trois ans. Que le sieur Favras s'étoit adressé à Chomel, qui consentoit à lui prêter deux millions sur ses billets; qu'il les avoit faits et envoyés à ce banquier; mais que lorsqu'il avoit appris que le sieur Favras étoit impliqué et avoit voulu entrer dans un projet de contre-révolution, il avoit redemandé ses billets et s'étoit sur-le-champ désisté de sa demande. »

Mais si c'eût été pour les affaires et les dettes de sa maison que *Monsieur* ouvroit cet emprunt, il étoit nécessaire qu'il fût préalablement arrêté dans son conseil; la décision auroit dû être portée sur un registre et sur ceux de son trésorier, pour en suivre l'entrée et la sortie et en désigner l'emploi. Il ne se seroit point adressé à M. de La Châtre, mais à son intendant. Cet emprunt avoit donc un autre objet. Il en avoit en effet un autre, car l'arrestation de M. de Favras n'amortissoit pas les dettes de *Monsieur*, mais faisoit manquer le projet de contre-révolution, et le projet manqué, *Monsieur* crut n'avoir plus besoin de l'argent de Chomel.

Ce prince a fait deux fautes majeures : la première, de n'avoir pas pris l'argent du banquier pour forcer son trésorier de s'en charger en recette; la seconde, d'avoir été à l'hôtel de ville, et en vérité y jouer un rôle bien plat; aussi le public blâma ce prince d'une manière cruelle, d'autant plus qu'on se rappela que c'étoient les intrigues de son bureau qui avoient occasionné la double représentation du tiers.

Dès que nous apprîmes dans la prison sa démarche, M. et madame de Favras écrivirent à M. de La Châtre une lettre très-forte pour engager le prince à garder au moins l'argent, ayant ainsi l'air d'en payer les officiers et les dettes de sa maison; que sans cette mesure il aggraveroit encore les soupçons.

Monsieur, pour les écarter de sa personne, aima mieux abandonner M. de Favras à son malheureux sort; mais quand même ce prince n'auroit été pour rien dans cette affaire, les bonnes vues et intentions de M. de Favras suffisoient pour chercher les moyens de le sauver, et c'étoit si facile!

La place de concierge lui rapportoit mille écus au plus; il falloit le gagner, sauf à lui donner cent mille livres, et prendre le même expédient que celui employé depuis pour sauver Bonne de Savardin. Cela eût souffert encore moins de difficulté, puisque le concierge auroit été de concert. Deux particuliers habillés en capitaines de garde nationale se seroient rendus à l'Abbaye munis d'une lettre du comité des recherches, donnant ordre au sieur Deltus, concierge, de mener son prisonnier à l'hôtel de ville.

M. de Favras seroit sorti sur les cinq heures du soir avec Deltus dans un fiacre et les deux faux capitaines, et au coin d'un carrefour ils auroient trouvé un cabriolet qui les auroit menés, munis d'un passeport, hors du royaume. Ils auroient eu non-seulement toute la nuit devant eux, mais même seize heures, et il n'en faut que dix-huit pour être à Valenciennes, et tout étoit dit.

Je reviens aux affaires de l'intérieur de la prison. M. de Favras m'avoit avoué avoir écrit à Marquet, un de ses délateurs, pour lui demander un rendez-vous sous les arcades de la place Royale, et que là il lui avoit dit :

« Vous avez vu hier la Reine, elle étoit à se promener aux Tuileries sur la terrasse de l'eau avec Madame Élisabeth ; vous étiez derrière ces deux princesses, la Reine s'est approchée de vous, elle vous a dit : — Votre conduite vis-à-vis de nous dans les journées des 5 et 6 octobre a été très-bonne, je vous en remercie ; j'espère que sous peu vous serez dans le cas de me donner encore plus de preuves de votre zèle et de votre attachement. »

« Ce fait est vrai, et Marquet l'a déposé. Madame de Favras m'a dit qu'on l'avoit interrogée à l'hôtel de ville sur cet article.

— En êtes-vous convenu ?

— Je crois que oui.

— Ce seroit bien malheureux. En ce cas il faut tâcher de vous retourner, car si vous avouez avoir dit ce propos de la Reine, et que Marquet en convienne, la Reine peut être compromise; on vous demandera qui vous a dit que la Reine a tenu ce propos à Marquet, vous serez obligé de le nommer, cela ira à *Monsieur*, et de *Monsieur* à la Reine. Faites l'aveu de la lettre, puisque vous l'avez écrite à Marquet, mais dites que c'est lui qui vous a appris le propos de la Reine. »

Voici une seconde faute que M. de Favras a faite, et bien plus majeure, puisqu'elle peut légitimer le jugement de sa mort. Interrogé s'il n'a pas engagé Turcati, Morel et Marquet à faire des enrôlements, il a répondu oui. Interrogé à quelles fins, il a répondu que c'étoit pour le Brabant. Je lui fis observer à ce sujet que sa réponse me paroissoit très-dangereuse, parce qu'enfin il étoit possible que l'esprit de malveillance qui animoit le comité des recherches lui suggérât l'idée de lui demander qui lui avoit donné l'ordre de faire des levées pour le pays étranger, et comme la loi condamnoit à la peine de mort tout embaucheur, il étoit très à craindre que, ne pouvant exhiber aucun ordre du gouvernement, on ne cherchât à appliquer la loi à son aveu, et je l'engageai très-fort, dans ses interrogatoires au Châtelet, à n'en pas faire de pareils.

Je ne cessois de lui répéter :

« Nous ne pouvons nous dissimuler, vous et moi, que ces scélérats en veulent aux jours des prévenus de crime de lèse-nation. Si par hasard ils vous condamnoient à mort, rien ne pourroit vous sauver. Si vous parliez, vous seriez également perdu, mais dans ce cas personne ne prendroit intérêt à votre mort, votre mémoire même seroit entachée ; si au contraire vous ne parlez pas, vous vous élevez à dix mille toises au-dessus de votre existence ; il n'y aura pas un François qui ne prenne et ne doive prendre intérêt à la fortune de vos enfants et de votre femme, et dans cinq cents ans votre nom sera encore cher. »

Je n'étois occupé toujours qu'à lui rehausser son courage. Je m'étois bien aperçu dans ses discours que son affaire pouvoit devenir extrêmement grave, parce qu'enfin Turcati, Morel, Marquet et Chomel faisoient bien quatre personnes à moi connues qui chargoient ouvertement M. de Favras, et de plus M. de Luxembourg.

Le 3 janvier, il y avoit déjà dix jours que M. de Favras étoit en prison, par conséquent il avoit eu le temps d'arranger toutes ses défenses et de les concerter non-seulement avec madame de Favras, mais avec toutes les personnes extérieures de la prison qui avoient trait à son affaire.

Mon valet de chambre étoit occupé à porter ses

lettres à ses connoissances et à ses amis; mais une faute que M. de Favras fit précipita sa perte.

Je fus ce jour-là, sur les quatre heures après midi, à sa chambre pour lui porter un billet de sa femme. Je fus surpris de trouver les clefs à la porte. La curiosité m'engagea à la pousser pour voir sa figure, qui ne m'étoit pas connue. Il étoit avec le concierge, qui lui dit qui j'étois. Dans l'instant même la cloche de la prison sonne; le concierge nous laisse pour recevoir un prisonnier, nous dit-il, qui entroit. Il ne fit que monter et descendre. Pendant ce court espace de temps, de trois à quatre minutes, M. de Favras me dit :

« Je suis dans une terrible inquiétude : il est quatre heures; j'ai fait passer à ma femme deux billets, je n'en ai point encore de réponse.

— Comment! Monsieur, vous faisiez passer des billets à votre femme? Et comment faisiez-vous? Mais, dans ce cas-là, pourquoi le dire à Deltus?

— Mais c'est un très-honnête homme.

— Oui, c'est très-vrai, mais c'est un concierge, et vous le mettez dans l'embarras. »

Deltus rentre, et moi, dans une inquiétude affreuse, comme de raison, je cours à la porte de la chambre de sa femme et je lui en fais part. Elle en sent la conséquence. Elle lui adresse une lettre pour lui remettre la tête et le courage, lettre remplie de force et parfaitement écrite. Cela lui remonta son physique, mais le mal n'en étoit pas moins fait. Deltus entra dans ma chambre le soir à neuf heures, et me dit d'un air effaré :

« L'affaire de M. de Favras est bien plus mauvaise que je ne croyois : il en mourra, lui et sa femme.

— Et d'où savez-vous cela?

— Je viens du comité des recherches, et on me l'a dit. Mais qui passoit donc les billets de M. de Favras à sa femme?

— Je ne sais pas ce que vous voulez me dire.

— Savez-vous ce que c'est, du blanc de céruse? C'est que madame de Favras m'en demande. J'ai peur que ce ne soit du poison.

— Quel diable de conte me faites-vous là? Le grabat que vous lui donnez est fort dur, et elle se sera écorchée. »

Le lendemain, à huit heures du matin, arrive un aide de camp de M. de La Fayette, avec un sergent et un soldat aux gardes. On changea M. de Favras de chambre. Défense au concierge de donner à manger aux prisonniers qu'en présence du sergent, et la nourriture seroit présentée et accommodée par le soldat. Trois jours après, ce malheureux homme fut transféré au Châtelet, et je n'ai pas douté que Deltus, embarrassé de la confidence que lui avoit faite M. de Favras, n'eût été au comité des recherches pour soulager sa conscience et les inquiétudes de son esprit.

M. de Favras, dans son interrogatoire, n'ayant pas chargé sa femme, on la retira du secret, en la laissant cependant en prison jusqu'à l'issue du jugement de son mari. Je fus, par conséquent, dans le cas de la voir souvent dans la prison. Voici une anecdote assez curieuse concernant l'instruction de ce procès :

Le procureur de M. de Favras fut avec ses frères, MM. de Cormeré, trouver M. de La Fayette pour lui dire que Turcati, Morel et Marquet ne pouvoient être dénonciateurs et témoins, et qu'ils le prioient en conséquence de vouloir bien nommer le dénonciateur. M. de La Fayette leur dit que puisque cela étoit nécessaire, il l'iroit trouver, et lui diroit l'impossibilité qu'il ne fût point nommé. Le lendemain, il écrivit à M. de Cormeré qu'il n'y avoit point de dénonciateur. Muni de cette lettre, il court, lui, son frère et le procureur, au comité des recherches. L'abbé Fauchet et autres, furieux de voir leur proie s'échapper de leurs mains, crient qu'il y a un dénonciateur et qu'on le nommera, vont trouver MM. Bailly et de La Fayette, qui leur répondent que le dénonciateur est un homme trop considérable, et qu'il faut chercher dans les ressources de la chicane quelque autre moyen pour arriver à leurs fins. On fut obligé d'envoyer chercher jusqu'à Lyon un ou deux nouveaux témoins, et c'est ce qui a retardé le jugement de M. de Favras jusqu'au mois de février 1790. Sa malheureuse femme ne l'apprit que par les crieurs des rues. Le lendemain matin de l'exécution, le curé de Saint-Paul lui porta les dernières dispositions de son mari.

Ce vénérable ecclésiastique nous exhorta, tous les prisonniers, de l'accompagner. Il fit à la veuve le discours le plus édifiant, le plus pathétique. J'en étois si pénétré, et jusqu'aux larmes, que je fus obligé de me retirer dans ma chambre, priant Deltus d'y mener M. le curé.

Je lui dis en entrant :

« Vous croyez donc que M. de Favras est innocent?

— Comme homme, je le regarde innocent, et comme son confesseur, je le regarde comme un saint.

— Comment! il est innocent?

— Oui, certainement. Ah! je vous demande excuse, Monsieur, j'oubliois votre situation.

— Eh bien, monsieur le curé, si je suis destiné à un pareil malheur, je vous réserve pour me rendre le même service que vous avez rendu à M. de Favras : vous m'apprendrez à mourir. »

Madame de Favras sortit deux heures après de prison, et en nous quittant je lui conseillai de se retirer dans un couvent et d'y attendre un moment plus calme et plus heureux, et surtout de ne solliciter dans ce moment ni faveur ni même aucun secours de la famille royale.

On doit concevoir les inquiétudes que je dus avoir sur ma personne, d'après ce que m'avoit dit le curé de Saint-Paul sur le jugement de M. de Favras. Le procureur du Roi Brunville, après avoir fait entendre sur un mémoire anonyme plus de cent trente témoins, soit à Paris, soit à Reims, soit à Sainte-Menehould, soit à Buzancy, las de me tenir cent trente-six jours en prison, conclut enfin à mon élargissement provisoire, ce que j'obtins le 9 mars 1790.

Le comité des recherches, honteux lui-même du rôle infâme qu'il avoit joué, n'étoit pas curieux de courir les risques d'un jugement définitif. M. de Bonnières, mon avocat, me conseilla très-fort de le poursuivre avec la plus vive chaleur. Il me fit envisager la destruction des tribunaux comme certaine, et la création d'autres comme plus analogues aux vues sanguinaires de ces scélérats. Il plaida ma cause avec le plus grand éclat, et interrompu presque à chaque phrase par les plus vifs applaudissements. Je fus déchargé le 30 mars, par un arrêt univoque, de toute espèce d'accusation à moi intentée par le comité des recherches. L'arrêt ordonne que tous les papiers saisis chez moi, et notamment ce griffonnage ou cette esquisse de mémoire intitulé *Observations sur les affaires présentes* me seront rendus. Ledit arrêt ordonne en outre que le présent arrêt sera, à la diligence et aux frais du procureur du Roi, imprimé, publié et affiché partout où besoin sera, même au bourg de Buzancy.

Je restai encore quinze jours à Paris. Je vis la Reine en particulier, et je lui dis que je croyois qu'il étoit convenable, pour ôter toute espèce de soupçon à son égard et au mien, de me retirer dans mes terres; que de là je pourrois me rendre en pays étranger, où ma présence pourroit lui être plus utile. Elle eut la bonté de mettre la charge sur la tête de mon fils, pour en mettre à l'abri les finances.

La santé de ma fille me paroissoit dérangée, et je crus que l'air de la campagne suffiroit pour la rétablir. On m'avoit caché, de peur de m'affliger, l'accident qui lui étoit arrivé le jour de la mort de M. de Favras. Cette jeune personne s'imagina que le même sort m'attendoit : elle en eut une telle impression qu'un vaisseau cassa dans la poitrine. On m'avoit déguisé ce malheur en me le faisant envisager comme un petit crachement de sang; mais à peine fus-je retiré à Buzancy, que je m'aperçus que l'état de ma fille pouvoit être dangereux. On m'indiqua un médecin fameux, surtout pour les maux de poitrine, établi à ce malheureux Varennes où le Roi, l'année suivante, a été arrêté. Je pris le parti d'y laisser ma fille chez l'évêque de Tricomie, et, comme il n'y avoit que cinq lieues à Buzancy, j'y allois deux fois par semaine passer vingt-quatre heures avec elle. Elle y mourut à la fin de juin 1790.

Mon notaire m'ayant mandé de Paris que la destruction de la noblesse ayant été décrétée, la garde noble qui devoit appartenir à son mari, le marquis d'Oppède, pourroit souffrir des difficultés, ma présence à Paris étoit nécessaire pour les lever. Je me déterminai donc à m'y rendre. J'y passai huit jours pour consommer cette affaire, et pendant ce temps, pour tenir toujours en mouvement ce malheureux peuple, on faisoit répandre que les Autrichiens, au nombre de douze mille, entroient par Stenay, et, en m'en retournant à Buzancy par la route de Châlons, je trouvai partout cette fable établie.

Arrivé à Sainte-Menehould, j'y trouvai quelqu'un qui me pria en grâce de ne pas aller à Buzancy; qu'il y avoit eu la surveille une insurrection effroyable; que deux cents coquins avoient forcé le château à trois heures du matin, dans l'intention de me prendre. Ils avoient donné pour prétexte que les Autrichiens étant à la frontière de Stenay, il falloit que tout le monde marchât; qu'ils s'étoient saisis de mon fils, et qu'ils ne l'avoient rendu qu'après avoir délibéré pendant cinq à six heures s'ils le tueroient ou non. J'arrivai à Varennes la nuit fermée; mais heureusement pour moi je descendis chez l'évêque de Tricomie, où avoit demeuré ma pauvre fille. Il me conseilla de me tenir très-caché, et d'en sortir le plus tôt possible. Il me dit avoir vu entre les mains du maire de Varennes une lettre que Georges, député de cette ville à l'Assemblée nationale, lui avoit écrite, conçue en ces termes :

« Si M. Augeard repasse par votre ville, il faudra trouver un prétexte quelconque pour le faire arrêter : vous ferez chose agréable à l'Assemblée nationale. Vous le ferez conduire à Paris : le peuple a encore besoin d'une victime. »

M. de Préfontaine, intendant du Clermontois, et M. de Prudhomme, officier d'artillerie, ont vu également la lettre. On conçoit bien que je me tins pour averti : je me cachai bien exactement toute la journée du lendemain. J'envoyai mon valet de chambre à Buzancy, avec mon neveu, qui m'avoit accompagné à Varennes. Je lui donnai ordre de mener le cabriolet de mon concierge et deux chevaux pour arriver le lendemain au soir, nuit fermée, à Varennes. Dans la journée, je fis venir le contrôleur général des fermes. Je lui demandai de me remettre sa commission et tous ses passe-ports, et de me délivrer une autre commission de garde pour mon valet de chambre. Muni de toutes ces pièces, et bien m'en prit, je partis le lendemain à quatre heures du matin. Je fus arrêté dans cinq ou six paroisses, toujours sous prétexte de l'arrivée des Autrichiens; mais, montrant les passe-ports du contrôleur général des fermes, la commission, et disant que j'allois aux barrières de la part de l'Assemblée nationale pour les supprimer, je fus assez heureux d'arriver à un hameau nommé Grandcourt, territoire de l'Empire; je passai la nuit chez de bons paysans qui m'apprirent que j'étois sur les terres de M. le comte de la Tour-Baillet, colonel des dragons de la Tour; que je n'étois éloigné que de trois quarts de lieue du château; que M. le comte étoit à son régiment, mais que madame sa femme y résidoit. Je pris le parti de lui écrire; elle eut la bonté de m'envoyer une voiture. Je passai trente-six heures chez elle, et elle me fit conduire après à Luxembourg, où je pris la poste pour me rendre à Trèves, où étoient la comtesse de Brionne et le maréchal de Broglie, qui me reçurent avec le plus grand accueil.

M. le maréchal de Broglie et madame de Brionne trouvèrent que je ferois bien de me rendre à Coblentz auprès de l'électeur de Trèves. Je les trouvai peu instruits du vrai sens de la Révolution, parce que l'intrigue et les cabales de Versailles suivoient partout les émigrés, et même les plus grands du royaume.

Je pris le parti qui m'étoit indiqué : je me rendis à Coblentz, où l'électeur me donna deux audiences particulières très-longues, où assista la princesse Cunégonde, sa sœur. Ils prirent l'un et l'autre l'intérêt le plus vif au récit de nos malheurs, et ils en sentirent également les terribles conséquences. L'électeur me conseilla d'aller à Bonn voir celui de Cologne.

« Quoique frère de la Reine, me dit-il, il est très-froid sur les affaires de France. Ce n'est pas qu'il n'ait le cœur très-bon, mais il ne connoît en rien la Révolution : il faut que vous la lui fassiez connoître dans les mêmes termes et le même ton dont vous venez de me parler. Vous y verrez aussi l'archiduchesse Christine, sa sœur, et en revenant vous aurez soin de me voir pour me rendre compte de ce qu'ils vous auront dit. »

Je pris dès le lendemain la route de Bonn. Je trouvai en effet l'électeur très-froid sur nos affaires. Il me parla sur le même ton d'un oncle qui fait à son neveu des reproches à raison de ses dettes, pour avoir un prétexte de ne pas les payer. Voici comme il s'expliqua :

« Comment voulez-vous que mon frère puisse venir à votre secours? Croyez-vous que les souverains ont, dans leurs États, le droit de dépenser soixante mille hommes et soixante millions pour la querelle des autres?

— Je ne le crois pas; mais si cette querelle étoit

de nature à devenir générale, croyez-vous, Monseigneur, qu'il ne seroit point prudent à tous les gouvernements d'éteindre une secte aussi impie et une morale aussi infernale?

— Il faut que les gouvernements se gardent eux-mêmes. Vous avez été bien légers de prendre pour ministre un fou comme votre Calonne : je ne prendrois certainement pas celui-là pour mon caissier. Après, vous choisissez un étranger, un républicain et un protestant dans un État catholique! Si mon frère l'Empereur avoit fait cette sottise-là, vous ne feriez pas un pas pour aider à la réparer et à venir à son secours. »

Et comme je voulois un peu prendre les intérêts de notre gouvernement, il m'ajouta :

« Il a toujours été d'une politique effroyable. N'est-ce pas lui qui a armé l'Amérique contre son légitime souverain? N'est-ce pas lui qui a soulevé la Hollande? N'est-ce pas lui qui a travaillé les provinces belgiques contre mon frère? Et aujourd'hui que les pierres tombent sur vous autres, vous appelez l'Europe à votre secours. Je prends un bien grand intérêt à ma sœur; mais enfin que voulez-vous que je fasse?

— Je n'en sais rien; mais enfin, Monseigneur, si, en cumulant crime sur crime, une secte impie a eu l'art de détrôner un des plus grands monarques de l'univers, permettez-moi de vous représenter que votre puissance, toute grande qu'elle peut être, n'a d'autre force que la religion; et, une fois détruite dans vos États, comment pourriez-vous y soutenir votre autorité? Je ne veux pas excuser nos fautes; j'en connois encore plus que vous, Monseigneur, l'étendue; j'en suis une triste victime; mais la cause du Roi de France est la cause de tous les Rois, et pour peu qu'ils diffèrent à y porter un grand remède, il n'existera plus dans l'univers aucun gouvernement quelconque. Je sais que notre politique a été abominable, que le choix des ministres est effroyable; mais vingt-quatre millions d'hommes, et surtout l'élite de la nation, doivent-ils être sacrifiés et être entraînés dans la perte d'un Roi très-vertueux?

— Avez-vous vu ma sœur l'archiduchesse?

— Elle m'a permis de me présenter devant elle.

— Je sais que vous lui ferez plaisir de lui parler de sa sœur. Je ne vous ai parlé ainsi de vos affaires que parce que j'entrevois de grandes difficultés pour les réparer.

— Je suis certain que Votre Altesse Royale n'oubliera pas que la Reine de France est sa sœur. Cette idée-là me suffit pour me consoler. »

En le quittant, je passai chez l'archiduchesse trois quarts d'heure avec elle et le duc Albert. Je trouvai cette princesse réellement touchée de la situation de sa malheureuse sœur; mais tout ce qu'elle me dit à ce sujet fut assez analogue à la manière de voir et de penser de l'électeur de Cologne.

Je m'en retournai à Coblentz, où je rendis compte à l'électeur du fruit de mon voyage :

« Vous m'avez fait faire, Monseigneur, une bien triste ambassade.

— Il ne faut pas vous désespérer; je savois qu'il étoit froid pour vos affaires. Vous êtes-vous acquitté de ma commission? Lui en avez-vous rendu compte de la même manière qu'à moi?

— Oui, Monseigneur.

— Eh bien, il faut vous rendre à Francfort. Avez-vous besoin d'argent?

— Monseigneur, je remercie Votre Altesse Royale ; je ne suis pas encore dans le cas d'accepter votre obligeance.

— Avant de voir l'Empereur, vous passerez chez moi, parce qu'il convient qu'il soit prévenu en votre faveur, et je vous promets qu'il vous recevra bien. »

Je suivis littéralement les avis de l'électeur. Je me présentai devant Sa Majesté l'Empereur Léopold le lendemain de son arrivée à Francfort. Il me reçut avec bonté; il me demanda de lui faire part du sujet de mon procès. Je lui rendis compte fidèlement du plan d'évasion que j'avois donné à la Reine, en lui assurant que je ne me serois pas permis de m'expliquer ainsi vis-à-vis d'elle, si je n'avois pas été secrétaire de ses commandements; que je ne m'étois mêlé d'aucun projet de contre-révolution, ni de la sortie du Roi, parce que, n'étant point son ministre, cela ne me regardoit pas. J'ai eu trois audiences de ce prince. Je n'entrerai point ici dans plusieurs détails particuliers concernant l'intérieur et les intrigues de la cour, que Sa Majesté Impériale connoissoit au moins aussi bien que moi, quoiqu'ils aient cependant occasionné en grande partie nos malheurs. Je dirai seulement que l'Empereur étoit persuadé intimement que les mauvais propos sur sa sœur, qui alloient jusqu'à la diffamation, avoient pour auteurs ceux de sa société qu'elle avoit le plus comblés de biens, de grâces et d'honneurs. Je ne parlerai que de ce qu'il m'a dit concernant la Révolution :

« J'ai écouté, Monsieur, avec intérêt le plan que vous aviez donné à ma sœur. Je le trouve parfaitement bien conçu parce qu'il est simple, et, par conséquent, devoit réussir. Je ne ferai absolument rien pour elle qu'elle ne l'ait exécuté, car si j'ai l'air de prendre à sa personne le moindre petit intérêt, je la fais égorger, et mon neveu et ma nièce. Il faut qu'elle sorte, mandez-le-lui. Donnez votre lettre à M. le comte de Lichtenstein, qui se chargera de votre dépêche : c'est mon ambassadeur extraordinaire que j'envoie à votre cour notifier mon couronnement. Quant à la Révolution françoise, il m'est assez difficile de m'en mêler : il n'est aucun souverain dans l'univers qui ait le droit de demander compte à une nation d'une constitution qu'elle se donne; si elle est bonne, tant mieux pour elle; si elle est mauvaise, ses voisins en profiteront.

— Votre Majesté me permet-elle de lui représenter très-respectueusement que si cette constitution tendoit à soulever les peuples contre leur légitime souverain...

— Votre gouvernement a été le premier à donner en plusieurs occasions ce funeste exemple; mais ce qui est arrivé en France arrivera plus difficilement chez moi : mes États sont moins rassemblés, moins réunis que les vôtres; les langages étant tout différents, il se trouvera plus de difficulté pour s'entendre et se communiquer, et j'aurai grand soin de ne pas prendre des étrangers pour ministres, des protestants pour instruire mes sujets catholiques, et des républicains pour gouverner mes États monarchiques. Je ne puis concevoir encore comment le Roi de France n'a pu trouver autour de lui un homme fidèle qui se soit jeté à ses pieds pour le détourner d'un choix aussi funeste que celui de M. Necker. Quand je lus son *Compte rendu,* je le pris pour un charlatan; mais après son livre sur les opinions religieuses, je l'ai regardé comme un être si dangereux, que je n'aurois pas hésité à le faire enfermer.

» La dilapidation de vos finances étoit effroyable; comment a-t-on pu confier un objet aussi important à un être aussi décrié, aussi immoral que votre M. de Calonne? J'apprends qu'après avoir été pendant un an l'agent secret de M. le comte d'Artois, ce prince l'appelle aujourd'hui en évidence auprès de lui. Comment est-il possible qu'il mette à la tête de son conseil un homme que son frère, qui est son Roi, a chassé des siens; un homme inculpé par le Parlement de Paris à raison d'accusations les plus graves; un homme en état d'accusation, dont le procès est commencé; un homme que mon beau-frère, pour avoir l'air de le punir, mais encore plus pour le dérober aux regards de la justice, renvoie à sa terre? Il ose rompre le ban que son souverain lui avoit indiqué, et se met en état de rébellion en se rendant fugitif, et où? et chez qui? chez la puissance rivale de la vôtre. Si le Roi lui a fait une injustice en le disgraciant, est-ce à M. le comte d'Artois de choisir le moment où son frère est malheureux pour afficher cette prétendue injustice dans les cours étrangères? Pour moi, je suis persuadé que sa disgrâce est bien méritée; aussi ne pourrai-je jamais avoir en lui la moindre confiance. »

Dans les différentes conférences que j'eus avec

l'Empereur, je lui avois parlé des princes possessionnés en Alsace et en Lorraine, et j'en avois parlé sur les vrais principes de la féodalité. Il parut même surpris de mes connoissances, et me demanda quel rapport il pouvoit donc y avoir entre les instructions que je lui paroissois avoir acquises sur la féodalité, et les fonctions de ma place auprès de sa sœur. Je lui répondis que j'avois été vingt ans de ma vie à la tête de l'administration des domaines de France.

« Dans ce cas, écoutez-moi. Si ma sœur, par impossibilité, ne pouvoit pas sortir, il faudroit que le Roi de France pût avoir un ministre assez fidèle et assez honnête pour me faire déclarer la guerre par l'Assemblée nationale : je n'aurois pour lors aucunes raisons à donner à mes sujets, ni de manifeste à faire; mais comme je crains beaucoup que mon beau-frère ne puisse trouver un ministre assez habile et assez honnête homme pour remplir cette vue, il me reste encore une raison, c'est d'être condamné par la diète de Ratisbonne, comme chef de l'Empire, à déclarer la guerre à la France à raison de l'affaire des princes possessionnés en Alsace; et à cet effet, je vous charge expressément de la suite de cette affaire. Il faut vous rendre auprès de l'évêque de Spire ; c'est le prince de l'Allemagne le plus instruit dans cette matière. Je le préviendrai, afin que vous y soyez reçu agréablement, et il vous donnera des

renseignements pour traiter cette affaire avec les
autres princes d'Allemagne; mais dites-lui bien qu'il
ne faut la guerre qu'à la dernière extrémité, et dans
le cas que ma sœur ne pourroit pas sortir, car une
fois hors du royaume, je demanderai à mon beau-
frère ce qu'il veut. S'il veut régner despotiquement,
ce n'est pas mon affaire; s'il veut régner suivant les
lois, je m'adresserai aux états généraux pour connoître leur intention, car s'ils vouloient détrôner
leur Roi, j'irois à son secours. »

Comme Sa Majesté Impériale me demandoit quan-
tité de détails qui exigeoient du temps et que j'étois
avare du sien, je la suppliai de vouloir bien me renvoyer à un de ses ministres.

« Et pourquoi cela? J'aime mieux travailler avec
vous, et puis je n'ai point sous ma main le ministre
que cela pourroit concerner.

— Mais, Sire, voilà déjà trois fois que l'on me
voit entrer dans votre cabinet : n'est-il pas à craindre...

— Qu'avez-vous à craindre?

— Ce n'est pas pour ma personne, Sire, mais il
vaudroit mieux qu'on ne sût pas que je vois Votre
Majesté. Il y a ici bien de la propagande.

— Je le sais, mais cela est égal; je vais prendre
votre adresse, et je vous ferai avertir. »

Et Sa Majesté prit la peine elle-même de l'écrire.

Je fus le soir même au jeu de l'Impératrice, où

16.

étoient tous les François connus ; j'y fus présenté, ainsi qu'à la Reine de Naples, qui s'approcha de moi et me dit :

« Je sais tout ce que vous avez souffert pour ma malheureuse sœur : vous avez pensé être pendu pour elle, je voudrois bien vous voir. »

Je lui demandai son heure, elle me donna celle de dix pour le lendemain.

Dès que je fus introduit chez la Reine, son premier soin fut de me parler de sa sœur ; elle m'en parla avec le plus vif intérêt et le plus sensible attendrissement.

« Comment ! il est possible, s'écria-t-elle, que deux polissons tels que le duc d'Orléans et La Fayette aient pu se croire capables d'opérer une révolution ! Ils ne seroient pas même placés dans les mauvais lieux de Naples. »

Elle voulut savoir ensuite le sujet de ma détention à l'Abbaye et de mon procès. J'eus l'honneur de lui en faire part ; elle me demanda de lui expliquer jusqu'aux plus petits détails le plan que j'avois donné à la Reine pour sortir du royaume.

« Et ma sœur n'a pas voulu suivre votre conseil ? Qui a donc pu l'en détourner ?

— Elle m'a dit ses jours d'indécision, de débats et de réflexion ; mon devoir est de mourir aux pieds du Roi.

— Elle l'auroit sauvé.

— Je crois, Madame, que la Reine a eu peur des effets de la loi du divorce dont on commençoit à parler, et qu'on eût forcé par la suite le Roi à la sacrifier, elle et ses enfants.

— Que vous a dit mon frère l'Empereur, et que lui avez-vous dit? »

Je lui rendis compte en abrégé de nos conférences, et sur ce que je ne lui cachai point que j'avois prié l'Empereur de me renvoyer pour les détails à un de ses ministres, attendu que je croyois inutile qu'on me vît entrer souvent chez Sa Majesté Impériale; comme je lui dis qu'Elle avoit insisté sur le désir qu'Elle avoit de traiter cette affaire avec moi seul, voici ce que la Reine de Naples me répondit :

« Je ne vous connoissois qu'en raison de ce que vous avez souffert pour ma sœur et de votre dévouement pour elle, mais je fais bien cas de votre personne; vous avez su mettre votre amour-propre à vos pieds; savez-vous bien qu'il n'y a peut-être personne en Europe qui refuseroit de travailler avec mon frère l'Empereur?

— Je suis bien éloigné de refuser cet honneur, mais je crois que le bien général doit être préféré à mon intérêt particulier, et qu'il pourroit y avoir du danger qu'on me vît et qu'on sût que je vois souvent l'Empereur en particulier.

— Eh bien, vous ne travaillerez point avec lui, puisque vous ne le voulez pas, vous ne travaillerez point avec ses ministres, puisqu'il ne le veut pas, mais vous travaillerez avec moi, et votre secrétaire ne vous vendra pas. Vous viendrez tous les jours ici sur les dix heures, et je suis encore libre les après-dînées depuis cinq jusqu'à six. Vous pouvez même avoir l'attention, quand vous viendrez me voir, de passer par la maison voisine, qui donne dans la mienne. »

Elle appela sa première femme de chambre.

« Vous voyez bien ce monsieur-là, je suis toujours visible pour lui ; c'est le secrétaire de ma malheureuse sœur que vous avez élevée. »

On lui annonça dans le même moment les courriers de Naples. Comme le Roi, son mari, étoit à la chasse, elle ouvrit les dépêches pour préparer le travail. Elle s'aperçut de mon étonnement ; elle me dit :

« Cela vous surprend ?

— C'est que Madame votre sœur n'ouvre pas les dépêches du Roi.

— J'en ai la permission, moi ; je prépare le travail quand le Roi est à la chasse, et il m'est arrivé même de le signer quand une affaire se fait urgente, parce qu'enfin les affaires de l'État ne doivent jamais souffrir de retard. »

Je retournai le lendemain matin chez elle, et je

l'ai vue cinq fois au moins pendant le temps du couronnement.

Elle me demanda :

« Mais d'où vient donc ce déchaînement effroyable de votre pays contre ma malheureuse sœur, et pourquoi les personnes qu'elle a le plus comblées de biens sont-elles acharnées aujourd'hui à la diffamer? car je sais là-dessus des détails à n'en pas douter. »

Elle s'expliqua sur plusieurs, et je ne pus m'empêcher de lui dire en badinant :

« Madame, vos ambassadeurs ne vous ont pas volé leurs gages. Permettez-moi de remonter un peu à la source.

» Quand Louis XVI monta au trône, il n'avoit pas vingt ans; il commença à régner sur la cour la plus corrompue, la plus immorale, la plus malhonnête de l'Europe. Le vice seul y étoit en honneur. Leurs Majestés commencèrent à en chasser tout ce qu'il y avoit de plus hideux, tous les du Barry et les tenants et aboutissants; mais bientôt le vice se présenta sous des couleurs plus séduisantes. La Reine trouva à sa cour des jeunes personnes aimables et analogues à son âge. Elles lui présentèrent l'étiquette qui avoit toujours régné à Versailles comme une existence pénible et qui gênoit sans cesse ses démarches les plus simples. On lui insinua qu'il étoit de la bonté de son âme de tempérer un peu la majesté du trône;

qu'en réservant à son éclat les dimanches et fêtes, elle pourroit jouir de la douceur et de l'aménité d'une vie particulière et privée. La Reine se détermina donc à se faire une société, et par malheur elle consentit à laisser la dignité de son rang suprême dans son palais pour aller dans l'appartement de madame de Polignac y jouer le second rôle. C'est un reproche qu'on peut faire à la Reine; mais quelle est la princesse qui, arrivant au trône dans un âge aussi tendre, entourée d'une cour aussi brillante dont les vices et la corruption étoient cachés sous des formes aussi agréables, eût pu être bien persuadée qu'une Reine dans tout empire quelconque ne doit avoir qu'une cour et jamais de société, et surtout chez autrui? Les malheurs qui en devoient résulter sont incalculables.

» La société de la Reine, composée de gens très-fins en fait d'intrigue, s'emparèrent insensiblement de son esprit et se concertèrent entre eux pour en être maîtres absolus et la conduire à leur fantaisie. Tant que M. de Maurepas a vécu, cette société-là a toujours été assez bridée; mais dès l'instant de la mort de ce premier ministre, cette société ne s'occupa plus que du choix des ministres, et de placer dans les départements ou leurs parents ou leurs amis, ou des gens voués entièrement à leurs volontés. Le département des finances étoit celui qui convenoit le plus à leur rapacité. Ils n'eurent point de cesse qu'ils n'eussent extorqué de la foiblesse du Roi et de la Reine la nomination d'un M. de Calonne au contrôle général; c'étoit l'être le plus décrié, le plus immoral, perdu de dettes, sans aucun principe et de la plus grande facilité pour faire le mal. A peine nommé, il fit un emprunt de 100 millions, dont un quart n'est pas entré au Trésor royal, le reste a été dévoré par les gens de la cour. On évalue ce qu'il a donné au comte d'Artois à 56 millions, la part de Monsieur à 25 millions. Il a donné au prince de Condé, en échange de 300,000 livres de rente, 12 millions une fois payés et 600,000 livres de rente viagère. Il a fait faire au Roi les acquisitions les plus onéreuses, des échanges dont la lésion étoit de plus de 500 pour 100; enfin il a endetté l'État, en trois ans et cinq mois, de plus de 900 millions, sans que la recette ait été augmentée d'un sou pendant le cours de son ministère. La Reine, instruite parfaitement bien et effrayée de ce déluge de dilapidations, l'a fait renvoyer. Cet homme pour s'en venger a répandu, lui, les siens et les gens qu'il avoit enrichis aux dépens du Trésor royal, contre la Reine un océan de diffamations. Le Roi ne l'a exilé que pour le soustraire aux regards de la justice et arrêter une procédure déjà commencée au Parlement de Paris sur des faits tellement majeurs qu'il en auroit perdu la tête. Cet homme, toujours dans l'intention de se venger, s'est rendu fugitif en Angleterre, puissance rivale de la nôtre, et s'est par là mis en état de rébellion envers son souverain. A Londres, à quoi a-t-il employé ses loisirs? A corriger les infâmes Mémoires de la Lamotte contre Madame votre sœur[1]. Sachant le froid qui existe aujourd'hui entre la Reine et son ancienne société, sous prétexte de se rendre utile, il intrigue dans ce moment-ci pour joindre à Turin le comte d'Artois; mais ses vues véritables sont d'augmenter encore la division, en insinuant à ce prince loyal et franc, mais sans expérience, des démarches qui ne tendent qu'à contrarier les vues du Roi et augmenter l'embarras des affaires. »

La Reine m'interrompit.

« Vous me faites plaisir de me confirmer ce que je savois déjà. Je vois que ma sœur est très-malheureuse; je voudrois bien venir à son secours, je consentirois bien volontiers que l'on vendît mes domaines et mes bijoux, mais nos revenus ne nous permettent pas de faire de grandes dépenses; je voudrois que mon frère l'Empereur me permît d'aller à Paris, j'irois déguisée en marchande. Je trouverois bien moyen de percer jusqu'au boudoir de ma sœur; je lui dirois : Eh bien, ma malheureuse amie, me re-

---

[1] C'est notre ambassadeur, M. le chevalier de la Luzerne, qui l'a mandé à Sa Majesté. J'ai vu sa lettre.

connois-tu? Quand tu étois sur ton trône brillant, parce que c'étoit le plus beau de l'Europe, tu ne nous regardois pas, tu ne répondois pas même à mes lettres; mais tu es dans le malheur, cela me suffit pour venir à ton secours; écoute-moi seulement une heure : de la femme la plus infortunée je te veux faire la plus grande reine de l'univers. Et, monsieur Augeard, je lui donnerois du courage.

— Madame, vous ne lui en donneriez pas, elle en a autant que la Reine de Naples; mais il lui faudroit une tête et un esprit de suite comme à Votre Majesté. »

Elle reprit le lendemain la conversation sur le même sujet; elle ne pouvoit concevoir comment des êtres aussi plats, aussi nuls que le duc d'Orléans et La Fayette, et un banquier comme Necker, pouvoient former et suivre un projet de conjuration, et comment il ne s'est pas dans le conseil du Roi trouvé un seul homme pour arrêter un pareil complot.

« Vous avez bien raison, Madame; les têtes de ces trois personnages sont réellement trop rétrécies pour comprendre l'ensemble d'une besogne aussi monstrueuse; mais ils ont des conseils secrets extrêmement pervers et malheureusement trop instruits, tels que Sieyès, Laclos, Condorcet, Target et autres personnages, qui, derrière la toile, tiennent les fils des marionnettes et les font remuer et jaser à volonté.

Ils ont déjà rejeté et mis au rebut le Genevois, et en useront de même vis-à-vis de bien d'autres, si encore ils ne les sacrifient pas.

» Parmi les ministres du Roi et ses conseils il n'y avoit pas un seul homme; l'intrigue les faisoit et les défaisoit. Les premiers commis, qui ne devoient être que les manœuvres, ne voyant personne à la tête du bâtiment, s'en croyoient les architectes. Le ministère a bien été formé au commencement de juillet 1789 d'une trempe un peu plus forte, il n'a pas duré huit jours.

» Dans les gens de la cour, et ceux qui par la nature de leurs charges entouroient le Roi, il ne s'est pas trouvé un être, je ne dis pas de grande capacité, mais même un peu au-dessus de la médiocrité. Les grands seigneurs s'imaginoient que leur dignité et leur rang suffisoient pour prétendre à tout et pour être idoines à tout. Si par hasard il s'en trouvoit parmi eux un peu moins bornés ou un peu plus instruits, leurs parents, leurs amis et leurs tenants les comparoient aux plus grands génies et les plaçoient dans leurs sociétés au-dessus des emplois les plus difficiles. Les gens de la cour avoient aussi la manie de vouloir être académiciens. Comme ils étoient petits et plats vis-à-vis de leurs confrères tirés du tiers état! Ce n'étoit que là et dans la seconde noblesse que se trouvoient le savoir et la capacité. Citez-moi,

Madame, dans ce qu'on appelle le parti aristocrate, un homme à grands talents. Est-ce l'abbé Maury, d'Éprémesnil, Cazalès? Ils sont et sortent du tiers état. D'ailleurs la morgue des gens qu'on appelle de qualité avoit mis une telle démarcation entre eux et ce qu'on appelle la noblesse de province ou la haute bourgeoisie, qu'il n'en pouvoit résulter que de grandes et plates jalousies.

» Un M. de Ségur avoit rendu une ordonnance qui excluoit des emplois militaires tout sujet qui ne prouveroit pas quatre degrés de noblesse. Il falloit, à la bonne heure, y tenir la main, mais jamais en faire une loi; mais ce qu'il y a de bien plus fou, c'est qu'ils avoient arrêté qu'à l'avenir tout officier qui arriveroit par l'état de major et lieutenant-colonel ne pourroit pas devenir lieutenant général; jugez, Madame, s'il étoit possible d'humilier plus la noblesse du royaume. »

La Reine de Naples me dit :

« Le grand mal, c'est d'avoir assemblé les états généraux. »

Je me permis de lui représenter qu'il auroit été bien difficile de s'en dispenser.

Le Roi les avoit promis trop formellement.

La cour étoit trop gangrenée.

Le ministère étoit trop despote et trop imbécile.

Les notables ayant refusé l'impôt territorial et le

timbre, il étoit impossible au Parlement d'enregistrer ces deux impôts sans se rendre la bête noire des peuples et risquer de se faire lapider, surtout d'après l'imprudence du gouvernement, qui avoit déclaré que cette cour n'étoit chargée que des affaires de justice et point faite pour se mêler de l'administration.

Mais en assemblant les états généraux, il ne falloit pas renverser la constitution du royaume en changeant le mode de la convocation, et par la double représentation augmenter les forces d'un corps qui étoit vingt-trois fois plus considérable que les deux autres.

Il ne falloit pas souffrir l'opinion par tête.

Il ne falloit pas tenir les états généraux dans une ville où la populace devoit faire craindre une commotion dangereuse.

Il ne falloit point souffrir de tribunes dans la salle des délibérations, et encore moins y donner entrée à la populace.

Et enfin, comme il ne s'agissoit pas de ces grandes questions d'État qui embrassent l'universalité de l'Empire, mais seulement d'argent, il ne falloit pas amalgamer aux états généraux les provinces qui, par leur constitution, étoient dans l'usage d'offrir et donner périodiquement des secours au gouvernement; on eût diminué par là de plus d'un tiers le nombre des députés, le Roi auroit pu se retirer dans une de ses provinces d'état, dès qu'on auroit pu craindre et prévoir ou un mouvement dangereux, ou même une motion hasardée ; avec de telles précautions il n'y auroit rien eu à craindre.

Si même, dès le commencement des troubles, le Roi s'étoit retiré à Compiègne, ou seulement suivi l'armée du maréchal de Broglie pour se rendre à Metz, tout auroit été dit ; mais il n'étoit entouré que de ministres traîtres ou imbéciles, ou de grands seigneurs qui le trahissoient journellement, et d'un intérieur dont la majeure partie étoit encore moins fidèle.

La Reine de Naples me pria de lui faire un petit tableau des principaux auteurs de la Révolution et de ceux qui prétendoient au ministère, en me priant de m'ouvrir à elle avec loyauté sur ce que je pensois de ces différents personnages.

Je lui remis cet état le surlendemain du couronnement de Léopold. Je quittai ensuite Francfort pour me rendre à Mayence, où j'appris que le Roi de Naples étoit tombé malade de la rougeole. Je crus qu'il étoit de mon devoir de retourner à Francfort, d'autant plus que la Reine y étant restée seule, elle auroit plus de loisir à me permettre de lui faire ma cour. Elle fut très-sensible à mon attention. Je l'ai vue tous les jours jusqu'à celui de son départ, et en prenant congé d'elle, elle me dit :

« Mon cher Augeard, si par hasard ma sœur de

France étoit capable d'oublier tout ce que vous avez fait pour elle, tout ce que vous faites et tout ce que vous méritez, venez me trouver, vous et vos enfants, il ne vous manquera jamais rien. »

J'oubliois de dire que j'avois été instruit le 22 ou le 23 octobre, d'une manière certaine, que le Roi et la Reine pensoient sérieusement à se retirer le 10 du mois de novembre à Valenciennes. Je trouvai la Reine de Naples qui en étoit également instruite ; elle m'ajouta :

« Cela dépend du moment où les troupes de mon frère l'Empereur arriveront à Bruxelles. »

Mais elles n'y entrèrent que le 21 du mois, ce qui fit remettre le projet de Valenciennes au mois de décembre, qui, je crois, auroit eu son effet si le plan fou et impraticable de la contre-révolution de Lyon n'avoit point éclaté.

En quittant la Reine de Naples je passai par Manheim, pour rejoindre mes enfants qui étoient à Heidelberg. J'y vis M. le prince Max des Deux-Ponts, depuis électeur de Bavière. Il me pria de regarder sa maison comme la mienne ; il m'apprit le même jour que M. de Calonne avoit passé la veille ; il étoit resté deux heures enfermé avec lui, et me dit :

« Il est dans ce moment en position de jouer un grand rôle. Il est question d'un projet de contre-révolution. Il m'a confié que le Roi et la Reine l'avoient chargé de cette commission importante ; que cette princesse lui avoit envoyé le comte d'Esterhazy pour lui jurer bonté et amitié jusqu'à la mort; qu'il s'étoit coalisé à cet effet avec M. Pitt, dont il avoit la plus intime confiance; que ce ministre lui avoit promis dix millions et dix vaisseaux; qu'il alloit de ce pas à Turin, où il étoit appelé par le comte d'Artois. »

Tout ce que me dit à ce sujet le prince Max auroit eu lieu de me surprendre beaucoup si la jactance et le caractère de ce personnage ne m'avoient été parfaitement connus, et si je n'avois pas su en même temps le cas très-piètre que M. Pitt faisoit de ses talents. Il l'apprécioit à sa juste valeur, et cela m'avoit été confirmé deux jours auparavant par une dame amie intime de M. Pitt, avec qui j'avois voyagé. M. de Calonne (en recommandant le plus grand secret à M. le prince Max, qui auroit été en effet de la plus haute importance s'il y avoit eu ombre de vérité) avoit fait en même temps tous ces fagots à vingt personnes, en leur recommandant d'engager tous les gentilshommes françois de se rendre le plus tôt possible à Bâle, où devoit se faire le rassemblement pour entrer, disoient-ils, en France trois semaines après.

Je trouvai à Heidelberg mes amis imbus de tous ces contes; je leur remis la tête en leur faisant sentir la folie d'un projet aussi absurde; mais ce qui m'affecta le plus étoit de voir le comte d'Artois prendre pour chef de son conseil un fou si dangereux que M. de Calonne; je ne doutai pas qu'il en surviendroit dans la famille royale une division d'où résulteroit la perte inévitable du royaume. Tous les François qui y étoient attesteront tout ce que je leur ai dit et répété peut-être cent fois, que dès que M. de Calonne vouloit se mêler de nos affaires, il ne pouvoit en résulter autre chose que des malheurs incalculables.

Pour remplir les vues et les intentions de l'Empereur, je me rendis à Bruchsal, résidence de l'évêque de Spire. Je trouvai ce prince parfaitement bien instruit. Nous nous trouvâmes d'accord sur les principes de la féodalité. Il avoit des correspondances à Paris extrêmement sûres, il savoit le projet du départ du Roi pour Valenciennes et étoit même au fait de ce qui se passoit dans les cabinets de l'Europe. Il me conseilla de voir le margrave de Bade. M. de Mackau, ministre de France, réclama le droit de me présenter à cette cour, mais c'étoit en lui un prétexte pour m'en écarter, puisque m'ayant demandé si j'avois une lettre du ministre des affaires étrangères, et lui ayant répondu que non, il se refusa à ma présentation, sous prétexte de défenses de la part de l'Assemblée nationale. Pour lors je me retournai du côté du premier gentilhomme de la chambre de ce prince, à qui je ne cachai point la petite difficulté de M. de Mackau, dont il se mit à rire en me disant que cela ne l'étonnoit pas. J'ai travaillé beaucoup avec ce prince et avec son ministre des finances, M. le baron d'Hildesheim. Nous n'avons jamais eu en France un homme qui les ait entendues aussi parfaitement que lui. Il se trouva de mon avis au sujet de nos contrôleurs généraux, c'est-à-dire que depuis quarante ans il ne s'en étoit pas trouvé même un médiocre.

Je passai tout novembre 1790 et janvier 1791 à aller dans ces différentes cours d'Allemagne auprès des princes possessionnés en Lorraine et Alsace, pour les empêcher d'entendre à aucune indemnité d'argent de l'Assemblée nationale. Cette affaire-là fut suivie avec tant d'habileté et de vivacité, que le 5 mars 1791 M. le prince de Taxis, procureur général de la diète de Ratisbonne, avoit déjà posé ses conclusions, et si le conclusum n'a pas été rendu, c'est que l'Empereur en faisoit retarder le prononcé jusqu'à ce que sa malheureuse sœur pût être sortie du royaume.

Je reçus le 25 janvier, à Heidelberg, une lettre de M. de Saint-Maurice, conseiller au Parlement de Paris, pour me prier de la part de M. le prince de Condé de lui trouver 600,000 livres. Je me rendis sur-le-champ à Manheim; un banquier se chargea de cette affaire, il la traita avec des maisons de Francfort. Muni de leur consentement, je me déterminai à faire la route de Stuttgard, où le prince de Condé étoit logé dans un cabaret avec sa famille; j'y arrivai le 2 février à six heures du soir, sous le nom de Sivry, pour dérober le plus possible mes démarches à M. de Mackau, envoyé de France, qui avoit déjà écrit à l'Assemblée nationale mes courses dans différentes cours.

Ce prince me parla d'abord de la Reine. Il s'imaginoit que par jalousie vis-à-vis de M. le comte d'Artois elle avoit fait manquer le projet de contre-révolution de Lyon, parce qu'elle prétendoit, disoit-il, pouvoir l'opérer par ses seuls moyens. Je lui répondis que je ne croyois pas que Sa Majesté pût vis-à-vis des princes avoir la moindre jalousie; que dans tout ce qu'elle m'avoit dit sur M. le comte d'Artois je n'avois pas aperçu contre ce prince le moindre éloignement; que la Reine étoit loin de penser qu'il ne lui étoit pas attaché, mais qu'il étoit entouré de personnes qui ne pensoient pas sur elle aussi bien que lui; que si elle avoit l'air de trouver mauvaises les démarches qu'il faisoit, quoiqu'à bonnes intentions, c'est qu'elle les regardoit comme très-dangereuses; puisqu'il n'y avoit pas un mot qui se disoit dans son conseil et dans sa plus grande intimité qui ne fût su de l'Assemblée nationale courrier par courrier; qu'au surplus Madame Élisabeth en avoit averti souvent le comte d'Artois, qu'à Francfort j'en avois averti le vidame de Vassé pour le mander à lui prince de Condé, et lui conseiller de tâcher de séparer le comte d'Artois de sa société, parce que certainement il s'y étoit glissé des traîtres, des intrigants, ou au moins des gens très-indiscrets.

« Quant à la contre-révolution, Monseigneur, je me garderai bien de la critiquer, puisque j'ignore absolument la nature de vos moyens. Je crois cependant qu'à moins d'être sûr de la majeure partie des habitants de Lyon, il étoit impossible de pouvoir réussir avec une apparence de si peu de forces de la part des princes.

— Le grand malheur, c'est que votre maîtresse est un peu démocrate.

— Monseigneur, je crois bien qu'elle a été la dupe de Necker; mais pour démocrate, cela me paroît impossible.

— Si votre maîtresse n'étoit pas démocrate, M. de Mackau, fils de la sous-gouvernante de ses enfants, me parleroit-il ici et me traiteroit-il avec tant d'indécence ?

— Monseigneur, M. de Mackau est un pauvre diable qui seroit bien embarrassé sans son emploi, et voici comme il raisonne : « Si la Révolution subsiste, je serai démocrate, parce qu'il faut bien que je vive; si la contre-révolution a lieu, ma mère demandera ma grâce à la Reine et l'obtiendra. »

— En effet, cela peut bien entrer dans son calcul.

— Monseigneur sait que M. le comte d'Artois ne sera pas reçu à Vienne?

— Et comment savez-vous cela?

— Je le sais d'une manière certaine, sans cela je ne me hasarderois pas de le dire à Monseigneur.

— Cela est vrai, je reçois à l'instant une lettre du comte d'Artois qui me le mande.

— Ce prince alloit à Vienne le cœur un peu aigri contre la Reine au sujet de la contre-révolution de Lyon; il vaut mieux que son voyage soit manqué; il auroit peut-être pu indisposer le frère contre la sœur. Monseigneur sait également que M. de Calonne n'y sera pas reçu?

— Vous m'étonnez! M. le comte d'Artois l'y envoie.

— M. de Calonne recevra un ordre de retourner sur ses pas [1].

— Vous en êtes sûr?

— Oui, assurément. Je viens ici, Monseigneur,

[1] M. de Calonne en a effectivement reçu l'ordre, et il a été assez hardi de continuer sa route à Vienne. Il y arriva le 25 janvier 1791, la nuit fermée, et cette nuit même il reçut l'ordre d'en sortir le lendemain à portes ouvrantes.

pour vous rendre compte de la commission que vous m'avez fait donner par M. de Saint-Maurice.

— Avez-vous réussi?

— Je l'espère. Je me suis rendu à Manheim; j'ai parlé à un gros banquier lié avec les plus fortes maisons de Francfort. Je ne lui ai pas parlé de 600,000 livres, parce que c'est l'emprunt d'un gueux, mais de six millions. Il l'a trouvé à cinq pour cent, et un de commission; et comme Monseigneur a un petit vernis d'aristocratie et que l'argent est démocrate, je n'ai pas prononcé son nom : l'emprunt se fera pour le Roi de Sardaigne, et à son compte.

— Ah! mon Dieu, qu'avez-vous fait là? Le Roi de Sardaigne ne sera jamais notre caution.

— Comment! pas même de son gendre et de vous, Monseigneur?

— Non, certainement.

— Eh! Monseigneur, comment voulez-vous que la Reine soit jalouse des princes, s'ils n'ont ni argent, ni crédit, ni troupes? Dans ce cas, il faut se retourner. Je suis très-lié avec le baron d'Hildesheim, ministre principal du margrave. Je ferai tout mon possible auprès de lui pour engager son prince à vous prêter vos 600,000 livres ou à en être caution. »

Notre conversation dura quatre heures dans cette première séance; nous la reprîmes le lendemain sur les huit heures du soir, et cette seconde fut au moins de trois heures.

Elle roula sur la situation des affaires, combien elles étoient critiques, combien il étoit nécessaire qu'il y eût un accord parfait entre les Tuileries et les princes; que ceux-ci ne pouvoient jamais être grands nulle part que de la grandeur du Roi; qu'ils ne pouvoient avoir dans aucune cour de l'Europe de consistance qu'autant qu'ils seroient avoués par le Roi et réclamés par la Reine auprès de son frère l'Empereur. Je ne lui cachai point ma véritable pensée sur M. de Calonne : je lui dis qu'il étoit impossible qu'il pût jamais réussir auprès d'une cour un peu sensée; que j'ignorois absolument la façon de penser du Roi de Sardaigne sur son compte, mais que je parierois tout au monde que sa tournure et son air évaporé n'avoient pas réussi; que je savois à n'en pas douter que l'Empereur et les électeurs de Cologne et de Trèves n'en faisoient pas le moindre cas, et qu'il étoit impossible qu'un ministre disgracié de son maître, exilé, en état d'accusation par la justice, fugitif, en état de rébellion vis-à-vis son souverain, pût jamais avoir créance quelconque dans aucun cabinet de l'Europe.

M. le prince de Condé tâcha de prendre le parti de M. de Calonne. Il me dit qu'il seroit impossible d'en détacher M. le comte d'Artois :

« En ce cas, Monseigneur, je prévois la chute du royaume. »

La séance du lendemain se passa à parlementer sur la manière dont je m'y prendrois vis-à-vis du ministre du margrave de Bade, sur l'argent dont M. le prince de Condé avoit besoin, sur les moyens à employer pour le faire sortir du cabaret de Stuttgard, où trois princes et une princesse du sang étoient logés.

Je fus à Carlsruhe; je fis part au margrave de la situation de ce prince. Il me dit très-obligeamment :

« Je les recevrai avec plaisir chez moi; ils ne peuvent y séjourner longtemps, à cause de la proximité de la France; mais cela leur donnera le temps de choisir une résidence un peu plus assurée dans les terres. »

M. le prince de Condé fut donc à Carlsruhe sur l'invitation du margrave, et je le mis à même de traiter de son affaire d'argent avec son ministre. Il en fut parfaitement reçu et satisfait.

Je lui procurai de l'évêque de Spire la même réception. Il fut de là à Manheim. Le prince Max des Deux-Ponts négocia auprès de l'électeur de Mayence la résidence de Worms, où il se rendit avec sa famille. Je lui ai rendu deux visites, et je n'ai cessé de lui répéter sur nos affaires tout ce que je lui avois dit à Stuttgard, à Carlsruhe, à Bruchsal et à Manheim, et s'il a réfléchi à tout ce que je lui ai dit, il doit être persuadé que j'ai malheureusement trop bien prophétisé.

Je reçus une lettre non signée qui me mandoit :

« Vos affaires doivent être faites en Allemagne; vous vous rendrez du côté de Valenciennes, où votre présence sera nécessaire. »

Après avoir pris congé des différentes cours d'Allemagne, où j'avois été accueilli d'une manière distinguée, je quittai Heidelberg pour me rendre à Bruxelles et y attendre les événements.

Je me présentai chez l'archiduchesse, qui me reçut parfaitement bien; mais je lui trouvai le cœur entièrement aigri contre les rassemblements qui se faisoient à Ath, à Malmedy et à Stavelot, près de Spa.

Je trouvai une partie de la grande noblesse françoise établie dans cette capitale. Presque toutes ces maisons se plaignoient de la conduite de la Reine, ainsi que la seconde noblesse, j'ose même dire de la manière la plus indécente. Cela étoit si public que l'archiduchesse Christine, qui étoit alors la gouvernante, s'en plaignit amèrement à moi. Elle me dit :

« Qu'a donc fait ma malheureuse sœur à vos François pour qu'ils la déchirent ainsi partout, dans mon parc, dans tous les lieux publics ? Je pardonne à tous vos étourdis, parce qu'ils ne sont que l'écho de tout ce qui se dit ici dans les maisons les plus considérables de la France. »

Je suis même persuadé que tous ces mauvais propos ne contribuèrent pas peu à aigrir l'esprit de cette princesse contre les émigrés.

Je ne fus pas longtemps dans cette ville sans être convaincu que la source des diffamations partoit de Coblentz. Je trouvai des commissaires établis pour la noblesse, et je ne pouvois rien comprendre à cet établissement. Le marquis de La Queuille étoit à la tête; on l'appeloit le ministre du comte d'Artois. Il étoit difficile de concevoir comment ce prince, sans être avoué de son Roi, avoit des agents dans les cours étrangères. La Reine, disoit-on, s'opposoit à la sortie du Roi; c'étoit elle qui faisoit tout manquer; elle contrecarroit les projets et les moyens du comte d'Artois, et plus je me creusois la tête, et moins j'apercevois des moyens dans ce prince. M. de Calonne étoit prôné par toutes les bouches du parc : c'étoit le plus beau génie qui eût jamais existé dans l'univers, le plus habile négociateur de l'Europe. Tous les cabinets lui étoient ouverts; il les remuoit tous à volonté; enfin le cardinal d'Amboise, Richelieu, Pitt, étoient des enfants en politique vis-à-vis de M. de Calonne. On se plaignoit de Léopold : il écoutoit trop aveuglément les instigations de la Reine de France, qui, disoit-on, par jalousie contre son beau-frère le comte d'Artois, faisoit et apportoit ses plus grands retards dans les opérations. Et que je m'avisois de vouloir un peu tempérer ces déclamations, on disoit que j'étois un valet de la Reine, un révolutionnaire et un monarchien. C'étoit là, à Bruxelles, l'esprit de tous les François lorsque j'y arrivai.

Personne n'ignore les outrages et les insultes que Leurs Majestés reçurent aux Tuileries, dans leur carrosse, le 18 avril. J'appris de Paris, deux jours après, que cette insurrection avoit été suscitée parce qu'on avoit appris que leur intention étoit de se rendre de Saint-Cloud à Valenciennes. On avoit éloigné du Roi et de la Reine tous les serviteurs capables de leur donner de bons conseils et leur faire tenir une mesure de conduite qui auroit pu les sauver. Ils n'étoient entourés que d'imbéciles, de gens indiscrets ou de traîtres. On les vendoit journellement à beaux deniers comptants à l'Assemblée nationale, de sorte qu'ils ne pouvoient dire un seul mot qui ne fût su de tous leurs ennemis. Cette malheureuse famille, qui avoit, comme de raison, vécu toujours dans des eaux bien douces, se trouvant tout à coup sur la mer la plus orageuse, ne pouvoit apercevoir les écueils et trouver un pilote sage pour les éviter.

Je reçus le 18 juin, par voie sûre, un avis certain que le Roi et la Reine quitteroient Paris sous deux jours au plus tard pour se rendre aux frontières, car l'intention du Roi n'étoit pas de quitter le royaume, mais de rester dans la dernière place de ses États, à l'effet d'y mander le comte d'Artois pour mettre fin à toutes les intriguailleries de Coblentz, qui déplaisoient infiniment non-seulement au Roi, mais à toute la famille de la Reine, et notamment à Léopold. M. de Calonne devoit y être arrêté et enfermé dans un château fort, et pour lors tout étoit fini à la satisfaction de l'Empereur.

Trois jours après, dînant chez le duc de Rohan-Chabot, j'appris que Madame étoit déjà à Mons, et que la famille royale alloit y arriver. Je passai chez l'archiduchesse, qui me confirma la présence de Madame dans cette ville, et qu'en effet on y attendoit le Roi et la Reine. Je montai sur-le-champ dans ma voiture. Je n'avois pas fait une lieue que je trouvai sur la route une dame arrivant de Paris dans sa berline, qui me fit signe d'arrêter et me cria :

« Monsieur Augeard, retournez sur vos pas, la Reine va à Montmédy. »

Je crus que Sa Majesté tenoit la route que je lui avois indiquée. Je retournai sur mes pas; je courus en faire part à l'archiduchesse[1] et à M. le comte de

[1] Cette princesse m'a dit depuis, au mois d'août 1791, que dès qu'elle eut la certitude du départ du Roi, elle avoit envoyé chercher M. de La Queuille, et lui avoit dit qu'elle croyoit qu'il étoit nécessaire

Mercy. Le lendemain je pris leurs ordres. Je montois en voiture quand un officier françois vint de la part du marquis de La Queuille, pour me prier de passer chez lui avant de partir. Croyant qu'il avoit des lettres ou un paquet à remettre à *Leurs Majestés*, je me rendis chez lui. Quelle fut ma surprise de lui entendre dire qu'il ne falloit pas que la noblesse quittât Bruxelles pour aller rejoindre le Roi, et voulut me défendre de partir! Je lui répondis que dans cette occasion je ne pouvois écouter que la voix de mon cœur et le devoir de ma charge. Je conduisis avec moi un lieutenant des Cent-Suisses, M. d'Aubonne. Ne trouvant point de chevaux sur la route de Namur, je fus obligé de remonter jusqu'à Liége. J'y arrivai à onze heures du soir. J'appris le lendemain matin, par mon valet de chambre, l'arrestation du Roi à Varennes. Elle me fut confirmée un quart d'heure après par le maître de poste, qui la savoit du comte d'Artois. Ce prince étoit passé à quatre heures du matin, se rendant à Bruxelles.

Un coup de foudre ne m'auroit pas plus atterré. J'entrevis dès lors tous les malheurs de la France.

qu'il fît partir sur-le-champ tous les émigrés françois pour aller rejoindre le Roi.

L'intention de cette princesse étoit par là de détruire tous ces rassemblements armés dans ses États. M. de La Queuille lui répondit qu'il alloit assembler les commissaires de la noblesse, qui refusèrent d'accéder aux désirs de l'archiduchesse.

Comme mon désespoir et ma douleur étoient peints sur ma figure, voici ce que le pauvre maître de poste me dit, je ne l'oublierai jamais :

« Consolez-vous, Monsieur, consolez-vous; l'arrestation du Roi n'est pas, je crois, un si grand malheur. M. le comte d'Artois avoit, ainsi que vous, l'air attristé; mais tous les messieurs qui étoient dans sa voiture avoient l'air très-content. »

En effet, il y avoit là de ces beaux messieurs, et notamment M. de Calonne, qui ne gagnoient pas à la sortie du Roi. Ils pouvoient dire : « Là finit notre ministère. » Cela ne m'empêcha pas de continuer ma route sur Luxembourg. Je ne pouvois concevoir comment le Roi pût être arrêté à Varennes, dans une route où il n'y avoit point de postes, dans une route de traverse qui lui faisoit faire neuf lieues de plus. J'arrivai à Luxembourg, où je trouvai le marquis de Bouillé dans le plus affreux désespoir : il perdoit le bâton de maréchal de France. Je ne pus m'empêcher de lui demander qui avoit pu mettre dans la tête du Roi de prendre une route qui lui faisoit faire neuf lieues de plus, et lui avoit conseillé de mettre un tableau de famille dans une même voiture; que je ne pouvois m'imaginer comment il n'avoit pas été arrêté à Châlons, à Sainte-Menehould, même auparavant. M. de Bouillé me dit qu'il avoit fait tout son possible auprès du Roi pour l'engager à prendre la route de

Stenay, parce que dès que Reims étoit passé, il n'y avoit plus aucune municipalité à craindre ; que la famille royale une fois arrivée chez moi à Buzancy, où il avoit été reconnoître le local, elle en seroit sortie avec toutes sortes de facilités, sans prendre la poste, parce qu'elle se seroit servie de mes chevaux ; que, pour plus grande sûreté, il auroit fait mettre dans mes écuries environ quatre-vingts chevaux de Royal-Allemand ; que cette disposition n'auroit jamais pu donner à mes habitants ni soupçon ni inquiétude, puisque cette opération se faisoit annuellement, attendu que le colonel du régiment, qui étoit à Stenay, faisoit, avec ma permission, donner en cette saison le vert à ses chevaux dans mes prairies ; mais que le Roi n'avoit jamais voulu passer par Reims, craignant d'y être reconnu ; qu'on avoit donc été obligé, pour satisfaire Sa Majesté, de prendre la route de Châlons.

Le reproche qu'on peut faire à M. de Bouillé, c'est d'avoir confié une affaire aussi importante à de trop jeunes gens. Il est bien vrai que le commandant du détachement du pont de Sombervel, M. de Choiseul, n'avoit pas été de son choix : Leurs Majestés lui avoient recommandé d'employer cet officier. Il avoit placé son détachement à cinq heures du matin, et à cinq heures trois quarts après midi, n'en pouvant plus de faim, de soif, de chaleur, de poussière, il avoit été obligé de se retirer à une petite lieue dans les terres pour rafraîchir ses chevaux et ses hommes, sans même avoir eu la précaution de laisser sur le grand chemin une ou deux vedettes pour voir ce qui y passeroit. Cet officier auroit dû réfléchir que le Roi ne pouvant partir de Paris que tout au plus à minuit, il n'auroit pu être au pont de Sombervel, distant de quarante-cinq lieues, que sur les deux heures, et ses chevaux et ses hommes, mis à cette heure-là en détachement, auroient pu attendre jusqu'à neuf heures du soir. Le malheur du Roi, qui le poursuivoit sans cesse, voulut qu'il passât au pont de Sombervel pendant le moment de l'absence du détachement, de sorte que le Roi arrivant à Sainte-Menehould, celui commandé par M. de Damas ne se trouva pas prêt; mais ce qu'il y eut encore de plus malheureux dans ce plan, d'où est résultée la destruction de la famille royale et du Roi même, c'est qu'il ne se trouva pas même à Varennes, au lieu fixé pour le relais du Roi, un seul être qui indiquât à Sa Majesté que ce lieu avoit été changé dans la journée, et que le relais avoit été mis au delà du pont[1].

[1] Si le garde du corps avoit eu la présence d'esprit de dire au postillon que c'étoit le Roi, et il ne couroit aucun risque, puisqu'il ne se trouvoit personne sur la place à onze heures et demie du soir, ils auroient doublé. Drouet n'arriva qu'un quart d'heure après. Le Roi se voyant arrêté demanda six heures pour reposer ses enfants, cela lui fut accordé; mais, pour surcroît de malheur, arriva l'aide de camp

Le Roi perdit par là encore une demi-heure. On sonna le tocsin, et il se trouva alors un si grand rassemblement, que l'officier qui commandoit ne se crut plus assez fort pour forcer le passage.

Toute la famille Bouillé étoit dans la plus grande douleur, ainsi que deux ou trois François que je vis à Luxembourg; mais en général l'esprit des émigrés étoit le même que celui de Bruxelles. J'en ai trouvé, mais beaucoup, qui me disoient que c'étoit un bonheur que le Roi eût été arrêté; qu'il étoit question d'un arrangement dont le baron de Breteuil étoit l'auteur; que ce ministre étoit un monarchien qui vouloit les deux chambres, et mille autres platitudes qui partoient du foyer de Coblentz.

En quittant M. de Bouillé je me rendis à Trèves, où je trouvai tous les François imbus de l'idée qu'ils avoient à Luxembourg, que c'étoit un bonheur pour la France que le Roi eût été arrêté. Madame la comtesse de Brionne, que je vis aux eaux de Biberich, étoit aussi imbue d'une pareille sottise. Elle m'engagea d'aller à Coblentz. J'eus beau lui représenter

de M. de La Fayette une demi-heure après; il ordonna de la part de l'Assemblée nationale de faire partir le Roi sur-le-champ; M. de Bouillé, qui étoit à Stenay, à huit lieues de Varennes, ne put venir assez tôt au secours du Roi. La Reine s'étoit confiée à M. de La Fayette, en lui demandant de fermer seulement les yeux sur son départ s'il en avoit connoissance; il le lui promit, mais envoya son aide de camp avec ordre de ramener le Roi à Paris dans le cas qu'il seroit arrêté sur sa route. (*Note d'Augeard.*)

que je n'avois pas l'honneur d'être un homme de cour et d'être attaché à aucun des deux princes, elle insista tellement, en me disant que, vu la proximité où j'étois d'eux, ce seroit leur manquer que de ne point m'y présenter, et qu'il falloit absolument leur ouvrir les yeux sur tout ce que m'avoit dit Léopold au sujet de Coblentz, et le mécontentement de ce prince, que je me déterminai à m'y rendre. A six lieues de Coblentz, je fus renversé de ma voiture par un postillon, et cette chute me blessa grièvement au visage.

M. Ferrand, conseiller au Parlement de Paris, me vint voir à mon auberge, où j'étois gisant dans mon lit. Je le priai de vouloir bien faire part à M. le comte d'Artois, qu'il approchoit souvent, du malheur qui m'étoit arrivé. Me rendant compte de sa mission, il me donna à entendre que ce prince ne voyoit pas ma présence à Coblentz de bon œil, et qu'elle l'inquiétoit. Je dis à M. Ferrand que, dans ce cas, dès que je pourrois sortir de mon lit, je prendrois des chevaux pour me conduire à la première poste, où je finirois paisiblement ma guérison. M. Ferrand me pria en grâce de n'en rien faire :

« Votre départ, me dit-il, me compromettroit. Le comte d'Artois s'imagineroit que je vous aurois fait part de ce qu'il auroit pu me dire; faites-moi le plaisir de le voir. »

Je pris donc le parti de me présenter à ce prince, qui me fit en apparence le meilleur accueil. Je restai à peu près un quart d'heure avec Son Altesse Royale, et je pris congé d'elle. Je passai dans l'appartement de Monsieur. J'étois à attendre dans son salon que M. d'Avaray, gentilhomme de sa chambre, voulût bien m'y présenter, quand ce prince entra, quatre ou cinq lettres à la main. Il me dit :

» Ah! vous voilà! Comme vous voilà fait!

— Je croyois que Monseigneur savoit le malheur qui m'étoit arrivé. »

Et puis il me planta là sans me répondre. Après avoir attendu quelque temps, j'entrai dans la chambre de M. d'Avaray, qui m'apprit que Monsieur étoit dans la salle à manger. Je passai ensuite dans l'appartement de Madame. Cette princesse me reçut avec infiniment de bonté et de grâce :

« Je suis enchantée de vous voir : j'ai mille choses à vous dire dont il faut que la Reine soit instruite. Il faut que je fasse une main à fond avec vous. L'heure du dîner approche, venez me voir demain matin à dix heures. Je suis ici dans la plus mauvaise compagnie possible, et horriblement déplacée. »

Ma conférence dura le lendemain trois heures et demie. Il ne fut absolument question que de ce qui se passoit à Coblentz :

« Monsieur et le comte d'Artois ne sont entourés,

me dit-elle, que d'intrigants et de mauvais sujets qui donnent à entendre aux princes que leur frère, étant en prison, ne doit et ne peut avoir aucune volonté quelconque; en conséquence, ils prétendent que tous grades militaires et toutes croix de Saint-Louis donnés depuis le mois de juillet 1789 sont nuls, et défendent aux officiers d'en porter les décorations et habit de leur grade. On fait écrire aux gentilshommes restés dans l'intérieur du royaume qu'ils seroient déshonorés s'ils n'alloient pas joindre le rassemblement des princes; qu'on avoit établi un conseil d'État à Coblentz; que l'on devoit en créer un permanent, composé de M. de Calonne, premier ministre; de l'évêque d'Arras, chancelier; de M. de Vaudreuil, ministre de la guerre; que M. le prince de Condé seroit du conseil, et qu'il seroit arrêté que le Roi, lorsque ses frères lui auroient *rendu* sa couronne, ne pourroit jamais, et sous aucun prétexte et dans aucun cas, renvoyer un de ces *ministres* sans l'aveu et du consentement des autres membres du conseil.

— Eh! mais, Madame, si le Roi est en prison, je vois qu'il ne peut en sortir sans une belle et bonne interdiction de la part de MM. ses frères.

— C'est précisément ce que je veux que vous fassiez dire à la Reine.

— Si j'avois su l'intention de Madame, j'avois il y a

deux jours *Léonard* sous ma main : j'aurois pu lui en faire passer l'avis.

— Eh bien, vous en retournant à Bruxelles, vous passerez par Aix, et vous en parlerez de ma part au baron de Breteuil. Vous concevez bien que dans tout cet assemblage de petits esprits et d'intrigants, il est impossible que la division n'y arrive pas : c'est déjà le conseil du *roi Pétaud*.

— Je prévois, Madame, les plus terribles suites, surtout dès que les puissances apprendront que les démarches et les conseils des princes ne seront pas avoués par leur Roi : il est impossible qu'ils ne tombent dans la suite dans la plus grande annihilation. »

Par intérêt seul pour ces malheureux princes, je répétai à Madame tout ce que l'Empereur Léopold m'avoit dit de M. de Calonne, et combien il paroîtroit indécent à l'Europe que M. le comte d'Artois choisît pour son agent et son ministre en évidence un homme que son frère et son Roi avoit chassé de ses conseils, un homme inculpé par le Parlement de Paris des malversations les plus graves, un homme qui avoit osé enfreindre l'exil que son souverain lui avoit assigné, et s'étoit mis par là en état de rébellion [1], enfin un ministre fugitif du royaume.

[1] La déclaration du mois de juillet 1705, enregistrée dans les cours, défend expressément à ceux qui sont relégués par le Roi en quelque

Cette princesse me parla en même temps avec la plus grande amertume de la manière indécente avec laquelle elle étoit traitée à Coblentz; qu'elle ne désiroit autre chose de Monsieur que d'être renvoyée à Turin, mais qu'il ne consentiroit jamais à lui accorder cet acte de justice, dans la crainte de se séparer de sa madame de Balby; qu'il n'y avoit aucun déboire que cette femme ne lui fît essuyer. Je lui témoignai ma surprise de ce qu'ayant autant d'esprit et autant de ressources en elle-même, elle n'avoit pas plus d'empire sur son mari. Elle me dit que pour dégoûter Monsieur de sa personne, madame de Balby lui faisoit servir du vin frelaté, à l'effet de l'enivrer par un seul verre. Elle appela une madame de Gourbillon, attachée à son service en qualité de lectrice ou de première femme de chambre, qui me confirma cette méchanceté dans les plus grands détails. Elles me dirent l'une et l'autre que ces princes, par leurs alentours, avoient fait de la résidence d'un électeur ecclésiastique un mauvais lieu, surtout par l'assemblage de femmes qu'ils y avoient amenées.

Cette conversation dura trois heures; et comme

lieu du royaume que ce soit, d'en sortir sans sa permission, sous peine de confiscation de corps et biens, les déclarant dès ce moment morts civilement, et pour raison de leur désobéissance, ordonne aux juges de leur faire et parfaire leur procès.

Si c'est un crime dans un particulier, le délit n'est-il pas plus grand dans un ministre?

je prenois congé de Son Altesse Royale, cette princesse me dit :

« Avez-vous vu *Monsieur?* Que vous a-t-il dit? En êtes-vous content?

— Je n'en aurois pas parlé à Madame si elle n'avoit eu la bonté de m'en prévenir. Je sais, Madame, que le devoir de tout particulier honnête est de sacrifier au service de ses maîtres sa fortune et toute espèce d'existence; mais aussi, quand il a rempli tous ses devoirs avec fidélité, il peut, je crois, s'attendre à quelque regard de bonté de leur part. J'ai rendu, et Votre Altesse Royale le sait, de très-grands services à Monsieur dans l'affaire de M. de Favras; dans ce moment la hache étoit sur ma tête : eh bien, Madame, un galant homme reçoit mieux un domestique que Monsieur ne m'a reçu.

— Cela ne m'étonne pas : je le reconnois bien là.

— Abuserois-je trop des bontés de Madame si je la priois de vouloir bien dire à Monsieur que je m'en suis aperçu, et que je ne devois m'attendre à être reçu de lui pas même d'une manière indifférente, mais qu'il peut être bien persuadé que je ne gênerai jamais en rien sa reconnoissance, tout en croyant toujours qu'il doit m'en avoir? »

J'appris dans la journée même, par plusieurs François, la confirmation de tout ce que Madame m'avoit dit. On y parloit tout haut, dans les cafés et autres lieux publics, du Roi et de la Reine avec la plus grande indécence. J'en étois réellement affligé comme bon François et comme attaché de cœur à nos véritables maîtres. Je voyois que les intrigants qui entouroient ces malheureux princes vouloient élever puissance contre puissance, qui anéantiroit la véritable sans donner la moindre force quelconque à la leur. Il étoit naturel de croire que les ministres étrangers écrivoient à leurs cours respectives tout ce qu'ils voyoient et entendoient, et il en devoit résulter que nos princes finiroient par perdre toute espèce de considération. Le séjour de Coblentz me parut celui de Versailles d'une manière encore plus hideuse : c'étoit un cloaque d'intrigues, de cabales, de bêtises, de déprédations et de singeries de l'ancienne cour.

Je parus le soir au jeu de l'électeur, qui me reçut, ainsi que sa sœur, avec bonté. Je m'approchai sans affectation de la table de jeu des princes. Le lendemain je retournai chez Madame, comme elle me l'avoit ordonné. Nous parlâmes, comme on le pense bien, des affaires de France, surtout du départ du Roi. Madame me dit qu'il y avoit plus de quarante personnes dans la confidence. Ce plan étoit réellement marqué au coin de la folie. Madame m'ajouta qu'elle croyoit que la Reine avoit été vendue et trahie par une madame de Rochereuil, femme de sa garde-robe; que le Roi auroit pu être arrêté en sortant des Tuileries, mais que le plan de l'Assemblée nationale avoit été de le laisser sortir pour ne l'arrêter qu'à vingt lieues au moins de distance.

Madame, quand je me levai pour me retirer, me dit :

« A propos, j'ai parlé de vous à Monsieur, et voici comment : « M. Augeard s'est approché de votre table, vous ne lui avez rien dit ! Avez-vous quelque chose contre lui ? » Il m'a répondu : « Non, c'est un fort galant homme. — Eh bien, dans ce cas, lui ai-je répliqué, pourquoi ne lui avez-vous rien dit ? Il ne vous auroit pas rendu les services qu'il vous a rendus dans l'affaire de Favras, qu'il suffit qu'il en sache les détails pour que vous le deviez ménager. » Il ne m'a rien répondu, mais il est devenu blanc, rouge et de toutes sortes de couleurs. »

Je dis à Madame :

« J'aurois préféré que Votre Altesse Royale eût rendu à Monsieur littéralement la sensation que sa mauvaise réception avoit faite sur moi. »

Je quittai Coblentz deux heures après en secouant la poussière de mes pieds, me promettant bien de ne jamais les remettre en un si mauvais lieu.

Je m'en retournai à Bruxelles. En passant par Aix, où je m'acquittai de la commission de Madame auprès du baron de Breteuil, je trouvai l'esprit de cette ville également monté sur l'effet de l'arrestation du Roi, c'est-à-dire que presque toute la grande et prétendue bonne compagnie s'imaginoit que c'étoit une chose très-heureuse pour la France. « Si le Roi, disoit-on, s'étoit évadé, on eût établi dès lors les deux chambres. » On mettoit ce beau projet sur le compte du baron de Breteuil, et tous les esprits se trouvoient également soulevés contre ce ministre.

Me promenant sur les sept heures du soir au parc, le 23 août, un M. de Limon vint au-devant de moi, me demanda un entretien secret dans un des bosquets. Là il me dit qu'il étoit à Bruxelles par ordre de la Reine; qu'il étoit son agent secret; qu'il alloit de sa part trouver le baron de Breteuil et le comte d'Artois; que si le Roi étoit sorti, il auroit été contrôleur général des finances. Il me dit beaucoup de choses peu analogues à ce que je savois. D'ailleurs sa vie antérieure étoit peu propre à me donner de la confiance : il avoit été renvoyé de la maison de *Monsieur* par décision de son conseil; il avoit été l'âme damnée du duc d'Orléans pendant les années 1789 et 1790 de la Révolution; il avoit donné au public de petits écrits qui respiroient la plus puante démocratie, et s'étoit conduit ainsi avec la plus grande indécence dans les bailliages où il avoit figuré pour son maître.

Pour ne faire aucun pas de clerc, je me rendis le lendemain à Tournay, à l'effet de demander à madame Thibaut, première femme de chambre de la

Reine, s'il y avoit ombre ou apparence de vérité dans ce que m'avoit dit cet intrigant. Cette dame, dès que je lui eus prononcé ce nom, s'écria :

« Méfiez-vous de ce drôle-là! Il a fait les cinq sens de nature pour s'introduire chez moi. Harcelée à cet effet par un chapelain de la chapelle du Roi, je me hasardai à en entretenir la Reine, qui sur-le-champ me dit : « Thibaut, je te défends de voir cet homme-là : c'est un coquin. Il n'est plus au duc d'Orléans, il paroît brouillé avec lui; il est encore sous main son agent. C'est en mai et juin que la Reine s'est expliquée ainsi avec moi sur son compte. »

Je me tins pour averti, et j'évitai depuis avec grand soin un compagnon aussi dangereux. Il a ensuite offert ses services, tantôt au baron de Breteuil contre le comte d'Artois, tantôt au comte d'Artois contre le baron de Breteuil. C'est dans ce temps que lui est arrivée cette vilaine histoire à Liége, dont je ne parle pas parce qu'elle n'est point de mon sujet.

Quoique dans ces Mémoires je me sois fait une loi de n'y traiter que d'objets auxquels j'ai eu relation, il m'est impossible de passer sous silence l'époque où le Roi, par la plus fatale condescendance, a accepté la constitution présentée par les rebelles. Si, parmi les conseils de ce malheureux prince, il s'en fût trouvé un seul tant soit peu honnête, il auroit plutôt donné sa démission que de lui laisser signer un acte aussi déshonorant à sa mémoire, et qui nécessairement devoit un jour le précipiter à l'échafaud, après lui avoir fait traverser un océan d'inconséquences, de faussetés, de bassesses et de parjures. Ce n'est pas que je préférerai jamais un gouvernement au-dessus de la loi, attendu que les ministres se croient pour lors également au-dessus d'elle. La constitution présentée à Louis XVI ne le mettoit ni dessous ni hors la loi : c'étoit une grande astuce de la part de ces monstres.

Si la constitution avoit mis le Roi sous la loi, c'est-à-dire si elle eût porté précisément peine de mort en cas de conspiration prouvée de la part du prince, le Roi auroit peut-être pu en refuser l'acceptation; mais ne prononçant que la déchéance du trône, ne voyant point de risque pour sa vie, il n'en aperçut pas le danger. Mais il suffisoit seulement à l'Assemblée nationale de rendre le souverain justiciable de la nation, pour être persuadé que tôt ou tard sa tête devoit tomber : aussi, dès que j'appris la sanction de Louis XVI, je ne pus m'empêcher de m'écrier :

« C'est un prince mort!

— Mais, disoit-on, la loi ne porte pas peine de mort.

— Cela est égal : ses juges ou ses ennemis interpréteront la loi comme ils voudront ; il suffit qu'il soit leur justiciable. »

Quelle conduite Louis XVI avoit-il à tenir? Je n'en connois qu'une seule bonne et décente : c'étoit d'écrire à l'Assemblée :

« Je tiens ma couronne de soixante-cinq Rois, je dois la transmettre à mon fils telle que je l'ai reçue ; je ne puis accepter une constitution qui la dénature. Je vous ai donné votre liberté, rendez-moi la mienne. Si vous pensez m'avoir quelque obligation et que vous croyiez que le gouvernement monarchique soit plus convenable au bonheur de vingt-quatre millions d'hommes, laissez la couronne sur la tête de mon fils ; il sera libre à sa majorité d'accepter ou de refuser la constitution que vous me présentez et que je ne peux sanctionner, surtout d'après le manifeste que j'ai donné à l'univers de ma façon de penser au moment de mon départ pour Montmédy, seul moment où j'aie été libre depuis deux ans. »

Louis XVI, en prenant cette attitude, laissoit l'Assemblée dans une situation bien embarrassante. Au contraire, quel parti a-t-il pris? Il a accepté et sanctionné non-seulement la constitution, mais encore il s'est rendu au pied des autels, où, en face de l'Éternel et en présence d'un peuple immense, il a juré que cet acte étoit libre de sa part ; il l'a fait notifier à toutes les puissances de l'Europe par ses ambassadeurs, et a mis par là celles qui avoient intention de venir à son secours dans le plus cruel embarras.

Telle étoit la situation des affaires générales au mois d'octobre 1791, que les aristocrates eux-mêmes, et les plus attachés au parti du Roi, le blâmèrent hautement, en disant et écrivant que sa conduite le mettoit dans l'impossibilité de régner jamais sur les François :

« En effet, disoit-on, que lui ont fait la noblesse et le clergé pour les sacrifier aussi vilainement? »

J'appris au commencement de novembre, par voie certaine, que le Roi n'avoit fait toutes ces démarches que pour sortir de la prison où il étoit détenu au château des Tuileries, mais que l'intention de Leurs Majestés étoit de risquer une seconde évasion, en cas de possibilité. J'appris également que ce secret étoit encore entre les mains de plusieurs personnes et avoit percé jusqu'à Coblentz. Or c'étoient toujours les mêmes gens qui entouroient les princes, et qui savoient et qui vouloient appliquer à leur profit le principe vrai et reconnu que les Rois ne meurent jamais en France. La vie de Louis XVI devoit leur être pour le moins indifférente.

Le samedi 12 novembre, le rédacteur du journal de l'abbé Fontenay mit sur son papier le second projet d'évasion du Roi dans le plus grand détail, et par conséquent obligea l'Assemblée législative à surveiller sa personne plus strictement et même à tripler ses gardes ; et quand des personnes honnêtes firent des reproches à ce *Lemaître* dont j'ai parlé plus haut dans l'affaire de Calonne et à un chevalier des Pommelles, qui tous deux se mêloient de la rédaction de ce journal, ils dirent pour excuse qu'ils avoient reçu l'avis de Coblentz d'insérer dans le journal le projet d'évasion du Roi, et qu'ils étoient instruits par ce bord-là des démarches de Leurs Majestés ; et comme elles étoient guidées par le baron de Breteuil, qui vouloit les deux chambres, ils ne se faisoient aucun scrupule d'avertir les Jacobins, où ils avoient des amis, de tout ce que pourroient faire Leurs Majestés qui ne seroit pas dans les vues des princes.

Le Roi et la Reine, se trouvant resserrés si étroitement, ne pensèrent plus à aucuns moyens d'évasion (ils étoient en effet tous impraticables), et ne songèrent plus qu'à en trouver un pour déclarer la guerre à Léopold. Ce prince ne la lui auroit jamais déclarée. C'est la seule entreprise qui ait été bien conduite par les amis intimes de Leurs Majestés. L'Assemblée nationale décréta au commencement de décembre 1791 la guerre à l'Empereur ; mais comme le Roi n'étoit entouré que de ministres traîtres et infidèles, Lessart, qui avoit alors les affaires étrangères, empêcha le Roi de la sanctionner.

Je voyois beaucoup M. de Mercy et les ministres de l'Empereur, et je faisois souvent ma cour à l'archiduchesse.

Dînant le 6 mars 1792 chez la comtesse de Brionne, son fils, après le dîner, voulut faire sa cour à l'archiduchesse. Il me pria de l'attendre. Il arriva sur les six heures et apprit à madame sa mère et à moi, qui étions seuls dans l'appartement, la mort tragique de Léopold; que l'archiduchesse venoit de recevoir la note officielle où il étoit dit qu'il étoit mort *empoisonné*. Dix minutes après, entre un valet de chambre qui lui dit qu'il avoit ordre de l'archiduchesse de le conduire chez elle. Il revint un quart d'heure après en disant à madame sa mère que Son Altesse Royale avoit vu depuis M. de Mercy, qui lui avoit dit qu'il étoit impossible de cacher la mort de l'Empereur, mais qu'il y auroit peut-être du danger qu'on sût le genre de sa mort, et lui défendit d'en parler.

Lessart, trois mois après, fut sacrifié et massacré par une autre faction, qui porta à sa place le fameux Dumouriez.

Je suis persuadé que Dumouriez, arrivant au ministère, avoit en effet envie de sauver le Roi. Si ce n'avoit pas été son intention, il n'auroit pas fait déclarer la guerre à l'Empereur, et voici une anecdote certaine qui vient à l'appui de ma façon de penser :

Dumouriez, se promenant dans le parc de Bruxelles, le 20 août 1790, avec deux ou trois François, dont étoit M. le marquis d'Épinay Saint-Luc, dit :

« Le Roi n'a plus qu'un parti à prendre pour se sauver et sortir du gouffre où l'ont jeté ses ministres, c'est de déclarer la guerre à l'Empereur; et si j'étois ministre, je ne balancerois pas une minute à la déclarer. »

Pourquoi donc cet accord qui a dû exister entre le Roi, la Reine et Dumouriez, a-t-il été de si peu de durée? Je m'imagine que, la Reine s'étant plainte à Dumouriez de ce qu'on avoit attaqué les troupes de son frère l'Empereur quatre jours après la déclaration de guerre, il se sera trouvé piqué de ce reproche. N'a-t-il pas craint aussi lui-même que toutes les indiscrétions du Roi et de la Reine, et surtout les confidences de cette princesse à la *Campan,* sa femme de chambre, et d'autres subalternes, ne compromissent non-seulement son ministère, mais même sa tête?

Au surplus, Dumouriez, étant devenu généralissime des troupes de la République, n'auroit-il pas dû marcher sur Paris pour délivrer le Roi et sa famille, qui étoient prisonniers à la tour du Temple? Mais aussi n'étoit-il pas à craindre que cette démarche n'eût précipité et avancé la mort du Roi? Car enfin on ne peut se dissimuler que l'on avoit trouvé dans les papiers de M. de Laporte, dans ceux de M. de Septeuil, trésorier de la liste civile, et même depuis dans l'armoire de fer, des indices certains que ce prince, malgré ses serments et ses démonstrations publiques dans les cours étrangères, entretenoit une correspondance criminelle aux yeux de l'Assemblée, et qui tendoit à renverser une constitution qu'il avoit sanctionnée au milieu de son peuple et jurée à la face de l'Éternel.

D'ailleurs les puissances avoient-elles intérêt de faire finir sitôt cette grande affaire? Toutes croyoient qu'il falloit abaisser et presque anéantir la France; les puissances elles-mêmes vouloient profiter de cette circonstance pour se déjouer entre elles; de manière que l'Angleterre et la Prusse n'étoient entrées dans cette coalition que pour, la première, conquérir toutes les mers, et la seconde, augmenter ses forces territoriales sur le continent, tandis que l'Empereur, jeune et avide de gloire, consumeroit ses hommes et son argent à se battre contre des murailles; et, pour mieux arrêter ses armées en cas de progrès ou d'heureux événements, le Roi de Prusse commandoit les troupes en Champagne, et l'année suivante les Anglois et les Hanovriens devoient être en apparence des troupes auxiliaires dans l'armée du Nord, mais dans le fond n'étoient là que pour arrêter la marche de l'Empereur s'il dirigeoit ses troupes d'une manière trop rapide vis-à-vis la capitale.

D'après cette énorme politique, la campagne de 1792 devoit finir comme elle a fini, c'est-à-dire le Roi de Prusse, après avoir conduit l'armée autrichienne dans l'endroit le plus dangereux de la Champagne Pouilleuse, devoit faire sa retraite sans essuyer un coup de canon de la part de Dumouriez, laissant l'armée du général Clairfayt se tirer d'un aussi mauvais pas comme elle le pourroit, la noblesse françoise à son malheureux sort, les frères du Roi de France réduits à demander l'aumône à celui qui les avoit déjoués. Ces princes regardèrent comme une grâce spéciale de Sa Majesté Prussienne d'être reçus dans un misérable bourg de la Westphalie, où ils trouvèrent une garnison de quatre cents hommes, moins pour la sûreté de leurs personnes que pour les garder à vue. Au surplus, que peut-on reprocher au cabinet de Berlin? Si dans toute cette affaire il n'a fait aucune faute par rapport à son pays, beaucoup d'autres auroient été bien moins honnêtes; car enfin, d'après les beaux principes de Machiavel, qui dirigent les cabinets, n'étoit-il pas à craindre qu'il n'arrivât *des circonstances impérieuses, dont les Rois ne doivent jamais compte qu'à Dieu et à leur sagesse,* qui auroient pu forcer la loyauté de la cour de Berlin à livrer les frères du Roi et leurs enfants à la générosité de l'Assemblée nationale? Et puis il est juste d'observer que le Roi de Prusse est le plus honnête homme de son royaume; que son cabinet ne s'est déterminé à prendre part dans cette grande affaire que d'après les intrigues et obsessions réitérées de Calonne, ministre alors des frères de Louis XVI, dont certainement la nullité auroit été sans cela absolue, puisque les cabinets de Vienne, de Turin, de Madrid et de Naples ne vouloient point en entendre parler et en connoissoient la juste valeur.

La victoire de Jemmapes ayant ouvert à Dumouriez tout le Brabant, je fus obligé de quitter Bruxelles pour mettre mes jours en sûreté. Tous les émigrés, en fuyant, ne pouvoient être reçus nulle part. C'est avec infiniment de peine que je pus arriver à la Haye, où je fus parfaitement bien traité de tout le corps diplomatique, et même de mylord Auckland, ambassadeur d'Angleterre. C'est lui qui déjoua si bien le cabinet de Versailles dans le fameux traité de commerce.

J'avois, en sortant de Bruxelles, écrit au Roi de Prusse pour lui demander asile; mais, étant établi à la Haye quand je reçus sa réponse, la dureté de la saison et ma santé m'empêchèrent de profiter de ses bontés. Voici sa lettre, que je transcris ici parce qu'elle prête à des réflexions qui peuvent expliquer bien des choses :

« Monsieur d'Augeard, c'est un bien triste plaisir

pour moi que de vous accorder dans mes provinces l'asile que vous me demandez. *Vous savez que, s'il n'eût tenu qu'à moi et que des circonstances irrésistibles n'eussent pas maîtrisé mes vœux,* ce n'est pas là que se borneroient les vôtres. Votre terre de Buzancy, dont je me rappelle le séjour et les beautés, vous offriroit un séjour où les mêmes chagrins ne vous poursuivroient pas. Puissent mes États, qui vous sont ouverts, vous présenter assez de consolations pour attendre avec constance des temps plus heureux et plus calmes, que hâteront mes souhaits et les sentiments avec lesquels je prie Dieu, Monsieur d'Augeard, qu'il vous ait en sa sainte et digne garde!

» Francfort, le 6 décembre 1792.

» *Signé* F. Guillaume. »

Dans plusieurs entretiens que j'eus avec mylord Auckland, je crus m'apercevoir que M. Pitt s'égaroit dans ses projets de vengeance. Le cabinet de Versailles, dans la guerre de l'Amérique, s'étoit conduit de la manière la plus malhonnête et la plus immorale. M. Pitt a eu grandement raison d'en être outré; mais il s'est furieusement égaré dans ses projets de vengeance, si toutefois il a influencé la révolution de France.

Le gouvernement françois, en fomentant celle de

l'Amérique, avoit su distraire de la métropole de Londres une population d'environ trois millions d'habitants. Si M. Pitt a voulu prendre sa revanche, il auroit dû trouver un moyen quelconque de démembrer une partie de la France. Une émigration de deux cent mille individus ne pouvoit certainement pas en diminuer la puissance. Ce ministre, au contraire, l'auroit décuplée en y laissant subsister un gouvernement destructeur de tout ordre social et moral dans l'univers, mais infiniment plus énergique que le régime qui existoit avant 1789, régime qui paralysoit les forces d'une population de vingt-cinq millions d'habitants, et d'où résultoit toute la splendeur de l'Angleterre vis-à-vis sa rivale. Comme dans plusieurs entretiens que j'eus avec mylord Auckland il fut question de cette grande affaire, je lui remis un mémoire dont voici l'extrait, et qu'il envoya à M. Pitt :

« M. Pitt a-t-il assez réfléchi au but du régime de Robespierre et à ses conseils, qui ont dit :

« Il se trouve en France deux cent cinquante mille individus, prêtres et nobles, qui chacun ont l'un dans l'autre au moins 2,000 livres de rente : cela fait 500 millions de revenu ; massacrons-les tous, et nous prendrons leurs biens. Si plusieurs d'entre eux devinent notre projet et passent en pays étranger, dans la seule vue de sauver leurs jours, nous les déclarerons émigrés, et, comme tels, criminels de lèse-nation; quand même ils n'auroient pas porté les armes, nous confisquerons leurs propriétés, parce qu'elles sont trop nécessaires à notre existence. A ces 500 millions de revenus clairs, nous joindrons tous les anciens domaines du Roi, les forêts, la ferme des postes, celle des messageries, celle des poudres et salpêtres, le droit de monnoie, ce qui fait encore 60 millions. Ainsi la République aura annuellement 560 millions : elle n'aura donc plus besoin de mettre des impôts; elle pourra en délivrer les peuples : ce sera le moyen le plus sûr pour les attacher à la liberté que nous leur donnons. D'ailleurs les dépenses seront infiniment diminuées par la suppression des maisons royales, des pensions, des états-majors; et puis on ne payera plus aux émigrés leurs rentes perpétuelles et viagères. »

« M. Pitt a sans doute réfléchi que la République françoise, en supprimant encore les droits de traite à l'entrée et à la sortie de ses ports, nécessiteroit le négociant tant soit peu calculateur à transporter son commerce et son industrie dans la France plutôt qu'en Angleterre, où les droits de douane sont excessifs, et que les Anglois finiroient bientôt par s'ennuyer de payer des impôts exorbitants dès que leurs voisins n'en payeront aucun. C'est sans doute par suite de cette réflexion qu'il a aperçu le danger où son gouvernement étoit exposé, qu'il a cru qu'il n'y avoit que la guerre avec la France qui pût l'en sauver. Mais c'étoit plutôt aux Jacobins qu'il auroit dû la faire. En peut-on citer une sous le régime de ses Rois qui ait jamais été plus glorieuse pour la France que celle qu'elle fait depuis 1792? »

Je sais que la concision de ce mémoire et la force des choses qui y sont contenues ont frappé M. Pitt. Il prit le parti de faire la guerre moins à la Révolution qu'à la France, et en cela il a commis envers l'humanité une très-grande faute; mais comme il ne vouloit pas que le parti de l'opposition l'accusât d'avoir provoqué la guerre, il fit travailler par ses agents nombre de députés de la Convention, pour qu'elle fût déclarée à l'Angleterre par la France même.

Il n'auroit existé dans l'univers un gouvernement plus riche que la France et un peuple plus libre, puisqu'il n'auroit été assujetti à aucune imposition; mais l'Angleterre a été sauvée, parce que dans les membres de la Convention il n'y en avoit pas cent qui avoient dans leur cœur le désir de faire le bien et la gloire de leur patrie; presque tous n'avoient pour but que de s'enrichir; à cet effet, ils décrétèrent la vente des biens des émigrés et du clergé, et se les firent adjuger au plus vil prix possible; de sorte que la mesure atroce qu'ils avoient prise de les confisquer n'a pas même tourné, pour la plus minime part, au profit de la France; tout a été pillé, dilapidé, et malgré plus de trente milliards de banqueroute, les impositions en tout genre ont été plus que doublées.

J'étois enfermé chez M. le comte de Stahremberg, ministre de l'Empereur, avec celui de Russie, de Londres et plusieurs autres, c'étoit le 31 janvier 1793, lorsque M. le baron de Laikann, ministre de l'Électeur de Cologne, entra et nous dit :

« Je viens d'apprendre que Monsieur, ayant appris la mort du Roi le 27, s'étoit déclaré régent, et son frère lieutenant général du royaume; il faut donc que ce soit d'accord avec toutes les puissances.

— Eh! lui ai-je répondu, cela est bien vraisemblable, depuis six semaines on a dû prévoir la fin tragique de ce malheureux prince. »

Personne ne me répondit, mais je vis bien à leur air qu'ils n'en étoient rien moins que persuadés. Ils me conseillèrent de faire un mémoire pour les droits de la Reine, puisque tous les pouvoirs des ministres étoient éteints par la mort du Roi, et qu'il n'y avoit que les miens qui subsistoient. Voici la copie de ce mémoire, remis aux puissances en février 1793 :

« Nombre d'émigrés françois désirent voir les puissances de l'Europe s'ingérer dans la nomination ou la reconnoissance d'un régent de France. Si elles avoient cette prétention, elle seroit tout aussi absurde que celle d'un roi de France qui avant 1788 auroit voulu nommer un régent pour les royaumes d'Angleterre, de Suède ou de Hongrie ; ce seroit une affaire qui n'auroit pu le regarder en aucune manière quelconque, comme entièrement étrangère à son administration.

» La régence appartiendroit-elle de droit à Monsieur, il n'auroit pas pour cela celui de se constituer régent. Personne n'a sur terre le droit de se constituer soi-même, et encore moins en matière de tutelle et de régence.

» Les états généraux, sous les première et seconde races, ont toujours accordé ce droit aux veuves des rois de France. Depuis la loi salique il s'est élevé une question pour savoir si, les femmes étant exclues du trône, elles étoient également exclues de la régence; mais comme la loi salique avoit été plutôt rendue pour empêcher que la couronne ne passât en mains étrangères que par crainte d'incapacité de la part des femmes, puisque trois régences, et notamment celle de la reine Blanche, avoient été les plus sagement administrées, les états généraux décidèrent en faveur des reines mères.

» En conséquence, Catherine de Médicis se présenta au Parlement, et sur les conclusions de Juvénal des

Ursins, elle lui fut adjugée par arrêt du Parlement.

» Marie de Médicis, à la mort de Henri IV, se présenta au Parlement, y demanda la régence en vertu de la chose décidée par les états généraux de 1560 et jugée précédemment par arrêt de la cour des pairs; elle lui fut également adjugée.

» Anne d'Autriche, veuve de Louis XIII, se présenta également au Parlement munie de la décision des états de 1560 et de deux arrêts; la régence ne pouvoit lui être refusée.

» Ainsi, depuis la loi salique, voilà une décision des états généraux et trois arrêts de la cour des pairs en faveur des reines mères.

» M. le duc d'Orléans, à la mort de Louis XIV qui étoit veuf, se présenta au Parlement, qui lui accorda la régence avant même d'avoir lu le testament du Roi, dont la lecture auroit pu faire naître des difficultés.

» Il résulte de ces faits qu'en France les régences sont datives; c'est une vérité si incontestable que, quoique par la coutume générale le père soit naturellement tuteur et régent des biens de ses enfants, il lui est impossible d'exercer aucun acte qui y ait rapport, sans au préalable s'être présenté devant le juge de la loi, à l'effet de constater si dans sa personne il ne se trouve pas des empêchements absolus ou autres qualités exclusives de pareilles fonctions, comme interdiction, démence, dissipation, etc.

» Aussi ne trouve-t-on depuis l'époque de la monarchie aucun exemple, en fait de régence et tutelle, d'un prince et d'un particulier qui se soit constitué régent ou tuteur. La déclaration de Monsieur ne peut donc être admissible, ni dans l'intérieur ni dans l'extérieur du royaume, et encore moins auprès d'une puissance étrangère quelconque. Les conseils de Monsieur, pour excuser une démarche aussi extraordinaire, prétendent qu'il lui étoit impossible de se faire reconnoître en France à la mort du Roi, mais l'impossibilité où il étoit alors d'y rentrer ne pouvoit en aucune manière lui accorder la faculté et le pouvoir de se constituer lui-même régent du royaume.

» N'auroit-il pas dû plutôt assembler autour de lui ou ailleurs les pairs, les grands officiers de la couronne, le chef de la loi et le plus grand nombre de magistrats possible, et même de gentilshommes qui étoient comme lui émigrés, à l'effet de leur demander quelle qualité ils désiroient qu'il dût prendre dans la circonstance critique où il se trouvoit? Les personnes qui entouroient ces princes sont bien coupables de ne pas lui avoir conseillé cette mesure. Elle étoit certainement plus légale, plus honnête que celle qu'ils lui ont fait adopter. Pour lors les droits de Monsieur auroient été présentés; quelques voix auroient peut-être aussi préféré ceux de la Reine; son malheur, son courage sont-ils des qualités dirimantes qui doivent l'exclure d'un droit accordé aux reines mères depuis un temps immémorial?

» Monsieur n'étant reconnu dans l'intérieur ni dans l'extérieur, il est assez difficile aux puissances de le regarder comme régent d'un pays d'où il est absent, et d'un royaume qui n'existe pas.

» Au surplus, il peut arriver un moment, et il faut l'espérer, où il sera de l'intérêt de l'Europe de reconnoître en France une autorité constituée; mais encore est-il difficile aujourd'hui de prévoir laquelle lui sera plus convenable et en même temps plus avantageuse à ses voisins. »

L'acte de déclaration de Monsieur étoit par trop monstrueux pour être accueilli dans aucune cour de l'Europe. Son prétendu droit n'avoit d'autre base que la Constitution de 1791, que lui-même non-seulement désavouoit, mais contre laquelle il avoit pris les armes. Il n'avoit d'autres prôneurs de cette démarche que sa domesticité, qui disoit que la Reine, étant en prison au Temple, ne peut point être régente; mais pourquoi Monsieur dit-il : *Sommes et serons?* Si Monsieur regardoit la Reine comme prisonnière, pourquoi s'avise-t-il de la déclarer tutrice? C'étoit une cause dirimante : un citoyen prisonnier ne peut exercer aucun acte de tutelle.

Quels sont d'ailleurs les personnages qui ont donné l'authenticité à cet acte? Ils ne sont ni secrétaires des commandements de ce prince, ni secrétaires d'État; l'un a bien été nommé ministre par Louis XVI, mais n'avoit pas eu seulement le temps de prêter serment, l'autre avoit donné sa démission en 1788.

Je rencontrai peu de jours après à la Haye un homme considérable qui arrivoit de l'Angleterre, et en me parlant de mon Mémoire il me dit :

« La Reine viendroit à mourir, cela seroit égal, Monsieur ne seroit pas reconnu régent. »

Et comme je me permis de lui en demander le motif.

« Je vous laisse, me répondit-il, le soin de le deviner. »

Deux mois après je revis ce même personnage, et je lui dis :

« J'ai réfléchi à ce que vous m'avez dit : les puissances ne reconnoîtront pas Monsieur, parce qu'elles ne veulent point s'aventurer, et qu'ignorant l'issue de cette guerre, elles veulent se laisser une porte de derrière pour la finir par la reconnoissance de la République ou de la royauté, et si elles avoient une fois reconnu un régent quelconque, ce seroit par trop humiliant pour elles de revenir sur leurs pas. »

J'ai eu dans le même temps, c'est-à-dire le 2 février 1793, une conférence avec M. le vicomte de Maulde, ambassadeur extraordinaire à la Haye; elle est si singulière, que je ne puis me dispenser de la mettre au jour.

Je l'avois beaucoup connu à Paris, mais j'avois cessé absolument de le voir depuis les états généraux, sa religion jacobine n'étant pas la mienne. Il avoit passé deux fois à mon auberge, et sur sa carte il avoit eu l'attention de mettre : En personne. Je ne me souciois pas de lui rendre sa visite, mais M. de Stahremberg et mylord Auckland, à qui j'en avois parlé, m'engagèrent à le voir pour tâcher de savoir quel jour il avoit quitté Paris. Ils y mettoient de l'importance à cause de la déclaration de la guerre. Je me rendis donc chez lui, il me reçut fort honnêtement en me disant :

« Quoique nos façons de penser soient absolument différentes, je n'oublierai jamais la manière obligeante dont vous me receviez à Paris. J'ai ici quelque crédit, je serois enchanté de pouvoir vous être utile.

— Je vous fais mes remercîments, monsieur. La Hollande devoit être toujours pour moi un pays de ressource. M. le duc de La Vauguyon, alors ambassadeur, m'y a reçu en 1779 avec toutes sortes de bontés, et M. Noël, l'ambassadeur actuel, a été précepteur de mon fils. Je ne puis manquer ici de recommandation. Quel jour avez-vous quitté Paris?

— Je l'ai quitté le 24, j'ai voulu voir l'exécution du Roi.

— C'est en effet une chose très-extraordinaire.

— D'ailleurs j'ai voulu voyager avec mon ami Dumouriez, dont il me fit le plus grand éloge; et en continuant :

— Je l'ai laissé à son armée, et si MM. les Hollandois ne veulent pas parler clair, ils le verront bientôt chez eux.

— Eh! mais que leur demandez-vous donc?

— Nous ne voulons pas de neutralité, il faut qu'ils se déclarent pour ou contre, et ils n'ont que le premier parti à prendre.

— Cependant ils ont toujours été les amis et les alliés de l'Angleterre.

— Dites donc les esclaves. Pourquoi les Hollandois feroient-ils la guerre pour soutenir les rois? mais ne sont-ils pas république comme nous? Au surplus, je ne leur donne pas deux jours pour se décider. »

Je lui parlai ensuite de la mort du Roi, je lui dis que je pouvois bien concevoir que la Convention, d'après la sanction du Roi, auroit pu prononcer la déchéance, mais jamais la mort, puisque la loi ne le portoit pas. Il dit :

« C'est la faute de l'Assemblée nationale, qui n'a mis le Roi ni dessus ni dessous la loi.

— Mais dans ce cas-là pouvoit-elle en changer le texte et donner une extension à la peine qu'elle prononçoit? Et puis comment justifier le crime dont elle s'est rendue coupable en changeant le Code pénal sans y être autorisée par les assemblées primaires? Le Code pénal prononçoit que l'on ne pouvoit condamner un homme à mort que dans le cas que les deux tiers des juges l'auroient décidé, et votre Convention décrète que dans le procès du Roi il faudra le condamner à la majorité plus une. »

Il me parla ensuite du duc d'Orléans dans les plus mauvais termes, ne faisant aucune difficulté de le traiter de scélérat. Puis il me parla de la Reine, disant qu'on alloit s'occuper de son procès, mais qu'elle ne seroit pas jugée par la Convention, parce que cela exigeoit trop d'éclat et pourroit augmenter l'intérêt en faveur de l'accusée; qu'elle seroit jugée par un tribunal de district; qu'on n'avoit point encore de preuves légales contre elle, mais qu'on étoit saisi de quatre lettres de Madame Élisabeth qui faisoient preuve de conviction contre cette princesse. Il m'ajouta :

« Il faudra faire le procès de Madame Élisabeth avec la Reine pour l'y faire entrer comme complice. »

En quittant M. de Maulde, je fus trouver M. de Stahremberg, et en combinant qu'il n'avoit pu partir que le 24 de Paris, il n'avoit pu arriver à Anvers que le 27; il en conclut qu'il n'avoit par conséquent pu envoyer en Angleterre, puisque la mer avoit été si extraordinairement agitée les 27, 28 et 29, qu'aucun paquebot n'y avoit passé, et que rien pour lors n'avoit pu empêcher la déclaration de guerre.

L'archiduc Charles et le maréchal de Cobourg ayant dans l'espace d'un mois reconquis le Brabant, je retournai à Bruxelles après la prise de Condé pour rejoindre M. le comte de Mercy et faire ma cour à Son Altesse Royale.

Ce prince me combla de bontés; il m'engagea à le venir voir souvent à Laeken, maison de plaisance près Bruxelles; il me pria de lui donner des renseignements sur les causes et les effets de cette infernale Révolution; il avoit à cet effet établi un petit travail tous les dimanches depuis midi jusqu'à une heure. Je n'ai jamais connu, je ne dirai pas un jeune prince, mais un jeune homme plus honnête, plus avide du bien et de la gloire que l'archiduc Charles. Je lui ai prédit alors qu'il arriveroit au point de la plus grande estime de la part de l'Europe. Personne plus que lui n'a des connoissances plus parfaites sur l'impéritie et la sottise des ministres du malheureux Louis XVI; il m'a paru toujours on ne peut pas plus attaché à la Reine et touché de sa cruelle situation; il me recommandoit de donner à M. le comte de Mercy les renseignements que je pourrois avoir *de* Versailles[1].

Ayant eu au mois de septembre 1793 des indices certains qu'on vouloit absolument la mort de cette princesse infortunée, je me rendis à Laeken pour les communiquer à ce prince. Il me pria d'aller joindre M. le comte de Mercy qui étoit près du Quesnoy, dont on faisoit le siége.

J'eus avec M. de Mercy une conférence de près d'une heure. J'avouerai que je n'en fus pas trop édifié; il me dit :

« Assurez bien Son Altesse Royale que l'on ne perd pas de vue l'affaire de la Reine; que le danger n'est pas aussi imminent qu'on le dit; qu'on emploie tous les moyens possibles, et qu'enfin il falloit se résigner à tous les événements. »

Trois semaines après je reçus de Paris un avis encore plus pressant, c'étoit le 11 octobre; on me marquoit que si on ne venoit pas à son secours, la Reine n'existeroit pas dans six jours. Je revis Son Altesse Royale, qui me conjura de revoir M. le comte de Mercy, mais il avoit quitté le siége du Quesnoy, et dans un moment aussi important il avoit été à une terre à lui au-dessus de Liége. Je me rendis à Valen-

[1] Dans le manuscrit primitif, à ces mots : *de* Versailles, sont substitués ceux-ci : *par* Versailles. Dans la copie faite par l'auteur lui-même, le mot Versailles est en blanc.

ciennes pour tâcher de savoir par la voie que j'y avois établie la position de l'affaire de la Reine d'une manière encore plus précise. J'y appris sa condamnation, et je suis persuadé que ce qui a déterminé le maréchal de Cobourg à sonner la retraite à la bataille de Maubeuge qu'il avoit gagnée, c'est d'avoir appris pendant cette action cette triste nouvelle.

L'archiduc avoit espéré que son frère l'Empereur pourroit, dans le mois de janvier 1794, faire un tour à Bruxelles; mais ce prince se contenta d'envoyer M. Mack au mois de mars suivant, avec un plan de campagne parfaitement conçu, mais qui exigeoit un certain nombre d'hommes qu'il avoit demandé. Après la mort de la Reine, le baron de Breteuil tâcha de se rendre utile auprès des princes, et oubliant sa politique du vivant du Roi, il crut qu'il pourroit faire changer également celle de M. de Mercy; il eut avec lui à ce sujet plusieurs conférences dont une devint très-vive. M. de Mercy m'en parla; il regardoit les démarches du baron de Breteuil comme très-inconséquentes d'après tout ce qu'il lui avoit dit sur le caractère des princes et sur les gens qui les environnoient; je ne pus moi-même m'empêcher de les regarder comme prématurées; aussi lui firent-elles perdre toute considération auprès de l'Empereur et de son cabinet; c'est ce qui l'a déterminé, après la seconde évacuation du Brabant, à se retirer d'abord à la Haye et puis à Londres.

Je fus au mois de mars à Spa pour y voir mon gendre; à mon retour, et en repassant par Liége, j'appris que Son Altesse Royale étoit partie pour Vienne; il en revint quinze jours après. En lui rendant mes devoirs le lendemain, je lui dis :

« Monseigneur, votre voyage m'a bien surpris; ce n'étoit pas le dessein de Votre Altesse Royale quand j'ai pris congé d'elle. »

Il me dit :

« Vous savez bien que quand M. Mack est arrivé ici au mois de mars, il portoit avec lui un plan de campagne arrêté qui exigeoit tant d'hommes; quand M. Mack a passé la revue, il y a trouvé un déficit, tant en Anglois, Hanovriens, Hessois et de nous autres, de 40,000 hommes. J'en ai écrit à mon frère, qui m'a répondu une lettre de bureau et insignifiante. J'ai pris le parti d'y aller moi-même et de demander sa réponse. Je l'ai ramené ici, où je crois sa présence infiniment plus nécessaire qu'à Vienne. Je l'ai prévenu de votre présence ici, il m'a dit qu'il vous verroit avec plaisir; vous pouvez demain vous présenter à neuf heures et demie, il vous recevra bien. »

J'exécutai les ordres de Son Altesse Royale. Je trouvai chez l'Empereur une foule énorme; il me fit entrer sur-le-champ, et me dit :

« Je me ressouviens fort bien de vous avoir vu chez ma belle-mère la Reine de Naples ; elle m'a parlé de vous, et en bien ; elle m'a remis même des mémoires que vous lui avez donnés. Je serai fort aise de vous connoître. »

Ma conférence fut à peu près d'une bonne demi-heure. Je lui demandai la permission de me retirer, parce qu'il y avoit un monde énorme qui attendoit le bonheur de le voir.

« A la bonne heure, mais je veux faire une main fond avec vous. Il faut que j'aille joindre mon armée, je viendrai après cela ici passer huit jours pour mon inauguration, je vous en donnerai un pour apprendre d'une manière positive les causes secrètes de votre révolution. »

Il revint en effet après avoir gagné une bataille ; il m'envoya chercher.

« Je ne pourrai point, me dit-il, rester aussi long-temps avec vous que je l'avois espéré, parce que je ne serai ici que trois jours ; mais vous viendrez bien me voir à mon quartier général, il y a là des moments oisifs. »

Il m'avoit demandé de lui faire un petit mémoire sur les qualités et l'intelligence des François qui prétendoient au ministère. Je le lui ai remis, et un autre sur la guerre. En voici la copie :

NOTES

SUR LA GUERRE PRÉSENTE.

Quoique les puissances coalisées aient eu sur les François peu de succès dans les campagnes de 1792 et 1793, la République a fait une consommation d'hommes si effroyable, tant dans l'intérieur qu'aux frontières, que sa population, fût-elle de 25 millions, ne lui permet pas de soutenir la guerre pendant plus de deux ans. Il est bien vrai que les puissances faisant la guerre avec de l'or, et n'ayant qu'un crédit foible toujours contrarié par les banquiers, courtiers et marchands d'argent, leurs moyens seront en ce genre des armes inégales vis-à-vis la Convention. Il seroit d'ailleurs du plus grand danger pour elles d'établir sur leurs peuples de nouveaux impôts au moment où la France, par ses opérations, ne tend qu'à les diminuer dans son intérieur. Il faut donc trouver un moyen qui équipolle en fait de crédit à celui de la République, car en fait de population la masse des puissances coalisées est au moins trois fois plus considérable que celle de la France qui doit infailliblement être écrasée, surtout si elle continue de faire litière de ses habitants quand les puissances, au contraire, continueront à user de leurs troupes avec ménagement. Il convient d'abord de donner la preuve arithmétique de cette vérité importante.

D'après les calculs de probabilité tirés de l'*Encyclopédie*, la population d'une ville où chaque année il y auroit 1,000 naissances seroit de 33,958 hommes.

Une ville où il y auroit 10,000 naissances seroit par conséquent de 339,580.

Un État où il y en auroit 100,000 produiroit une population de 3,395,800.

Un royaume où il y auroit 700,000 naissances produiroit une population de 23,770,600.

Ce qui fait à peu près 24 millions d'hommes, qui est la population de la France.

Supposons-la donc telle, ci. 24,000,000

Si, sur 1,000 enfants, il y en a, à la seizième année, 374 moissonnés, il en résulte que sur une population de 24 millions, la mort en a déjà enlevé au même âge. 8,976,000

Il ne reste donc au-dessus de cet âge que. 15,024,000

En suivant les mêmes probabilités de l'*Encyclopédie*, sur 1,000 enfants nés en la même année, à la cinquante-neuvième il ne reste plus que le quart qu'il faut encore défalquer, ci. 6,000,000

Reste 9,024,000

Par conséquent, il ne restera pas, sur une population de 24 millions d'hommes, depuis l'âge de seize ans jusqu'à cinquante-neuf ans, neuf millions d'habitants; et comme il y a infiniment plus de femmes que d'hommes, nous supposons 4,200,000 hommes contre 4,800,000 femmes.

Ce sont ces 4,200,000 hommes qui sont la manufacture d'enfants, et dont partie porte les armes.

Il en résulte que si la France étoit obligée à faire trois campagnes telles qu'en l'année 1793, la population diminueroit de plus du tiers; il lui seroit alors impossible de trouver des hommes pour porter les armes, ou elle manqueroit de laboureurs, de valets de charrue, de menuisiers, boulangers, charrons, maréchaux, cordonniers, tailleurs, tisserands et d'autres ouvriers de première nécessité pour le victum et le vestitum des 8,976,000 en bas âge, des 6,000,000 de vieillards et des 4,800,000 femmes. Et cependant il lui faudra toujours le même nombre de légistes, de clubistes, d'agents et propagandistes de son infernale révolution pour électriser sans cesse les esprits.

La campagne dernière a coûté à la France 500,000 hommes [1], soit dans la Vendée, à Toulon, à Lyon, Avignon, Marseille et Bordeaux, par la

---

[1] *Ex concessis* et avoués à la tribune de l'Assemblée.

guillotine, la guerre ou maladies en résultant, soit par la perte qu'elle a faite à ses frontières, ou tués, estropiés, émigrés, déserteurs, prisonniers ou morts de maladie; si elle essuie de pareilles pertes en 1794 et 1795, elle est anéantie pour cinquante ans, et si toutes les puissances se réunissent pour faire la campagne de 1796, la France ne pourroit jamais s'en relever, sa population ressembleroit à celle de l'Espagne. Les naissances seroient réduites à plus de moitié, tandis que la mortalité chaque année seroit presque toujours la même. Les naissances en France se montoient avant 1789 à 700,000, et les morts à 692 ou 695,000.

Il s'agit actuellement de trouver un moyen qui puisse donner à l'Empereur un crédit qui le débarrasse des entraves des marchands d'argent. En voici un qui pare à ces inconvénients et qui a été présenté à Louis XVI au moment de la tenue des états généraux, et que les factieux ont dénaturé. Il faut qu'il s'adresse à la Hongrie, comme la nation la plus fidèle de l'Europe, la plus attachée à ses maîtres; et à cet effet l'autoriser à créer un papier-monnoie assigné et hypothéqué spécialement sur les impôts, de plus sur tous les biens de ce royaume et même domaniaux, et sanctionnés par Sa Majesté au prorata de cent millions ou d'un sixième du numéraire qui se trouve dans le royaume. Ce secours de la part d'habitants qui adorent leur maître ne leur coûteroit pas un sou; ce papier seroit reçu dans toutes les caisses publiques, soit à l'entrée, soit à la sortie; la seule attention qu'il faut avoir est que ce papier soit toujours six fois moins considérable que les espèces d'or et d'argent, et qu'il ne puisse jamais être contrefait, et surtout que le gouvernement fasse brûler exactement chaque année devant le tribunal suprême de la justice le vingtième de ce papier, pour qu'il n'en existe plus après vingt ans révolus.

Pour parer à la contrefaçon, la formation, la signature et la grande police de ces billets sera remise au tribunal, visés de sept de ses membres et signés du président des états.

La matrice sera déposée à ce greffe dans un coffre fermant à quatre serrures différentes, dont le premier président aura une clef, le procureur général une autre, et les deux autres ès mains du doyen et du greffier en chef, afin qu'on ne puisse faire et signer de billets qu'en rapportant les anciens, attendu que dans l'espace de vingt années il pourroit en exister dont le papier seroit devenu trop vieux. Si le papier-monnoie créé par l'Assemblée nationale de France eût été créé au prorata de 300 millions seulement, jamais il n'auroit essuyé de pertes, puisque le numéraire d'alors étoit de plus de 2 milliards 400,000 livres; qu'il étoit impossible par là qu'il y eût jamais obstruction au trésor royal, ni dans aucunes caisses quelconques de l'administration; et la France ne seroit pas aujourd'hui vis-à-vis l'Europe en banqueroute de 75 pour 100 sur leur papier, car plus ils feront d'émission d'assignats, plus leur papier tombera de valeur.

Pour que ce service important ne soit pas à charge et ne coûte absolument rien à la nation hongroise, et même lui soit infiniment profitable, il convient que l'Empereur lui fasse remise d'un vingtième de ses impositions ordinaires, pour employer cette somme chaque année à l'incendie et amortissement de ces billets.

Ce sera un emprunt que l'Empereur fera sans le secours d'aucun banquier et marchand d'argent, et la remise des impositions faite aux Hongrois sera couverte par le revenu des conquêtes; mais il ne faudroit employer ce moyen qu'autant que l'Angleterre voudroit toujours continuer la guerre, car si la France, lasse de ses pertes, vouloit proposer une paix honorable pour l'Empereur, il faudroit l'accepter, et si l'Angleterre vouloit continuer la guerre, il faudroit qu'elle payât les frais de ses alliés.

———

L'Empereur me parla ensuite du baron de Breteuil, me disant :

« Il chante aujourd'hui un peu la palinodie, il est à présent tout prince, il en fait le plus grand éloge; quand Louis XVI vivoit il étoit tout autre….. l'ambition ! »

Il me fit beaucoup d'offres de service, ajoutant qu'il n'oublieroit jamais mon attachement à sa tante. Je le remerciai très-respectueusement, et voici ce que j'ajoutai mot pour mot :

« Sire, je n'ai rien à demander dans ce moment-ci à Votre Majesté, il faut attendre la paix, car si à ce moment ces gens-là me rendoient mes biens, comme n'ayant jamais porté les armes et intrigué contre ma patrie; qu'ils ne m'en rendissent qu'un sixième, j'en aurois toujours suffisamment; ils m'ont appris à vivre de peu. S'ils ne me donnoient rien du tout, la sensibilité de votre âme m'est trop connue pour que je craigne de mourir de faim. Quant à l'ambition, je n'en ai aucune, car si je demandois à Votre Majesté d'entrer dans son administration, je serois aussi coupable que Necker qui n'avoit nulle idée de celle de France, et qui, après avoir conduit Louis XVI et nous dans l'abîme où nous sommes, s'est retiré ensuite chez lui avec notre or. »

Sa Majesté se mit à sourire. Elle me dit, quand je pris congé d'elle :

« Ah çà! vous viendrez me voir à mon quartier général. »

Pour obéir à ses ordres je me rendis à Tournay, après cette fameuse bataille, le mardi au soir des Rogations.

Je passai le lendemain matin chez Son Altesse Royale pour lui faire part de mon arrivée; je dînai chez une dame françoise de mes amies, ensuite je fus voir M. le prince de Lambesc à Fleurieux, où étoit son quartier; je ne rentrai chez moi que sur les dix heures du soir. Mon valet de chambre me dit :

« L'Empereur a envoyé ici trois fois, et enfin le soir une personne a passé qui m'a dit que Sa Majesté vous attendoit demain matin à neuf heures. »

Elle étoit logée à l'abbaye Saint-Pierre; je ne trouvai personne ni dans les cours, ni dans les antichambres, qu'un seul grenadier en haut de l'escalier. J'étois à attendre dans la pièce avant celle où étoit l'Empereur, quand je vis entrer dans la cour une petite voiture à la manière allemande, attelée de deux chevaux, et un seul valet de pied. On ouvrit sur-le-champ la porte; c'étoit l'Empereur lui-même, qui n'avoit pour toute escorte qu'un seul adjudant pour l'accompagner. Il s'approcha de moi.

« Je suis obligé d'aller chez le duc d'York; attendez-moi, je serai ici dans un quart d'heure. »

En effet, il ne fut pas plus de temps dehors. Il me fit entrer sur-le-champ dans son cabinet, et me dit :

« Nous en étions là quand je vous ai quitté à Bruxelles. »

Je repris la conversation, qui avoit toujours trait à la Révolution et à la haine que la faction d'Orléans portoit à sa tante, ainsi qu'une partie de son ancienne société. A Versailles on la traitoit de démocrate, et à Paris on la traitoit d'aristocrate. Il n'y avoit pas huit à dix minutes écoulées qu'on frappa à la porte, l'Empereur vint lui-même ouvrir. Il lui fut remis un paquet qu'il décacheta; il me dit :

« Continuez. »

Mais je m'aperçus qu'il étoit plus occupé de la lecture qu'il en faisoit qu'à ce que je lui disois.

« Votre Majesté me paroît très-préoccupée, elle a dix mille affaires, je n'en ai aucune, elle peut remettre notre conférence à un autre moment, à un autre lieu. »

Elle me répondit :

« Vous avez raison, cela est vrai, tout me tombe à la fois; venez demain à huit heures et demie. »

Je me retirai et passai sur-le-champ chez Son Altesse Royale pour lui rendre compte de tout ce que m'avoit dit l'Empereur. J'y trouvai le prince de Lambesc, qui m'engagea à dîner. Je fus ensuite entendre la messe à la cathédrale. En descendant de cette église je m'entendis appeler; je reconnus Bastien,

premier valet de chambre de Son Altesse Royale,
qui s'écria :

« Ah! mon Dieu, Monsieur, quel changement!

— Eh! quoi donc?

— L'Empereur va demain à l'armée faire ses
adieux à celle de M. de Clairfayt, passe ensuite à
celle de Sambre-et-Meuse et s'en retourne à Vienne.

— Qui vous a fait ces fagots-là?

— Monseigneur l'archiduc vient de me le dire, il
le tient de la bouche de l'Empereur, qui l'a envoyé
chercher il y a un quart d'heure. Il m'a donné ordre
de faire les coffres, parce qu'il accompagne Sa Majesté. Le général Kaunitz est disgracié. »

Je montai ensuite en voiture pour me rendre à
Fleurieux, chez le prince de Lambesc. Je trouvai plusieurs généraux qui étoient déjà informés d'un événement aussi extraordinaire. Je demandai à M. le
prince de Lambesc ce que j'avois à faire dans cette
occasion, il me conseilla d'aller à quatre heures chez
Son Altesse Royale. Ce prince me dit de me trouver
à huit heures chez son frère l'Empereur et qu'il m'y
introduiroit. Sa Majesté eut la bonté de me dire :

« Je suis fâché de la course que je vous ai fait
faire, mais je serai au plus tard le cinquième jour à
Bruxelles, et vous serez la première personne que
je verrai. »

J'appris dans cet intervalle du comte de Mercy

que l'Empereur avoit eu la preuve matérielle que l'Angleterre le jouoit, et que les troupes angloises, hessoises, hanovriennes, étoient à son armée moins pour lui servir d'auxiliaires que pour arrêter le progrès de ses armes dans le cas de succès trop rapides, et que c'étoit en quoi consistoient les ordres secrets du duc d'York; que Sa Majesté avoit le dessein de demander aux états du Brabant une levée de 40,000 hommes pour être incorporés dans ses régiments. Sa Majesté, en effet, leur en fit la demande; ils répondirent qu'ils y consentoient, mais qu'ils exigeoient de les enrégimenter eux-mêmes.

La proposition des états parut à l'Empereur très-dangereuse; elle l'étoit en effet, puisque ce pays sortoit d'une insurrection qui paroissoit apaisée, mais dont les chefs continuoient sourdement leurs machinations et excitoient les peuples à une nouvelle révolte au premier moment favorable. Le refus des états du Brabant détermina l'Empereur à abandonner ce pays à son malheureux sort. Il est certain que quoique la conduite de l'Empereur dans le moment de son inauguration, et pendant tout le séjour qu'il a fait à Bruxelles, ait été ce qu'on appelle parfaite dans tous les genres, travaillant au moins douze heures par jour, visitant lui-même tous les hôpitaux, recevant avec affabilité les différents ordres de la province, la conduite de la noblesse et du clergé vis-à-vis de ce prince n'a pas été aussi remplie de marques d'attachement et d'amour qu'il devoit s'y attendre; ce sont là les raisons qui l'ont déterminé à un plan de conduite qui châtioit également les Anglois de leur perfidie et des sujets peu affectionnés en les livrant au gouvernement infernal de Robespierre.

Ils ont bien lieu aujourd'hui de se repentir de leur peu de fidélité à un prince qui ne vouloit régner que par les lois de leur pays. Ce prince revint dans sa capitale le même jour qu'il l'avoit dit; il m'envoya chercher, et après trois quarts d'heure de conférence, il ajouta :

« Avez-vous vu ici mes ministres?

— Non, Sire.

— Et pourquoi cela?

— C'est que Léopold, votre auguste père, m'avoit défendu de voir les siens.

— Je voudrois cependant avoir de vous plusieurs éclaircissements, je suis obligé de faire encore un tour à mon armée, je désirerois que pendant ce temps vous vissiez M. Colloredo, c'est moins mon ministre que mon père et mon ami. J'espère bien que vous viendrez me voir à Vienne. »

Il partit deux heures après pour son armée.

Je reçus le soir même en rentrant chez moi un très-joli billet de M. le comte de Colloredo, qui me prioit à déjeuner pour le lendemain matin. Je portai avec moi plusieurs renseignements et mémoires sur cette infernale révolution. Je passai trois heures et demie avec lui. Je retournai encore déjeuner le lendemain, et je restai encore avec lui jusqu'à midi que l'Empereur arriva. Il est impossible de rendre toutes les marques de bonté que je reçus de ce ministre, et en vérité, en comparant la manière charmante et aimable avec laquelle les princes des autres puissances et leurs ministres reçoivent, il est tout naturel qu'on se dégoûte et qu'on se soucie peu de travailler et d'être utile aux princes françois. Il ne faut pas cependant en vouloir particulièrement à leurs personnes, parce que leur conduite est le fruit de la mauvaise éducation qu'ils ont reçue et des conseils de leurs alentours. Dans tout ce que me dit l'Empereur à leur sujet, il me parut qu'il en faisoit très-peu de cas; il les regardoit comme la source et la cause des malheurs de la France et de la mort du Roi et de la Reine; il me dit ces propres paroles :

« Cela ne les a pas approchés de la couronne. »

Il n'ignoroit pas un mot de tout ce qui s'étoit dit et passé à Coblentz, et me répéta même tout ce que Madame m'avoit dit sur les beaux projets de MM. de Calonne, Vaudreuil et l'évêque d'Arras.

Quelques jours après son départ, me trouvant chez le baron de Breteuil avec l'évêque de Pamiers, ce dernier me dit :

« Vous avez vu plusieurs fois l'Empereur, il faudra bien qu'il finisse par reconnoître Monsieur régent.

— Je crois que ce sera fort bien fait; mais qui pourroit y forcer l'Empereur?

— L'Angleterre saura bien l'y forcer.

— M. le baron de Breteuil sait à merveille qu'une grande puissance terrestre qui n'a point de marine n'a rien à craindre d'une puissance maritime quelconque, et sous quinze jours ou trois semaines au plus tard vous verrez l'Angleterre aux genoux de l'Empereur. »

Je savois le projet d'évacuation de la West-Flandre, mais j'ignorois que celui du Brabant étoit arrêté définitivement [1].

J'avois quelque petite affaire d'argent à régler à Rotterdam. Je quittai Bruxelles pour m'y rendre, mais à peine eus-je touché barre à la Haye que j'appris que l'évacuation du Brabant commençoit à s'effectuer. J'envoyai sur-le-champ à Bruxelles mon valet de chambre pour y retirer mes effets; il y arriva à temps, vingt-quatre heures plus tard il étoit arrêté. Il fut même obligé d'y laisser un coffre rempli de

---

[1] Dès le jour même j'en fis mon compliment à Son Altesse Royale en lui disant que je voyois la paix faite avec mon pays dès que Vienne le voudroit, parce que la West-Flandre étoit un si grand avantage pour la France, qu'il étoit impossible qu'elle n'accordât pas en échange à la maison d'Autriche des indemnités proportionnées aux avantages immenses que la République retireroit, surtout si elle avoit la navigation libre de l'Escaut.

papiers. Ce que j'avois prédit à M. l'évêque de Pamiers ne fut pas longtemps à s'accomplir. L'Angleterre s'aperçut bien sur-le-champ du tour que lui jouoit le cabinet de Vienne en abandonnant la West-Flandre à la France; il lui livroit ce que quarante ans de victoires n'avoient pu conserver à Louis XIV. Aussi le ministre de Londres ne tarda-t-il pas à envoyer à Vienne lord Spencer comme ambassadeur; mais lord Greenville, frère du ministre des affaires étrangères, fut en même temps dépêché pour tâcher d'apaiser l'Empereur et faire retomber le plan de conduite du cabinet de Saint-James sur celui de Berlin; et pour preuve de sa loyauté, disoit-il, il s'engagea vis-à-vis de l'Empereur à lui donner six millions sterling s'il continuoit la guerre : c'est là le véhicule qui a porté l'Empereur à suivre les dispositions hostiles, puisqu'elles ne lui coûtoient rien et que cela lui donnoit le temps de négocier avec la République.

Je ne sais si c'est par le conseil du comte de Mercy que le maréchal de Clairfayt a abandonné sans coup férir après l'affaire de Liége, et le duché de Bergues, et le Limbourg et tous les électorats; mais c'est toujours la plus grande faute possible que l'on ait pu commettre, puisqu'on a par là fourni des ressources immenses à la France, soit en argent, en hommes, en chevaux, en bestiaux, soit en réquisitions de toute espèce, qui sont de telle nature qu'elles peuvent lui fournir de quoi faire la campagne de 1797 : ce qui sans cela lui auroit été impossible.

Je fus bientôt convaincu à la Haye que les François alloient porter toutes leurs forces du côté de la Hollande, je pris la détermination de me rendre à Vienne; mais étant à Francfort, j'appris que Son Altesse Royale l'archiduc étoit à Heidelberg avec l'archiduchesse Christine. Je crus que je ne pouvois me dispenser de leur faire ma cour. Je ne fus pas content de la réception de l'archiduchesse, je m'imagine qu'elle crut que j'allois lui demander des secours; elle me reçut cependant poliment. Quant à l'archiduc, je n'aperçus en lui aucun changement à mon égard. Au contraire, il me retint auprès de lui, et il me parut très-inquiet de ce qui se passoit à Bâle; on lui avoit dit que le Roi de Prusse pensoit à faire sa paix et d'en tirer bon parti pour lui seul. Je lui proposai d'aller à Bâle. Il me pria de donner suite à cette idée; c'étoit au commencement de décembre 1794. Je me déterminai, dans la vue de me rendre utile, à partir pour cette ville, et à cet effet je passai par Bruchsal; je revis l'évêque de Spire, qui me donna des pleins pouvoirs à l'effet de traiter de ses intérêts s'il étoit question de quelque accommodement. Je restai dix à douze jours à Bâle; j'y appris tout ce que je voulus savoir de Barker, secrétaire d'ambassade, et de deux députés, sous d'autres motifs et d'autres noms. Je sus que la Prusse pensoit sérieusement à faire sa paix particulière, qu'elle étoit lasse d'une guerre dans laquelle elle n'auroit dû figurer qu'avec son contingent, si elle n'y avoit pas été entraînée par les intrigues et obsessions de ce fou de Calonne; mais que la France filoit cette négociation, parce qu'elle avoit en vue la conquête de la Hollande, que le cabinet de Berlin auroit pu contrarier. Aussi la paix de cette puissance ne s'est-elle faite que deux mois après l'invasion de la Hollande.

Je retournai ensuite à Heidelberg, où je rendis compte du fruit de ma course à Son Altesse Royale, et par ses conseils j'écrivis, le 27 décembre 1794, à M. de Colloredo la raison qui m'avoit fait différer mon voyage à Vienne. Après lui avoir fait part de tout ce que j'avois appris à Bâle, et surtout du désir que la France devoit avoir de faire plutôt la paix avec l'Empereur qu'avec la Prusse, je finis ainsi ma lettre :

« S'il m'étoit permis, monsieur le comte, de donner un conseil à un ministre aussi expérimenté que vous dans les affaires, je lui dirois que je crois que l'Autriche ne pourroit mieux faire que de sortir d'une coalition qui, pour me servir des termes de M. le comte de Mercy, est monstrueuse et peut entraîner sa ruine; qu'à cet effet il faudroit faire la paix avec

la France et se mettre dans la position de faire un échange de domination quelconque, même de l'Alsace, contre les Pays-Bas. Que je n'ignorois pas que la population de cette dernière province étoit de 800,000 plus forte, puisque celle de Strasbourg n'étoit que de. . . . . 626,400 hab.
Celle de Nancy de. 834,600
Celle de Metz de. 349,300

1,810,300 hab.

Que les revenus et impositions n'étoient que de. . . . . 8,800,000 liv.
Que ceux de Nancy n'étoient que de 10,800,000
Et ceux de Metz de. 6,800,000

26,400,000 liv.

Que ceux des Pays-Bas étoient de 21 millions de florins, mais que les charges étoient de 19 millions; que d'ailleurs l'approximation du Brisgau donnoit à l'Empereur un grand avantage; qu'au surplus, ce prince devroit être satisfait de se débarrasser d'un pays qui depuis quatre cents ans est toujours en insurrection, et qui lui avoit manqué lors de son inauguration de la manière la plus extraordinaire. »

M. le comte de Colloredo m'envoya son fils le major pour me faire de vive voix la réponse à ma lettre, dont il jugeoit le contenu si intéressant qu'il me prioit en grâce de n'en ouvrir la bouche à personne [1].

L'archiduc Charles fut obligé à raison de sa santé de quitter Heidelberg et de se rendre à Vienne; comme on espéroit journellement que ce prince reviendroit à l'armée, j'attendois à Heidelberg et aux environs son retour.

J'appris pendant ce temps-là la mort du fils de Louis XVI. Louis-Stanislas-Xavier en fit part à M. le prince de Condé. Sa lettre, rendue publique, fit sur sa personne le plus mauvais effet possible en l'armée autrichienne. En parlant du corps de Condé, il s'y exprime ainsi :

« *Mon armée dont je vous ai confié le commandement.* » Cette phrase a choqué à un point indicible tous les généraux de l'Empereur. J'attribuai vis-à-vis d'eux et j'excusai cette expression sous le motif que cela pourroit être une lettre écrite par son secrétaire; mais ce qui fit encore un bien plus mauvais effet, fut la proclamation que fit à cette époque ce malheureux prince, et à Paris les Jacobins sentirent si bien la défaveur qui rejailliroit sur sa personne

---

[1] L'issue de cette grande affaire a été bien plus favorable à la France et à l'Autriche que l'idée que j'en avois eue dans le premier moment, puisque par le traité de Campo-Formio l'Autriche s'est trouvée amplement dédommagée sans faire tort à la France de la moindre partie de son territoire.

de cette pièce, qu'ils l'ont fait imprimer à cent mille exemplaires ; ils l'ont regardée comme une arme terrible contre sa personne ; et en effet elle a nui infiniment à sa cause, tant à l'intérieur qu'à l'étranger.

Je dînois un jour chez le prince Charles de Lorraine ; un gentilhomme de la noblesse immédiate de Souabe nous lut en manuscrit une critique très-amère de cette proclamation, mais en même temps qui contenoit de grandes vérités ; elle a pour titre : *Lettre d'un gentilhomme à son voisin le baron de Flachslanden*. Il a bien voulu me la confier pour une soirée ; je n'ai jamais pu avoir le temps d'en faire totalement la copie, mais voici les morceaux que j'en ai extraits :

« Vous me demandez, mon cher voisin, ma façon de penser sur la réclamation de votre Roi Louis XVIII que vous m'adressez ; je vous remercie de votre attention, mais je vous dirai avec la franchise d'un bon Allemand que je n'en suis pas enthousiasmé ; je crois en mon âme et conscience qu'elle est au moins hors de saison. Avant de parler pardon et tenir le langage de la clémence, il faudroit que Louis XVIII fût dans l'intérieur de la France roi et victorieux, et quoique Monsieur, son frère, donne rendez-vous à toute la noblesse précisément au milieu du royaume, je crois qu'ils ont encore l'un et l'autre beaucoup de chemin à faire. A votre place je conseillerois à votre maître de s'abstenir, dans ce moment, le plus possible d'écrire, et surtout de vouloir donner aucun signe de royauté; il pourroit par là s'exposer et embarrasser les gouvernements qui lui donnent l'hospitalité. Si la république de Venise, pour ne pas déplaire à celle de France, le prioit de sortir de son territoire, où Sa Majesté pourroit-elle trouver asile? Je doute que son beau-père fût fort enchanté de le recevoir, ainsi que ses cousins le duc de Parme et le Roi de Naples. Le fils aîné de l'Église ne trouveroit pas même de gîte chez le Saint-Père de Rome. C'est à la tête d'une armée, et d'une armée de François, que Louis XVIII doit parler et agir. Peut-il espérer être mieux reçu en France quand il y arrivera avec les étrangers? Il a depuis trois ans l'expérience du contraire, et récemment à l'affaire de Quiberon. Henri IV n'a pas reconquis son royaume, c'est une expression déplacée qu'il n'auroit pas même soufferte dans la bouche de ses courtisans; ce sont les fidèles François qui lui ont rendu sa couronne. La fortune de Louis XVIII dépend absolument des lumières dont il va s'environner; celles dont il se servoit et son frère à Coblentz étoient plutôt faites pour aveugler que pour éclairer, aussi ont-ils tenu une route qui devoit nécessairement les conduire au précipice où ils se sont jetés et ont enseveli avec eux la noblesse du royaume.

» Ces princes, tout grands qu'ils pouvoient être, ne l'étoient que de la grandeur du Roi, leur frère détrôné. Ils ne sont souverains nulle part, pas même d'un pot de fleurs, et ils ne pouvoient avoir en Europe de crédit qu'autant que leurs conseils seroient avoués de leur Roi. Combien de fois vous ai-je dit et répété, mon cher voisin, que si leurs démarches alloient en sens inverse des volontés de Louis XVI, ils tomberoient dans la nullité la plus absolue! Les gens qui les entouroient avoient beau leur crier que le Roi étoit prisonnier, qu'il n'avoit plus de volonté, que l'autorité résidoit en eux seuls, et d'après ce beau raisonnement, combien de déboires n'ont-ils pas fait essuyer à leur malheureux frère! D'abord en prenant pour ministres des sujets renvoyés des conseils de leur Roi; en forçant la noblesse à l'émigration, à peine du déshonneur; en recréant des corps militaires qu'il avoit supprimés quinze ans auparavant, et enfin en supprimant les grades et décorations militaires qu'il avoit conférés à des officiers qui avoient bien mérité.

» Si cet infortuné prince a fait envisager à sa famille et à celle de la Reine les démarches de ses frères comme absolument contraires à ses vues et à sa volonté, peut-on être surpris aujourd'hui du peu d'intérêt, pour ne rien dire de plus, que les cours de Madrid, de Naples, la Sardaigne, Vienne, etc., ont pris et prennent encore à leur affreuse situation? Ont-ils été reçus dans aucune de ces cours? La régence de Monsieur y a-t-elle été reconnue, et la déchéance de sa succession au trône n'est-elle pas même avouée par la paix d'Espagne?

» Quel affreux rassemblement d'hommes et de femmes que ce Coblentz! La résidence d'un électeur ecclésiastique étoit devenue le plus mauvais lieu de l'Allemagne. Le conseil de vos malheureux princes étoit véritablement les petites-maisons ouvertes, puisqu'on savoit jour par jour tout ce qui s'y traitoit.

» Je ne me donnerai pas la peine, mon cher voisin, de vous faire le portrait de tous ces personnages que l'on appeloit ministres des princes. Le maréchal de Castries est certainement un homme très-honnête et très-vertueux; mais après avoir été pendant treize ans de sa vie et jusqu'en 1790 l'ami, le fauteur, le prôneur de M. Necker, peut-on supposer en lui la moindre connoissance des hommes et des affaires?

» M. le comte de Vaudreuil a-t-il jamais passé pour un homme qui se soit occupé d'autre chose que de ses plaisirs? A quel genre d'administration s'est-il livré? Choisir pour premier ministre un homme chassé des conseils du Roi, la bête noire de sa nation, inculpé par la première cour de justice des malversations les plus graves; fugitif du royaume, et par ce fait seul en état de rébellion vis-à-vis de son souverain ! Le maréchal de Broglie étoit-il seulement écouté ?

» J'en reviens, mon cher voisin, à l'analyse de votre proclamation. D'abord, en parlant de Louis XVII, voici comment s'exprime Louis XVIII :

» *En vous privant d'un Roi qui n'a régné que dans les fers, mais dont l'enfance même nous promettoit le digne successeur du meilleur des Rois.*

» Je crois, mon cher voisin, que si votre Roi eût consulté son secrétaire, il auroit rayé cette phrase, qui sent l'écolier. Peut-on régner dans les fers? Quel acte de royauté est émané du conseil et de la chancellerie de Louis XVII? En quel verre Louis XVIII a-t-il pu apercevoir dans un enfant de cinq ans, et livré à d'infâmes instituteurs et ne voyant absolument qu'eux, les qualités essentielles et qui conviennent au meilleur des Rois?

» *Une terrible expérience,* continue Louis XVIII, *ne vous a que trop éclairés sur vos malheurs et sur leur cause. Un déluge de maux a fondu sur vous.*

» Et c'est précisément pourquoi je tremble sur la situation de Louis XVIII, et pourquoi je la crois si critique; car enfin le plus stupide paysan de la France sait bien que la cause de ses malheurs n'est pas la suppression des dîmes, des champarts, des droits seigneuriaux, de la chasse, des corvées tant royales que seigneuriales, ni la suppression des gabelles, des contrôles, des aides et de toutes les autres vermines fiscales qui le minoient et le rongeoient sans cesse. Toutes ces suppressions, il les regarde comme des bienfaits de la part de l'Assemblée nationale, et il a raison. D'où provient son malheur? De la guerre; et quelle guerre? Une guerre universelle de toutes les puissances de l'Europe contre la France; provoquée par qui? Par Louis XVIII, son frère et ses cousins, contre le vœu très-prononcé du malheureux Louis XVI.

» *Vous vous livrâtes d'abord à d'infidèles mandataires qui, trahissant votre confiance et foulant aux pieds leur serment, préparoient leur rébellion contre leur Roi par la trahison*, etc.

» Mon cher voisin, ce langage est un contraste assez singulier avec l'éloge que Monsieur a fait d'eux à l'hôtel de ville, et le discours qu'il leur a tenu à l'occasion de M. de Favras. Et puis ce prince, à l'occasion de la suppression de la noblesse et du clergé, n'a-t-il pas aussi quelque petite chose à se reprocher? Car sans les intrigues et menées de son bureau dans l'Assemblée des notables, il n'en auroit existé aucun pour la double représentation du tiers, qui, dès qu'elle est décidée, doit entraîner la perte des deux premiers ordres.

» Au surplus, leurs mandats ne portent pas, à la vérité, la suppression du clergé et de la noblesse; mais n'est-elle pas implicitement comprise par ces mots *régénération du royaume?* Et d'ailleurs la sanction du Roi, qui dans ce temps-là étoit encore législateur suprême du royaume, cette espèce d'infidélité ne couvre-t-elle pas de plus le silence et la non-réclamation des assemblées primaires, qui depuis ont eu lieu trois fois? Ne sont-ils pas non-seulement un aveu tacite, mais même un vœu très-formel des décrets de la première assemblée?

» *Vous avez prêté l'oreille aux calomnies répandues contre cette race antique qui depuis si longtemps règne sur vos cœurs.*

» Sans remonter à la race de Charlemagne, qu'on s'arrête à celle des Capétiens. Parcourons seulement les descendants de saint Louis; voyons de quelle manière ils s'y sont pris pour régner sur le cœur des François. »

Là, l'auteur fait une diatribe effroyable, mais malheureusement trop vraie, sur les règnes de Philippe le Bel, Philippe le Long, Charles le Bel son successeur, le roi Jean; enfin il ne compte dans l'espace de cinq cent cinquante ans que trois bons rois, qui sont Charles V, Louis XII et Henri IV.

Aussi l'auteur de la lettre, en continuant, s'appesantit sur ces mots : *régner sur le cœur des Français,* et s'écrie-t-il :

« Depuis deux cents ans, tous les rois de cette nation ont été assassinés ou empoisonnés!

» Henri III et Henri IV assassinés, Louis XIII empoisonné dans son enfance, Louis XV assassiné, son fils empoisonné, Louis XVI supplicié, le fils de celui-ci tout récemment empoisonné. C'est, dit-il, une plaisante manière de régner sur les cœurs !

» *Il faut renoncer à la domination de ces usurpateurs qui vous ont donné la famine et la mort.*

» Louis XVIII seroit bien habile s'il pouvoit prouver que c'est la Convention qui a donné la famine et la mort à la France. Est-ce elle qui a provoqué la guerre ? Est-ce elle qui faisoit à Ath, à Malmédy, tous ces rassemblements ? Est-ce elle qui a forcé l'émigration de la noblesse et qui l'a armée ? Est-ce elle qui a soulevé tous les cabinets de l'Europe ? Est-ce elle qui a déclaré la guerre et qui a conduit le Roi de Prusse dans les plaines de Champagne ? Est-ce elle qui les a dévastées ? Parlons sincèrement.

» Les habitants de la province et des campagnes ont-ils jamais été plus heureux qu'en 1789-90, 1791 et partie de 1792 ?

» Ne sont-ce pas les puissances, toutes réunies sans exception, qui, à l'instigation des princes et de leurs courtisans, ont cerné les frontières, et par là ont procuré à ses habitants la plus affreuse misère et la plus terrible, dans la vue de leur faire regretter les vexations en tout genre de l'affreux régime de leurs anciens ministres ?

» Voyons actuellement de sang-froid si la qualification d'*usurpateurs* est précisément celle qui peut leur convenir.

» La race capétienne a succédé à celle de Charlemagne ; cette race seroit sans contredit une race d'usurpateurs, si Charles, fils de Louis d'Outre-mer, en rendant hommage de la France à l'empereur Othon, ne s'étoit pas rendu indigne de la couronne, et si les Francs, dans un parlement de 987, n'avoient pas adopté pour leur roi *Hugues de France*. Ce prince regardoit même son droit comme si peu héréditaire, qu'il fit couronner de son vivant son fils Robert à Orléans. Louis le Jeune est le premier qui, en 1226, ne s'est pas fait couronner du vivant de son père.

» Louis XVI, honteux et fatigué d'avoir été pendant quatorze ans la dupe de ses ministres de la manière la plus scandaleuse et des déprédations en tout genre des gens de sa cour, appelle à son aide la nation ; en se jetant dans ses bras, il la prie de l'aider à régénérer son royaume.

» Les états généraux trouvent leur antique constitution si entièrement défigurée par toutes les manœuvres criminelles des agents du pouvoir royal, qu'on n'en reconnoît pas même le moindre vestige ; ce qui faisoit en effet croire à de très-honnêtes gens qu'il n'en avoit pas même existé.

» Ce prince, alors suprême législateur du royaume,

reconnoît les membres de l'Assemblée nationale comme les légitimes représentants de la France ; en conséquence, il sanctionne tous les décrets quelconques qui en sont émanés comme faisant le bonheur de vingt-quatre millions de Français, à l'exception de certains privilégiés dont la majeure partie se trouvent les valets de sa cour. Il ajoute de lui-même des mesures qui ne sont pas provoquées par l'Assemblée nationale, et qui toutes ont l'air de lui être dictées par le cœur et le sentiment. Mais une belle nuit il part, et fait un manifeste qui prouve à l'univers que toute sa conduite n'est qu'un masque de fausseté et d'hypocrisie. Il est arrêté,

» L'Assemblée nationale veut bien chercher à excuser une conduite aussi singulière : elle la regarde comme l'effet de conseils pervers; elle envisage son Roi comme un honnête homme, aimant réellement son peuple, mais foible, mais subjugué par les imbéciles et les traîtres qui environnent et assiégent son trône, et enfin elle lui dit :

« Vous êtes un bon prince, nous nous plaisons à croire que vos intentions sont bonnes, que le mal ne provient pas de la droiture de votre âme, mais nous ne voulons pas absolument d'un Roi *sur la loi.* Quand nous avons posé la couronne sur la tête du premier de votre race, nous n'avons jamais prétendu lui donner un pouvoir illimité au point qu'il pût dire qu'il ne tenoit sa couronne que de Dieu et de son épée. Le sceptre que nous avons remis aux mains de Hugues Capet reposoit sur une constitution que ses successeurs, depuis saint Louis, ont pris plaisir à briser. Nous vous rendons cette couronne à cause de vos vertus, mais à telle et telle condition. La voulez-vous ainsi? »

» Louis XVI a dit oui.

« Mais vous nous avez déjà trompés; vos fidèles courtisans n'ont cessé de vous répéter, et à vos prédécesseurs, que le devoir des rois étoit de ne jamais tenir leurs engagements vis-à-vis de leurs sujets.

» — Eh bien, j'irai à la cathédrale, j'y ferai serment à l'Éternel, devant un peuple immense, que j'accepte librement la constitution. Je me soumets à la déchéance du trône si je conspire contre elle, et je fais notifier dans toutes les cours, et par mes ambassadeurs, que mon acceptation est absolument libre. »

» Louis XVI, trois mois après, ne trouvant plus jour en aucun moyen pour s'évader, se retourna du côté de ses frères, dont il avoit jusque-là blâmé et contrarié les démarches. On trouve dans les papiers de son intendant et de son trésorier les preuves les moins équivoques qu'il soudoyoit ses anciens gardes du corps dans le moment même qu'ils s'exerçoient en rassemblement à Coblentz par les ordres de ses frères, déclarés déjà criminels de lèse-nation, et depuis dans l'armoire de fer incrustée dans un mur des Tuileries, toute sa correspondance avec les émigrés, et notamment avec MM. de Breteuil et de Bouillé. On a fait depuis imprimer la preuve de son parjure en sept volumes.

» Le 10 août, il a la foiblesse de se rendre à l'Assemblée législative; il y est arrêté, et devant lui et sa famille la déchéance du trône lui est annoncée. Pourquoi? Parce qu'il s'y étoit volontairement soumis.

» L'Assemblée législative ne veut rien prendre sur elle au sujet d'une affaire aussi majeure; elle se contente d'envoyer le Roi et sa famille au Temple, par forme de sûreté. Elle décrète de nouveau les assemblées primaires, pour que la nation puisse décider quel est le genre de gouvernement sous lequel la France veut et doit exister à l'avenir, et prononcer en même temps sur le sort et le jugement de Louis XVI.

» Les assemblées primaires ont lieu, elles nomment leurs représentants, qui, arrivés à Paris, leurs pouvoirs reconnus, décrètent par acclamation univoque la République. La Convention adresse ce décret aux départements, qui tous, sans exception, envoient leur sanction, ainsi que les districts et les municipalités.

» Vous voyez, mon cher voisin, qu'il seroit très-difficile de trouver un prétexte quelconque pour qualifier les membres de la Convention d'usurpateurs : au contraire, le choix de leurs personnes s'est fait avec la plus grande liberté, et s'il y a jamais eu une loi en France qui ait l'apparence d'être prononcée *cum consensu populi,* c'est certainement celle qui a décrété la République. Je sais bien que la domesticité des princes dit encore que c'est la crainte qui a fait émaner ce décret; mais n'est-ce pas unanimement et par acclamation que les membres de la Convention, mandataires *ad hoc* des départements, ont décrété la République? Comment est-il possible que quarante-quatre mille municipalités aient pu être également frappées de stupeur et de crainte? Mais c'est réellement fou et digne des raisonnements des gens de la cour de Versailles. « Mais, disent-ils, nous n'y étions pas. — Pourquoi ne vous y trouviez-vous pas? Pourquoi armiez-vous alors toutes les puissances de l'Europe contre votre patrie? » Ce n'est pas, mon cher voisin, que je veuille prendre le parti des membres de la Convention; je veux seulement prouver qu'ils ne sont point usurpateurs; mais ils n'en ont pas moins couvert la France d'un crime ineffaçable : ils ont assassiné et massacré leur Roi contre le texte formel de la loi, et, pour être plus sûrs de leur victime, ils ont, la surveille de leur jugement, changé le Code pénal, qui porte qu'il faut les deux tiers des voix pour juger un homme à mort, et ils ont statué que la moitié plus une étoit suffisante pour conduire le malheureux Louis XVI à l'échafaud.

» N'auroit-il pas été plus honorable pour la Convention et la France que ses membres eussent dit au Roi :

« Par respect pour l'inviolabilité de votre caractère, nous voulons vous obéir jusqu'au dernier moment. Nous vous condamnons à la déchéance de votre trône parce que vous-même l'avez signée ; mais faites attention que vous devenez parmi nous un simple citoyen, et que si vous venez à conspirer contre votre patrie et la constitution, vous serez jugé comme un particulier. »

» Mais est-il d'une politique sage à Louis XVIII de vouer à la mort, par lui-même et par une proclamation authentique, tous ces fanatiques qui ont voté la mort de son frère? C'est autant de familles dont il s'est aliéné le cœur, et cette mesure peu réfléchie lui a encore infiniment diminué le nombre de ses partisans.

» Louis XVIII avoue cependant qu'il existoit dans le royaume une constitution. Certes, ce n'étoit point le langage de MM. les ministres ni des conseils d'État; depuis Henri IV, au contraire, ils ne cessoient de crier qu'il n'y a point de constitution en

France que la volonté du Roi; qu'il n'existoit point de nation, mais des sujets et le Roi. Et voici à ce sujet comme Louis XVIII s'exprime :

« Et ne croyez pas ces hommes avides et ambitieux qui vous ont dit que la France n'avoit pas de constitution ; elle existe, et est aussi ancienne que la monarchie des Francs ; elle est le fruit du génie, le chef-d'œuvre de la sagesse et le résultat de l'expérience. »

» Cela est très-vrai ; mais pourquoi donc tous les ministres des prédécesseurs de Louis XVIII ont-ils pris tant de plaisir depuis cinq cents ans à la défigurer, à la dépecer et à la renverser? Pourquoi donc Louis XV a-t-il transformé en 1771 le sanctuaire de la justice de la capitale et des provinces, déclaré inamovible par la constitution, en un repaire de brigands et de meurt-de-faim? Pourquoi Louis XVI a-t-il voulu la double représentation du tiers, et pourquoi Louis XVIII a-t-il voulu se rendre l'appui de cette volonté inconstitutionnelle?

» *Elle laisse,* ajoute Louis XVIII, *l'entrée de tous les emplois ouverte aux Français de toutes les classes.*

» Il ne manque à cela que la vérité.

» Est-ce dans l'état ecclésiastique? La porte des évêchés, dans tous les siècles, n'avoit cessé d'être ouverte à toutes les classes de l'état ecclésiastique, puisque, si l'on faisoit le relevé par évêchés des sujets qui ont possédé ces siéges, on trouveroit jusqu'à ce siècle plus des trois quarts qui étoient de la bourgeoisie. Pourquoi, dans les règnes de Louis XV et de Louis XVI, n'en trouve-t-on qu'un seul exemple, qui est dans la personne de l'évêque de Senez? Les évêques et les ministres de la feuille n'avoient pas de honte de dire que les évêchés n'étoient faits que pour les gens de qualité, et cela dans une religion qui prêche la modestie, l'égalité et l'humilité.

» Pour enlever au tiers état les places agréables et ne lui réserver que des cures ou des places de vicaire, l'abus étoit venu à un tel point que Louis XV et Louis XVI, par leurs lettres patentes, avoient ordonné qu'on ne pourroit entrer dans certains chapitres de chanoines qu'en faisant preuve de trois ou quatre ou cinq degrés de noblesse.

» Est-ce dans le militaire? Il y avoit une ordonnance qui défendoit de recevoir dans l'infanterie et la cavalerie ordinaire tous sujets qui ne prouveroient pas quatre degrés de noblesse; encore falloit-il des preuves plus fortes dans les corps privilégiés; et il étoit même arrêté qu'un gentilhomme qui arriveroit par les grades sans avoir été colonel, ne pourroit jamais aller à celui de lieutenant général des armées.

» Est-ce dans la magistrature? Il étoit défendu de recevoir dans les cours souveraines tout sujet qui n'auroit pas au moins deux degrés de noblesse : aussi comment les places de présidents et premiers de la robe étoient-elles presque toujours occupées?

» *Elle fait disparoître aux yeux de la loi et dans le temple de la justice toutes les irrégularités.*

» Cela auroit dû toujours être; mais si l'on faisoit, depuis Louis XIII jusqu'à Louis XVI, un relevé non-seulement des inégalités, mais même des injustices dans les jugements qui ont été rendus, on en feroit une encyclopédie. A quoi employoit-on presque toujours un maître des requêtes? A des évocations ou à des cassations, c'est-à-dire quand la cour vouloit faire gagner le procès aux gens en crédit, on dépouilloit les tribunaux ordinaires de la cause pour s'en rendre maître absolu. Un maître des requêtes auroit-il jamais osé rapporter une affaire dans un sens inverse de la volonté d'un ministre, et risquer de perdre son avancement et sa fortune? Il ne faut que lire l'histoire pour se convaincre de cette grande vérité. Combien de fois les ministres ont dit à leurs parents qui avoient des procès :

« Faites-vous juger à votre juridiction; si vous gagnez, tout sera dit : dans ce cas, nous n'admettons aucun moyen de cassation; si vous perdez, nous en trouverons mille, et nous serons alors les maîtres de votre affaire. »

» Et certes la conduite de l'administration n'étoit

guère propre à engager les juges à juger celles des particuliers avec intégrité.

» Continuons la proclamation de Louis XVIII. Il dit :

» *La constitution soumet les lois à des formes qu'elle a consacrées, et le souverain même à l'observation des lois.*

» Cela est parfaitement vrai; mais dans quel cas les rois s'y sont-ils jamais crus soumis? Les ministres n'avoient-ils pas l'impudence et l'impudeur même de dire que le Roi étoit au-dessus de la loi?

» Elle prescrit des formes à l'établissement des impôts, elle confie aux premiers corps de magistrature le dépôt des lois pour qu'ils éclairent la religion du monarque si elle étoit trompée, et à multiplier les précautions pour vous faire jouir du gouvernement monarchique et vous garantir de ses dangers.

» De la manière dont la cour recevoit les remontrances des dépositaires des lois, les Parlements n'étoient guère tentés d'en faire, puisque s'ils insistoient la cour prenoit la voie d'un lit de justice, puisque s'ils faisoient des protestations, le corps étoit exilé, les individus incarcérés, supprimés et substitués par des meurt-de-faim voués entièrement à toutes les folies et déprédations du ministère.

» Louis XVIII avoue que la constitution prescrit des formes à l'établissement des impôts; mais en pouvoit-il jamais exister d'autres que le consentement des peuples, et n'est-ce pas un crime irrémissible depuis cent cinquante ans, et qui devoit nécessairement entraîner l'écroulement du trône, que d'avoir employé toute autre forme et d'avoir forcé l'enregistrement d'édits aussi injustes, aussi inconstitutionnels, et d'avoir des gens de justice appartenant au Roi et dans son entière dépendance, provisionnés et gagés par lui? Le déluge des maux qui en sont résultés et qui ont renversé le royaume et la dynastie prouve bien l'insuffisance des contre-pieds et la scélératesse des ministres.

» *La Providence nous ordonne de monter au trône, nous saurons lui obéir; nos droits nous y appellent, et nous saurons les défendre.*

» Si Louis XVIII est bien sûr des ordres de la Providence, il est très-certain de son affaire; mais il est assez difficile dans ce moment-ci d'apercevoir les moyens que la Providence lui procure pour soutenir ses droits; les siens sont des inaperçus sur lesquels un homme sage ne peut pas trop compter.

» *Si nous sommes réduits à conquérir la France, nous marcherons à sa conquête avec une constance infatigable et d'un pas intrépide.*

» Louis XVIII, en se rendant à Blackenbourg, n'en prend pas le chemin le plus court. Son conseil a-t-il bien réfléchi quand il a consenti à lui laisser faire une pareille menace? Les Jacobins, qui en ont senti l'importance pour leur cause, se sont bien vite empressés de la faire imprimer pour augmenter, s'il étoit possible, la défaveur sur ce prince; et n'est-ce pas cette démarche inconsidérée et peu réfléchie qui a engagé une faction à mettre du plomb dans la tête de ce prince, dès qu'il a été forcé de quitter le corps de Condé?

» Que faut-il conclure de tout cela? C'est que les conseils de Louis XVIII n'ont rien de mieux à faire aujourd'hui que de lui conseiller de ne parler et agir en aucune manière quelconque, et d'attendre avec calme et avec patience des moments que hâteront pour lui le brigandage, les déprédations, les craintes des Jacobins, la misère et le désespoir des peuples; car si jamais un ordre quelconque revenoit en France, la cause de Louis XVIII seroit entièrement perdue : c'est une vérité incontestable qu'on ne doit jamais perdre de vue. Il n'y a que l'excès seul des maux de la France qui puisse faire remonter Louis XVIII sur son trône.

» Je finis ma lettre, mon cher baron, en vous priant, puisque vous êtes des conseils de Louis XVIII, de lui recommander la plus grande circonspection. Il a, dites-vous, beaucoup d'esprit dans la société; mais c'est l'esprit de régner qui lui est nécessaire, et, en vérité, je ne lui en trouve aucun dans sa conduite publique. Est-ce dans le bureau où il étoit président, où il a opiné pour la double représentation du tiers? Est-ce dans ses démarches à l'hôtel de ville lors de l'affaire de M. de Favras? Est-ce dans la conduite qu'il a tenue à Coblentz avec madame de Balby? Quand il y est arrivé et qu'il y a vu son frère entouré d'aussi mauvais sujets, et dont les intentions étoient d'augmenter l'embarras des affaires, n'auroit-il pas dû s'en éloigner et craindre d'indisposer les puissances contre sa personne? A-t-il témoigné plus d'esprit et de sagesse quand il s'est constitué régent, ou quand il a notifié au prince de Condé la mort de son neveu?

» Adieu, mon cher baron, je vous souhaite prospérité dans toutes vos entreprises et une bonne santé. »

Cette lettre est datée du mois de juillet 1795, et si elle a été imprimée, c'est à très-peu d'exemplaires.

J'étois alors à Manheim, quand le maréchal de Wurmser commandoit l'armée de l'Empereur. Louis XVIII avoit eu l'imprudence de se rendre au corps de Condé sans l'autorisation de l'Empereur. Il y avoit passé la revue, s'étoit fait chanter un *Te Deum* avec une grand'messe, accompagnée d'un *Domine, salvum fac regem*, et crier : Vive le Roi ! dans une domination étrangère à la France. Louis XVIII ne pouvoit pas ignorer que cette démarche devoit déplaire infiniment à l'Empereur, puisque lui-même l'avoit mandé au duc d'Harcourt dans sa lettre du 22 septembre précédent[1], que quelques émigrés avoient eu la bêtise de rendre publique.

J'étois à dîner chez le maréchal de Wurmser quand il reçut l'ordre de renvoyer de l'armée Louis XVIII, qu'il m'a communiqué. Cet ordre lui fit infiniment de peine : il avoit commencé ses premières campagnes au service de la France. Il écrivit à Louis XVIII pour lui intimer cet ordre, et ce prince lui répondit en le priant d'en suspendre huit ou dix jours l'exécution, pour lui donner le temps d'écrire à M. de Saint-Priest, son ministre à Vienne, de le révoquer ; mais l'Empereur lui renvoya un second courrier, avec injonction de remplir cet ordre, et ensuite d'aller prendre le commandement de l'armée d'Italie.

M. l'archiduc Charles eut pour lors le commandement général de l'armée du Rhin. Je me rendis sur-le-champ à Alcey, au quartier général de ce prince. Il me combla de bontés et me parut fort scandalisé de la conduite de Louis XVIII. Il revenoit de Vienne, où il avoit vu Madame Royale de France. Il m'en parla dans des termes qui ne me laissèrent aucun doute qu'il en étoit extrêmement épris. J'avoue que j'ai très-fort désiré que ce mariage eût lieu, et je crois que c'eût été un bonheur pour la princesse, pour l'archi-

---

[1] Ce prince, dans sa lettre au duc d'Harcourt, lui mandoit que M. de Thugut trouvoit que sa présence au corps de Condé seroit aussi déplacée qu'à Vérone.

duc, et même pour la France; mais Louis XVIII crut que ce mariage étoit plus convenable pour son neveu le duc d'Angoulême, et à cet effet il fit circonvenir cette princesse de plusieurs François qui lui firent envisager que cela avoit toujours été l'intention de ses père et mère, et l'archiduc Charles retira alors ses propositions. Si cependant son mariage avec la princesse eût eu lieu, c'eût été un motif à lui pour s'intéresser davantage au sort des princes françois.

Je me rendis ensuite à Carlsruhe auprès du margrave de Bade, qui me garda auprès de lui jusqu'au moment où les François forcèrent le passage du Rhin à Kehl, et nous obligèrent de nous retirer une seconde fois des bords du Rhin. Je pris alors le parti de profiter de la permission que le Roi de Prusse m'avoit donnée de me retirer dans ses États; en conséquence, je me rendis à Anspach.

Arrivé à Anspach, je me contentai de rendre une visite d'honnêteté à M. le baron de Hardenberg, ministre du Roi de Prusse, dirigeant ses margraviats, et je restai à peu près six semaines dans l'inaction pour rétablir ma santé, qui étoit toujours très-affoiblie de la maladie que j'avois essuyée à Heidelberg, causée par une hydropisie et des obstructions.

Le baron d'Edelsheim, mon ami, ministre du margrave de Bade, étoit très-lié avec M. de Hardenberg. Il se lia bientôt d'amitié avec moi, et il m'accorda sa confiance, à raison des connoissances que je lui paroissois avoir sur les affaires de France. Il avoit une correspondance très-active avec M. Mallet du Pan par la voie de M. Jacobi, ministre de la cour de Berlin à Paris; il en étoit même au cinquante-cinquième numéro quand je quittai Anspach. Il me les communiquoit tous, et je lui faisois mes observations sur chaque article. Il avoit la bonté de me dire qu'il ne donneroit croyance entière à tout ce qui y étoit écrit qu'après mes observations. Il en est résulté pour lui la connoissance la plus parfaite de la situation de la France par rapport à la pénurie de son numéraire, de l'état affreux de ses finances, de l'inaction presque entière de son commerce, des astuces et même des crimes de ses gouvernants, du désespoir de presque tous ses habitants, même des trois quarts des autorités constituées. M. de Hardenberg étoit convaincu qu'il étoit impossible que l'Europe, dans cet état de choses, pût ne pas désirer une autre forme de gouvernement que celle du Directoire exécutif.

Je vais rapporter ici une de mes observations comme une des plus essentielles : c'est sur le n° 48, qui est du mois de mars 1797.

« Le n° 48, quoique peut-être un peu trop exagéré, est parfaitement bien senti; il contient de grandes vérités. Il paroît que les vues de l'auteur seroient de convaincre les puissances de se réunir toutes pour pulvériser le système gigantesque et monstrueux des Jacobins.

» Si ces gredins, pour se servir des termes de l'auteur, n'avoient d'autre ambition que de gouverner la France à leur fantaisie, l'intérêt des puissances seroit certainement de jouer le rôle muet de spectateurs et de laisser la France se dévorer, se déchiqueter, puisque tel est le plaisir de ses gouvernants : sous cinq à six ans elle seroit éclipsée entièrement de la carte de l'Europe ; mais d'ici à ce temps son haleine pestilentielle peut empoisonner tous les gouvernements, et tout ordre moral et social dans l'univers en doit être renversé. Il n'est pas douteux que c'est là le but de la doctrine des Jacobins, quand on les voit travailler en révolution l'Irlande, l'Espagne et la partie de l'Italie qu'ils ont déjà envahie. Le grand intérêt des puissances est donc de renverser un pareil gouvernement, qui ne repose et n'a d'autre base que sur le crime, pour en créer un qui ne soit pas le renversement de l'ordre social et de l'ordre moral de l'univers ; car il est égal pour elle que la France soit république ou monarchie, pourvu que son gouvernement soit bon, ou au moins en ait l'air. Celui de la France est aux derniers abois. Voyez les aveux mêmes du Directoire aux deux conseils. Il est cependant très-vrai que si Mantoue tombe, l'Italie, qui sera ouverte, lui procurera de grands trésors, avec lesquels il pourra faire encore une ou deux campagnes. »

J'avois grandement raison en avançant alors à M. de Hardenberg que la France étoit aux derniers abois, puisque dix jours après, le Directoire annihila tous ses papiers, et fit par là une banqueroute non-seulement à la France, mais même à l'Europe, telle que de mémoire d'homme on n'en a ouï de pareille. S'il avoit eu dans ses coffres 3 à 400 millions, à l'aide d'un pareil crime il auroit pu se tirer d'affaire; mais sans aucun crédit, il ne lui étoit plus possible de faire un marché d'allumettes. Il ne lui restoit d'autre ressource que de ne payer âme qui vive dans l'intérieur de la France, ses armées hors de ses frontières pour les soutenir en volant et pillant l'Allemagne, Hambourg, la Suisse et l'Italie.

Il est donc du plus grand intérêt pour l'Europe que le Directoire exécutif soit entièrement culbuté et que l'on y substitue ou une république dans le vrai sens, ou une monarchie mitigée, élective ou héréditaire, ou une monarchie despotique, pourvu qu'il puisse y avoir solidité à traiter avec les chefs. Ce sont tous les renseignements que je donnois à M. de Hardenberg sur sa correspondance avec Mallet du Pan, qui l'ont déterminé, au mois de mars 1799, à se rendre auprès de son maître pour lui donner connoissance de tous ces faits et aviser avec son conseil sur ce que la Prusse, dans des circonstances aussi délicates, avoit de plus intéressant à faire pour ses intérêts et ceux de l'Europe.

N'ayant plus rien à faire à Anspach et ma santé étant rétablie, j'écrivis à M. le comte de Colloredo, le priant de m'adresser un passe-port pour me rendre à Vienne, comme l'Empereur m'avoit paru le désirer. Il me répondit courrier par courrier de me rendre sur-le-champ à Ratisbonne, que j'y trouverois mon passe-port; que l'Empereur en avoit donné l'ordre à M. de Thugut, ministre des affaires étrangères; que ce dernier l'envoyoit au baron de Fahlenberg, ministre de Sa Majesté résidant près la Diète. Je me présentai chez lui le lendemain de mon arrivée. Il me dit qu'il n'avoit point encore de passe-port. Il me reçut comme un aventurier; mais après avoir vu la lettre de M. de Colloredo, écrite de sa main, il me fit des excuses en me disant qu'il couroit en Allemagne un mauvais sujet qui se servoit du nom de la Reine pour faire des escroqueries.

J'écrivis sur-le-champ à M. de Colloredo, qui me manda que c'étoit un oubli de bureau, attendu que tout le monde déménageoit de Vienne, parce qu'on y craignoit l'arrivée des François. Il me prioit d'attendre à Ratisbonne. Un mois après, lui ayant écrit, il me répondit qu'il falloit encore attendre, pour de bonnes raisons, et il souligna *pour de bonnes raisons,* mais que le plaisir de me voir n'étoit que différé.

J'appris alors par plusieurs de mes amis, qui étoient à Vienne, que M. de Thugut étoit le seul être qui mettoit empêchement à l'expédition de mon passe-port. M. de Colloredo m'écrivit bien en dernier lieu de m'adresser à ce ministre. Je lui répondis que je n'avois rien à lui demander ; qu'il avoit reçu des ordres de l'Empereur, son maître, que c'étoit à lui à les exécuter.

Je jugeai à propos de ne plus donner suite à cette affaire, d'autant plus que je n'avois rien à demander à l'Empereur, ni même aucun secours.

En me creusant la tête pour deviner quels pouvoient être les motifs d'un aussi méchant homme de refuser une grâce aussi simple à une personne qui avoit sacrifié sa liberté et presque sa vie, dont la tête étoit proscrite en France et les biens confisqués pour avoir servi fidèlement la tante de l'Empereur, qui n'avoit fait de démarches pour se rendre à Vienne que sur les instances réitérées de Sa Majesté Impériale ; je n'ai jamais pu en attribuer d'autre que la crainte qu'il avoit que je ne fusse trop instruit des affaires de France, de la manière dont il avoit su escroquer une pension de 24,000 livres sur les dépenses secrètes du département des affaires étrangères, et comment il avoit pu se faire payer en argent, depuis la création des assignats, ses rentes sur l'hôtel de ville de Paris, même pendant toute la durée de la guerre. Il s'imaginoit peut-être que je n'ignorois pas qu'il avoit acquis tous les biens de l'évêché de Bayeux sous des noms supposés ; mais ce qui l'inquiétoit davantage étoit qu'il connoissoit les bontés que l'archiduc Charles avoit pour moi, dont il craignoit la présence au point qu'il l'avoit mis en disgrâce auprès de l'Impératrice et de l'Empereur, et qu'il ne pouvoit pas même arriver à Vienne, quoique généralissime de son frère.

Au surplus, je fus bien dédommagé du petit désagrément que j'essuyai chez M. de Fahlenberg par l'accueil et la confiance que me témoignèrent en général tous les ministres de la diète de Ratisbonne. Celui du Roi de Prusse, M. le comte de Gœrtz, qui m'avoit connu à Anspach, me mit spécialement sous la protection du Roi son maître, en m'introduisant chez le prince de la Tour-Taxis, premier commissaire de Sa Majesté Impériale. Je m'occupai de les instruire des causes secrètes de notre infernale révolution, en leur répétant bien que les François les plus honnêtes n'avoient rien désiré autre chose que la réforme des abus de la cour et des ministres, et que moi spécialement j'avois fait mes preuves ; qu'après surtout avoir insisté auprès de la Reine sur la nécessité de l'arrivée des états généraux, j'avois été la première victime de la révolution, comme tous les gens les plus probes, tels que MM. de Malesherbes, Saron, etc., etc., etc., parce que nous n'avions pas été d'avis du mode de la convocation; que dans la seconde ou troisième législature il s'étoit glissé des êtres les plus pervers et les plus sanguinaires, qui par leur odieuse immoralité avoient rendu la France l'opprobre de l'univers.

Je fis à cet effet un ouvrage intitulé *Traité de l'octroi de l'impôt en France,* non pas pour le livrer à la multitude, qui ignore tout et qui veut parler de tout, mais pour l'instruction des cabinets des princes; et afin de mériter davantage leur confiance, je ne balançai pas à mettre dans le plus grand jour toutes les folies, toutes les inepties, toutes les turpitudes, toutes les dilapidations des ministres de Louis XV et de Louis XVI, comme étant les seuls auteurs du déluge de maux qui a englouti la France.

Je passai environ seize mois à Ratisbonne, assez heureux, si on le peut être éloigné de sa patrie.

J'appris alors que mes parents les plus proches étoient en Suisse et désiroient se rapprocher de moi pour conférer ensemble sur nos affaires de famille. Je me rendis à cet effet à Munich, auprès de l'électeur Charles-Théodore. Ce prince me reçut avec infiniment de bonté, me donna non-seulement la permission de rester dans sa capitale, mais même pour les personnes dont je lui répondrois. J'y fixai donc ma demeure, et j'eus le bonheur d'y rencontrer l'archiduc Charles, qui avoit établi le quartier général de son armée à Friedberg, à quatorze lieues de Munich. Il me fit des reproches obligeants sur ce que je ne m'étois point rendu à Vienne, quoique son frère l'Empereur, me dit-il, m'y eût attendu. Je lui exhibai pour lors toutes les lettres de M. de Colloredo. Je ne lui cachai pas la mortification que j'avois essuyée à Ratisbonne de la part de M. de Fahlenberg, ni les mauvaises dispositions de M. de Thugut à mon égard, parce que je m'étois adressé à lui, l'archiduc Charles, à Bruxelles, pour y être présenté à l'Empereur. Je ne cachai pas non plus à ce prince les vrais motifs qui empêchoient M. de Thugut de donner entrée aux François qui pouvoient être instruits de ses liaisons avec le parti jacobin, de sa pension sur le trésor royal et de ses rentes sur l'hôtel de ville.

Il me répondit :

« Que voulez-vous, mon cher Augeard, je ne suis pas plus privilégié que vous. »

En effet, ce prince, quoique généralissime des troupes de son frère, quoique remportant des victoires, étoit dans une espèce de disgrâce, et ne pouvoit lui-même arriver à Vienne, dans l'appréhension continuelle où étoit M. de Thugut que ce prince n'instruisît l'Impératrice et son frère. L'archiduchesse sollicitoit vainement son retour à Vienne, elle ne pouvoit l'obtenir; elle tomba malade, instituant légataire universel l'archiduc, et demanda pour grâce de le voir. Cette faveur lui fut cependant accordée quand elle étoit à l'extrémité.

L'archiduc ne put rester que trois jours à Vienne, et dans cet intervalle ne put manger avec l'Empereur, qui l'aimoit infiniment, en faisant tout le cas qu'il méritoit; mais il étoit obsédé alors par l'Impératrice et M. de Thugut.

Il m'arriva en même temps un événement trop singulier et trop intéressant pour n'en pas faire mention dans ces Mémoires.

Il y avoit alors à Munich un ministre de France nommé Alquier, fort républicain, mais nullement jacobin, très-honnête, ayant même des formes agréables : c'est un homme bien né. J'avois été lié dans ma première jeunesse, à Bordeaux, avec son oncle, capitaine dans le régiment de Conty. Il apprit que j'étois résidant dans cette ville. Il me fit dire par M. d'Ostreval, Suisse de Neufchâtel, des choses fort obligeantes, en m'assurant que s'il pouvoit me rendre service, il le feroit avec beaucoup de plaisir. Il eut même la bonté de faire passer une lettre ouverte à ma mère, pour lui donner seulement signe de mon existence.

L'archiduc Charles, au commencement de février

1799, causant avec moi sur les affaires de France, et nommément sur la situation de ses finances, qu'on présentoit, me disoit-il, à son frère l'Empereur comme très-brillantes, me demanda si j'avois sur cet objet des connoissances positives. Je lui dis que je n'avois nulle correspondance avec la France, dans la crainte de compromettre mes parents ou mes amis; que je ne pouvois, par conséquent, avoir sur la situation des finances d'autres notions que celles que présentoit à la tribune Ramel, ministre des finances, et le citoyen Destrême, député de la commission des finances; que si l'exposition de ces deux citoyens étoit vraie, il en résultoit dans mon esprit la conviction que la France étoit dans la plus grande détresse et sans aucune ressource; que je trouvois la conduite de Ramel et de Destrême extrêmement coupable, et même eux criminels d'État, de mettre dans un aussi grand jour et faire connoître à l'Europe entière le secret de leur situation; que leurs journaux officiels et demi-officiels n'étoient remplis que de détails déplorables.

L'archiduc me demanda de lui donner la date de ces journaux. Je les lui remis le lendemain jeudi, à quatre heures et demie, dans sa chambre à coucher, à l'auberge du *Cerf*, où il étoit logé. Le vendredi, à onze heures du matin, M. d'Ostreval vint me voir et me dit :

« M. Alquier sait que vous avez remis hier, dans l'après-dînée, à l'archiduc Charles, un mémoire sur la situation des finances; il m'a dit : « Je sais bien que M. Augeard n'a pas lieu de se louer de la France; on a même été injuste envers lui; mais il ne devroit jamais oublier que la France est sa patrie. Si la guerre a lieu, dites-lui bien qu'il peut se regarder comme en étant la cause. »

L'archiduc étoit parti, le matin 7, à six heures, pour son armée.

On peut juger de ma surprise. Le lendemain samedi, je me rendis sur les dix heures du matin chez l'électeur Charles-Théodore, pour lui demander si l'archiduc seroit longtemps absent. Il me dit :

« Non, il revient lundi tirer des faisans dans mon parc. »

Je vis le soir ce prince dans la loge de madame la duchesse de Deux-Ponts. Je lui demandai un rendez-vous pour le lendemain; il me répondit :

« Cela m'est impossible dans la matinée, toutes mes minutes sont comptées; nous trouverons bien un moment pour nous parler dans l'après-dînée : trouvez-vous au concert de l'électeur. »

Je m'y rendis. Il me prit à part dans une croisée. Son étonnement fut égal au mien quand je lui parlai de ce que M. Alquier m'avoit fait dire. Il me jura sa parole de n'avoir montré à qui que ce soit ma note, qui, au surplus, ne contenoit que ce qui étoit dans les journaux. Il ajouta :

« Voilà trois choses extraordinaires qui m'arrivent dans ce genre, et c'est pourquoi je me suis cette fois logé à la résidence. Je ne veux plus loger à cette auberge : j'ai des raisons de croire qu'on entend tout ce qui se dit dans ma chambre. Ce qui est certain, c'est que M. Alquier fait bien son métier. Je voudrois que vous le vissiez. »

Et comme cela me répugnoit un peu, ce prince me dit :

« Vous me ferez réellement plaisir d'avoir une explication avec lui, quand ce ne seroit que pour vous justifier, car je ne trouve, moi, *rien* de répréhensible, quand vous ne me dites *rien* autre chose que ce qui est contenu dans leurs journaux. »

En conséquence, je fis demander à M. Alquier un rendez-vous par M. d'Ostreval. Il me le donna le lendemain, à neuf heures et demie. Il me reçut avec beaucoup d'honnêteté, me disant obligeamment que c'étoit par intérêt pour ma personne qu'il m'avoit fait donner cet avis, et qu'il seroit bien fâché que la porte de la France me fût fermée, parce qu'il savoit que par rapport aux finances j'y serois fort utile, et qu'il me distinguoit, ainsi que M. de Noailles, d'avec les autres émigrés. Je n'eus pas de peine à me justifier, puisque, encore un coup, je n'avois rien dit à l'archiduc Charles que ce qui étoit contenu dans les journaux officiels; et en effet, si quelqu'un étoit coupable, c'étoient les ministres, qui étoient assez inconsidérés pour rendre publique la situation des finances.

Il entra ensuite avec moi dans plusieurs détails, et me dit qu'il étoit nécessaire pour l'humanité de s'occuper de la paix générale; que celle que l'on proposoit à la maison d'Autriche étoit la plus belle qui lui eût été offerte depuis l'existence de sa monarchie.

« Je sais que l'archiduc Charles a beaucoup de confiance et d'estime pour vous.

— Mais vous savez bien que l'archiduc, quoique généralissime de son frère, n'a aucune influence sur le corps diplomatique, et est souvent contrarié par le conseil de guerre.

— Cela est vrai. Mais surtout dites-lui bien de ma part que les généraux et les ministres de son frère nous coûtent plus d'argent que les contributions que nous levons en Allemagne. »

Je fis passer cet avis à l'archiduc Charles, qui s'en doutoit bien, et la suite le lui a surabondamment prouvé.

Ce prince commença la campagne de la manière la plus brillante; mais depuis, ayant ordonné une attaque générale sur toute la ligne, elle manqua, parce que la division de M. le comte de Bellegarde ne donna pas. Le prince accourut sur-le-champ vers le général pour lui en demander la raison. Il lui exhiba un contre-ordre du conseil de guerre. L'archiduc entra sur-le-champ dans une telle colère qu'il tomba en épilepsie, envoya M. de Colloredo, son aide de camp, à Vienne, auprès de monsieur son père, ministre des conférences, pour qu'il suppliât Sa Majesté de lui donner sa démission. Elle répondit à l'archiduc une lettre pleine de sensibilité pour lui demander en grâce de continuer le commandement de son armée. Il y consentit; mais personne n'ignore celui que ce prince reçut, au mois de septembre suivant, de porter son armée du côté de Philipsbourg, sous prétexte de secourir cette place et la ville de Manheim; mais le but véritable du conseil de guerre étoit de dégarnir la Suisse pour abandonner l'armée russe à ses propres forces et la faire écharper, ce qui força l'honneur de Son Altesse Royale à donner sa démission, malgré toutes les instances que l'Empereur lui faisoit de garder son commandement et de se retirer à Prague.

J'avois prié, quand j'étois à Ratisbonne, M. le comte de Gœrtz, nommé plénipotentiaire de sa cour à Rastadt, de se charger auprès du citoyen Treilhard, un des ministres de France à ce congrès, d'obtenir pour moi la permission de rentrer en France. Le citoyen Treilhard commença d'abord par refuser de se charger de mon mémoire; mais quand il fut nommé ensuite membre du Directoire exécutif, le comte de Gœrtz profita de ce moment pour lui en reparler, et il s'en chargea; mais ce ministre me conseilla très-fort d'en rester là, et de ne pas profiter de la permission de rentrer si elle m'étoit accordée, parce que rien n'étoit moins sûr, après la journée du 18 fructidor, que l'existence des émigrés en France.

Mais après la journée du 18 brumaire l'archiduc Charles me conseilla lui-même de penser à mon retour. Il n'avoit jamais été de cet avis avant cette époque. Il me parla du Premier Consul avec le plus grand éloge possible, au point qu'il me dit qu'il auroit infiniment de peine si on lui ordonnoit de combattre contre lui.

Mais comme Vienne étoit encore en guerre avec la France, je m'adressai au margrave de Bade, qui avoit fait sa paix; il chargea pour lors M. le baron de Rarenstein, son ministre, de présenter ma pétition au ministre de la police. Comme je n'en recevois point de réponse, le général Dessolle, à la considération de tous les ministres de Ratisbonne, se chargea de ma rentrée en France, et très-peu de temps après j'obtins ma radiation, sur l'exposé et le rapport du ministre de la police, M. Fouché, qui passe pour un homme très-sévère, mais qui est juste, et je fus infiniment plus satisfait de cet acte de justice que si j'avois obtenu ma radiation par l'entremise de l'archiduc Charles, qui m'avoit promis d'employer tout le crédit de son frère l'Empereur, par la voie de M. le comte de Cobentzel, son ambassadeur.

Je n'avois pas besoin de protection, mais seulement d'avoir affaire à un homme juste, parce que je n'étois réellement pas émigré; je n'étois sorti de France que pour sauver mes jours, muni d'un passeport du Roi dont j'étois porteur; et si j'étois rentré du temps de cet exécrable Robespierre, j'aurois infailliblement été massacré chez la Reine, ou égorgé avec trente-cinq fermiers généraux. J'en ai été quitte pour la perte de mes biens, qui tous avoient été vendus, de mes rentes et de mes bois.

Je n'ai pas été trois semaines rendu dans ma patrie sans savoir précisément à quoi m'en tenir sur sa situation; quant à la mienne, je me suis bien convaincu que je n'avois rien de mieux à faire que de ne me mêler absolument d'autre chose que de ma tranquillité, en faisant journellement des vœux pour le bonheur de la France et sa prospérité.

FIN.

TABLE ANALYTIQUE.

Introduction. 1
Biographies d'Augeard. 16
Dissidence entre les ducs de Choiseul et d'Aiguillon. 20
Lit de justice, le 5 décembre 1770. 36
M. de Lamoignon exilé dans le Forez. 37
Opinion de M. de Malesherbes sur les parlements. 38
L'avocat Target. 44, 186
Le duc d'Orléans au Palais-Royal. 53
M. de Trudaine, intendant des finances. 66
Mort de Louis XV. — Avénement de Louis XVI. 76
Le comte de Maurepas appelé par le Roi. 77
Renvoi de l'abbé Terray. — Nomination de Turgot. 84
Engouement de M. de Maurepas pour M. Necker. 98
Necker cherche un appui au Conseil d'État. 101
M. de Sartines remplacé par M. de Castries. 102
M. de Calonne. — Son pamphlet *les Comment*. 106
Liste par M. de Maurepas des personnages à ne pas employer. . 112
Mort de M. de Maurepas. 112
M. d'Ormesson. — M. de Vergennes. 114, 117
M. de Miromesnil, premier président. 131
Acquisition de Saint-Cloud par la Reine. 134
Cardinal de Rohan. — Affaire du *Collier*. 152
Calonne cherche à renvoyer d'Aligre. 153
M. de La Fayette. 155, 212, 213, 217
Prédictions de M. de Machault. 169
Entretien avec la Reine. — Elle pleure. 184
Conseil de séjour à Compiègne avec un camp de trente mille hommes. 187
Renvoi de Necker, remplacé par La Vauguyon, Breteuil. . . . 192
Passage de Versailles à Paris intercepté. 193
Le Roi doit-il habiter les Tuileries?. 194
La Reine court de salon en salon aux Tuileries. 195

Conseil à la Reine de fuir. 198
Arrestation d'Augeard. 206
Son incarcération à l'Abbaye. 210
Il refuse de remettre les sceaux de la Reine. 211
M. et madame de Favras détenus ensemble sans le savoir. . . . 213
Élargissement d'Augeard, le 9 mars 1790. 230
Il voit la Reine. 231
Il part pour Coblentz auprès de l'électeur de Trèves. 234
Son voyage auprès de l'électeur de Cologne. 235
Il va trouver à Francfort l'empereur Léopold, frère de la Reine. 238
Conversation sur le refus de la Reine de fuir. 245
La reine de Naples, sœur de Marie-Antoinette. 244, 245
Ses confidences de famille. 247
De novembre 1790 à janvier 1791, visites d'Augeard aux différentes cours. 259
M. de Mackau, envoyé de France. 260
Fuite de Varennes. — Détails intimes. 268
Coblentz, cloaque d'intrigues. 281
Animosité de Pitt contre la France. 294
Mort de Louis XVI. 305
Prévision de la mort prochaine de la reine Marie-Antoinette. . 308
Mort du fils de Louis XVI. 330
Proclamation de Louis XVIII. 330
Suppression des dîmes, etc. 335
Preuves de noblesse. 346
Lettre d'un gentilhomme écrite en 1795. . . . . 331, 351
Mariage du duc d'Angoulême, rival de l'archiduc Charles. . . 353
M. Mallet du Pan. 354
Folies des ministres de Louis XV et de Louis XVI. 360
Augeard à Munich. 360
Alquier, ministre de France. 362
18 brumaire. — Rentrée d'Augeard. 368

FIN DE LA TABLE ANALYTIQUE.

R A P P O R T   18

BIBLIOTHÈQUE NATIONALE

CHÂTEAU
de
SABLÉ

1988

www.ingramcontent.com/pod-product-compliance
Lightning Source LLC
Chambersburg PA
CBHW060617170426
43201CB00009B/1054